本书由国务院侨务办公室立项，“彭磷基外招生人才培养改革基金”资助。

港澳台与海外新闻传播丛书　　丛书主编　董天策

港澳台报业

Press Industry in Hong Kong，Macao and Taiwan

陈致中　陈　娟　杨　洸　著

暨南大学出版社
JINAN UNIVERSITY PRESS
中国·广州

图书在版编目（CIP）数据

港澳台报业／陈致中，陈娟，杨洸著．—广州：暨南大学出版社，2014.6
（港澳台与海外新闻传播丛书）
ISBN 978－7－5668－0592－8

Ⅰ.①港… Ⅱ.①陈…②陈…③杨… Ⅲ.①新闻事业—概况—香港②新闻事业—概况—澳门③新闻事业—概况—台湾省 Ⅳ.①G219.27

中国版本图书馆 CIP 数据核字(2013)第 108360 号

出版发行：暨南大学出版社

地　址：中国广州暨南大学
电　话：总编室（8620）85221601
营销部（8620）85225284　85228291　85228292（邮购）
传　真：（8620）85221583（办公室）　85223774（营销部）
邮　编：510630
网　址：http：//www.jnupress.com　http：//press.jnu.edu.cn

排　版：弓设计
印　刷：佛山市浩文彩色印刷有限公司

开　本：787mm×960mm　1/16
印　张：15.5
字　数：280 千
版　次：2014 年 6 月第 1 版
印　次：2014 年 6 月第 1 次

定　价：32.80 元

总 序

2006年，华侨最高学府暨南大学百年华诞，暨南大学新闻传播教育恰好六十周年。在中国文化语境中，“百年”、“六十”意味深长，不仅令人回首过去的光荣，更令人憧憬未来的梦想。惟其如此，走过六十个春秋的暨南大学新闻与传播学院，在热烈的庆典氛围中不能不冷静地思考：暨南大学新闻传播教育有什么样的传统与特色？有什么样的经验与教训？有什么样的未来前景？

回顾历史，暨南大学新闻传播教育可谓历经风雨而不断奋进：1946年，暨南大学新闻学系在上海创立。1949年，因暨南大学停办而并入复旦大学新闻系。1958年，暨南大学在广州重建，中文系1960年开办新闻学专业。1970年，暨南大学在文化大革命中被迫停办，新闻学专业也随中文系并入华南师范学院（今华南师范大学）。1978年，复校后的暨南大学重建新闻学系，设立新闻学专业。从此，暨南大学新闻传播教育才走上不断开拓与发展的道路：

1983年，开设国际新闻与传播双学位专业（后更名为国际新闻本科专业）；

1985年，继中国人民大学新闻学院、复旦大学新闻学院、北京广播学院（今中国传媒大学）之后，成为第三批次获得新闻学硕士授予权的单位之一；

1994年，创办广告学本科专业；

2000年，获传播学硕士学位授予权；

2001年，在原新闻学系的基础上组建新闻与传播学院，下设新闻学系、广告学系、广播电视学系；同年，创办广播电视新闻学本科专业；

2003年，新闻学专业被评定为广东省名牌专业，新闻学科被确定为国务院侨务办公室重点学科；

2005年，获新闻学博士学位授予权。

在这样一个本科专业不断拓展、办学层次不断提升的过程中，暨南大学新闻传播教育的传统与特色越来越清晰地呈现出来。作为最高华侨学府的新闻传播教育，一个最突出的传统与特色就是大量招收华人华侨子弟，为港澳以及东南亚等地培养了大批的新闻传播专业人才。暨南大学新闻学系创立之初，著名华侨报人冯列山首任系主任，一开始就具有鲜明的“侨”字特色。在以后的发展过程中，招生、教学、科研，“侨”字特色始终保持。暨南大学1978年复办当年，新闻学系招收的香港、澳门等地的学生，就将近招生人数的一半，而现在的本科生中，港澳台与海外华人华侨学子更占70%以上。针对这样的生源结构，新时期以来学院陆续开设了海外新闻采写、海外报刊编辑、港澳社会问题研究之类的课程，2005 年重新修订的本科人才培养方案更开设了国际时事政治、国际传播、港澳台新闻事业、海外华文传媒、港澳台广告业、海外公益广告等特色性课程。与此同时，也一向比较注重开展对港澳台媒体、海外华文传媒的研究，陆续发表了一批关于港澳台与海外华文传媒的论文，出版了《香港报业春秋》、《东盟国家媒介透视》、《东南亚华文报纸研究》等著作，从而有力地促进了特色化的人才培养。

正是由于暨南大学新闻传播教育始终具有这样的“侨”字特色，本人于2006 年9 月受命担任暨南大学新闻与传播学院常务副院长主持日常工作以来，在规划未来学科建设的时候，特别重视将华文传媒研究作为一个富有特色的学科方向加以强化。在广东省重点学科暨南大学新闻学的建设规划中，把海外华文传媒研究作为一个重要的研究方向；在广东省高校人文社会科学重点研究基地暨南大学海外华文文学与华文传媒研究中心，把海外华文传媒研究作为一个重要的研究领域；在暨南大学“十一·五”、“211 工程”建设项目中，把海外华文传媒研究作为暨南大学华侨华人与海外华文教育学科的一个重要内容。

为了切实推进暨南大学海外华文传媒的研究，并将有关研究成果转化为人才培养的教学资源，深化暨南大学新闻传播教育的专业特色，学院在2006 年底结束百年校庆、六十周年院庆活动之后，立即启动“港澳台与海外新闻传播丛书”的编撰工作：精心策划丛书的内容，确定各部书稿的撰写人，组织有关教师讨论撰写体例。由于各部书稿的研究基础不同，加上丛书作者大都承担了相当繁重的教学科研任务，这套丛书将陆续推出。该丛书的出版得到暨南大学出版社的大力支持，策划编辑杜小陆先生高度重视，从封面设计、版式设计到编辑校对，都找行家里手反复斟酌，使出版质量得到充分保障。

在“港澳台与海外新闻传播丛书”编撰的第一年——2007 年，暨南大学新闻与传播学院的学科专业建设又迈上一个新的历史台阶：新闻学先后被批准为广东省重点学科、教育部高等学校特色专业建设点，海外华文文学与华文传媒研究中心被批准为广东省重点人文社会科学研究基地，新闻传播学博士后科研流动站被国家人事部批准设立。所有这一切，都为暨南大学新闻传播教育迈向更辉煌的明天奠定了坚实的基础。

衷心祝愿“港澳台与海外新闻传播丛书”的出版，该丛书的出版有利于强化暨南大学新闻传播教育的“侨”字特色，提升暨南大学新闻传播教育的办学水平，从而为培养高素质创新型的海内外新闻传播专业人才作出更大贡献！

董天策

2007 年 11 月 15 日

Press Industry in Hong Kong, Macao and Taiwan

目　录

Chapter 1　　第一章

香港报业生存环境

一、地理优势

香港拥有天然的深水海港——维多利亚港，它是世界三大良港之一。

香港地处欧洲、美洲、非洲往来东南亚的交通要冲，是亚太地区联络欧、美、大洋洲的枢纽。

香港位于纽约和伦敦的时差中间站，是国际市场24小时全天候的重要一环。跨国公司如在北美与香港或欧洲与香港同时设立办事处，可利用两地时差，全日24小时运作。

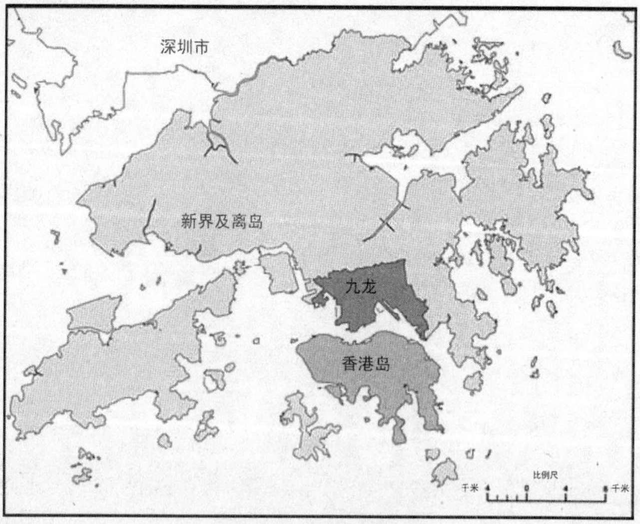

图1－1　香港地图

香港是中国内地的对外门户，位于中国大陆南端珠江口东侧，南海之滨，距广州约140千米，包括香港岛、九龙、新界及离岛，总面积约1 104平方千米。

香港，意为出口香料的港口。古时此地因主产沉香故称香江，明代万历年间因转运东莞（今香港新界沙田、大屿山等地，古属东莞）所产香木，始有香港一称。

香港优越的地理位置为香港成为区域经济中心提供了绝好的条件；香港成为经济中心的同时，也成为信息产生和扩散的中心，这恰恰是报业生存和发展的沃土。

二、历史变迁

香港原属广东省宝安县，是孤悬于南中国海的一个小岛。一般人习惯称“省港”，即广州香港，因自秦代至清朝两千余年间，现今香港地区的区域与广州同在一州一府或一县。[①] 19世纪初期，此地仅有2 500余人。到19世纪中叶，中英鸦片战争爆发，香港的历史从此开始了翻天覆地的变化。

1842年第一次鸦片战争，清政府与英国签订了屈辱的《南京条约》割让香港岛；1860年，第二次鸦片战争后签订的《北京条约》又割让了九龙半岛和昂船洲；1898年，英国进一步以99年租期强行租借了九龙半岛界限街以北至深圳河的新界地域以及235个岛屿。自此，香港就成了英国的殖民地，英国政府委派总督，以英国法律管治香港。

① 吴相湘．正确认识香港历史——评论“九七将临　话历史香港”错误．近代中国，1997（10）.

在这一过程中，清政府逐渐打开门户，外国人在华势力迅速膨胀，香港逐渐成为英国人在远东经营的商业和军事重镇。香港也因此成为中国近代报业的发祥地。作为中国报业的前沿，香港报业在19世纪40—70年代逐步形成。中国近代报业的体例和雏形首先在香港诞生。

图1-2　画家笔下19世纪40年代的香港岛[①]

图1-3　2005年的香港港口

由于英国殖民者的侵占，在香港开埠初期，洋人在政治、经济、文化上占有绝对的优势，英文报刊也相应占主流地位，香港的新闻事业开始于英国人创办的一批英文报刊。香港近代最先出版的报刊是英文的《香港公报》（*Hong Kong Gazette*），创刊于1841年英军登陆港岛3个月后的5月1日。在最初的一批英文报纸中，最出名的还有《德臣西报》（*China Mail*）和《孖剌西报》（*Daily Press*）。

《德臣西报》于1845年2月20日创刊，报头标榜其是唯一刊登政府法令的报纸，有半官方报纸之称，1856年英国人德臣（Dixon Andrew）成为该报股东并出任主编，3年后德臣完全接管该报，中文译名由此而来。《孖剌西报》则是香港出版的第一家英文日报，由美国人赖德（George M. Ryder）于1857年10月1日创办，主编由英国大商人孖剌（Yorick Jones Murrow）担任，不久他接管了此报，后来长期归孖剌家族拥有，该报言论大胆尖锐，风行一时。《孖剌西报》的创刊，迫使《德臣西报》由周报改为日报，两者共同开创了香港英文日报的历史。

相对而言，在香港报业初期，中文报纸的商业性更为明显，原因是当时华人在政治上毫无地位可言。1857年11月3日，《孖剌西报》附带出版了该报的中文版——《香港船头货价纸》，这是中国最早以报纸形式发行的两面印刷的中文报纸，是《香港中外新报》的前身，1873年改为日报。《德臣西报》1871年创办了中文版——《中外新闻七日报》，次年，业务扩大，易名为《香港华字日报》。这两份中文报纸的

① 互动图片网，http://tupian. hudong. com/a2_43_95_01300000358882124651954734173_ jpg.

读者及办报人十分关注报纸的商业价值，比如，《香港中外新报》初期附送行情纸一张，如果只订行情纸，则价格减半，而当时华商也多数只订行情纸；《香港华字日报》的报头副题标明“并附船舶消息货架行情”。华人读者和办报人重视报纸商业价值的情形由此可见一斑。

19 世纪 80 年代以后，中国经过鸦片战争和太平天国运动，国力式微，加之清政府无能抵御列强的入侵，国家处于被瓜分的深重危机之中，洋务运动也收效不大，倡导维新运动的改良派和革命派的斗争也在酝酿之中，一直到民国初年，国内政治斗争始终是风云激荡，变化莫测。这段时间受国内政局的影响，内地人口大量移入香港，居港华人人口迅速增加。中国的危机和命运激发了华人的爱国热情，当时，香港政府对报刊的管理较为宽松，只要不抵触港英政府，报刊即可以畅所欲言，这使得国内各政治派别都在香港寻找自己的舆论阵地，忧国忧民的知识分子纷纷借报刊发表政见。

这一阶段报业的主流是政党报刊，体现在香港报刊史上的一个重要特点是：保皇、革命两派纷纷创办报纸，此起彼伏，形成香港中文报刊史上最热闹的一幕。代表报纸有：王韬 1874 年创办的《循环日报》，鼓吹变法图强，建立君主立宪政体；1900 年兴中会创办的《中国日报》，宣传民主、自由理论，鼓吹革命；1904 年保皇派在香港创办的机关报《商报》；民国建立前后，革命党人在香港先后创办的《世界公益报》、《广东日报》、《有所谓报》、《日日新报》、《新少年报》等等。

20 世纪二三十年代，国内军阀混战，广东军阀经常干预香港舆论，政党报刊式微，此时香港处于相对平稳的发展时期，商业性报纸再度崛起。1925 年，两家著名的商业性报纸——《华侨日报》和《工商日报》创刊，标志着香港报刊进入商业性报纸新时期。这个时期，具有代表性的报纸还有南洋商人胡文虎为推销其虎标万金油而创办的《星岛日报》，以及何文法等人合股创办的一家典型的以牟利为目的的民营报纸《成报》。这段时间，多家中文大报发展成“报系”，办有早报、晚报和其他小报等数张报纸，比如，《星岛日报》、《工商日报》都有晚报和早报，《华侨日报》有《南中报》、《南强日报》、《中华日报》、《华强报》等。

“二战”后的香港经过几年的恢复，经济得到快速发展。除了 1967 年受国内“文革”影响，有过短暂的政治动荡，基本上处于稳定的经济发展时期。这段时间，香港百姓对国内政治不感兴趣，党派报纸虽热闹一时，但很快淡出。相反，商业性报纸一直蓬勃发展，始终居主流地位。

20 世纪 50 年代，香港经济从传统的转口贸易转向加工业。60—70 年代，香港经济高速发展，特别是 70 年代后期，借着中国的改革开放政策，香港在亚太地区的经济地位日益突出。这一时期，催生了香港的一批经济类报纸。

1984 年 12 月 9 日，中英两国政府签署了《中英联合声明》，根据《声明》，中国政府将于 1997 年 7 月 1 日对香港恢复行使主权。从签署声明到 1997 年香港回归祖国，这一时期被称为“过渡期”。在过渡期内，因政治、经济因素的影响，一些具有悠久历史的报纸相继宣布停刊，但也有投资者逆势而动，创办新报纸，从而引发了一场香港现代报业前所未有的深刻变革，这份报纸就是《苹果日报》。

1997 年 7 月 1 日，中国政府如期对香港恢复行使主权，但这对香港报业没有产生多大的影响，香港报纸延续其在过渡期的发展，依然是高度商业化，依然竞争激烈，最明显的变化莫过于香港报业被“苹果化”了。

三、政治环境

在英国统治者撤出香港之时，香港在政治上已经出现了代议制的雏形。在香港将要回归中国的十数年间，港英政府匆匆推行民主政治，原来操纵在英国殖民者手中的政治权力逐渐下放。从 20 世纪 80 年代开始，港英政府引入区议会、市政局及立法局的三级议会制度，还把拥有立法权的立法局议席开放选举。但是英殖民统治者并不真心还政于民，他们直到在即将离港前两年，才把立法局推向全面选举。

“九七”之后，香港成为中国一个享有高度自治权的地方行政区域。中国政府对香港实行“一国两制”的方针。

图 1－4　1997 年 6 月 30 日午夜，举世瞩目的中英两国政府香港政权交接仪式在香港会议展览中心新翼礼堂举行，英国结束了对香港 150 多年的统治（图片来源：新华网）

在港英政府撤出之后，中国即废除了前任港督彭定康的政制改革，经立法会的选举模式依照《香港特别行政区基本法》作了修改：在立法会 60 个议席中，直到 2008 年，只有不过半数的议席由地区直接选出，其余 30 个议席由功能团体及选举团选任。行政长官由只有 800 人组成的选举团选出，而这些功能团体及选举团的组成，基本上是由中国政府决定的。此外，立法会议员的个人提案，须分别经功能团体产生的议员组别及直接选举、选委会选举产生的议员组别中半数通过才可以成立；政府提出的议案则只需全体委员过半数通过即可成立。也就是说，若非政府自己提出的议案，通过的机会比较小。这就是所谓“行政主导”的设计，实质上是中国政府属意的政府主导。①

在这种民主政治中，媒介对政治权力的更替起不了直接的作用，但是，媒介可以

① 李少南．社会变迁与媒介发展．香港传媒新世纪．香港：中文大学出版社，2003. 6.

充分发挥批评及监督政府的作用，与不符合民意的官员及其施政唱反调。在香港回归前后的时期，媒介正是发挥了这种作用。比如，部分地区直选出来的议员经常猛烈批评政府，媒介常常会以此为题大做文章。

中国内地和香港两地的新闻体制相去甚远。中国内地的报纸是政府的“喉舌”；而香港则以私营报业为主，报纸的观点不需依从官方，甚至批评政府及其施政，是报界认为理所应当的事。正因为如此，回归前，香港媒体一直忧心忡忡。但是回归后至今天的传媒实践证明，香港媒体是多虑了。这十余年间，香港报纸上煽、色、腥的内容仍然大行其道，政治批评，尤其是针对特区政府的批评依然司空见惯。也就是说，在“一国两制”下，香港报业仍然享有相当大的新闻自由。

四、经济环境

在长期的发展中，香港形成了比较成熟的市场经济秩序和管理制度。包括高度开放的自由港制度，简单明确的低税制，与世界主要经济体系相似的普通法法律制度，高效和适度的市场监管制度，公平竞争的环境等等。

中国内地实行改革开放后，香港成为内地通向国际市场的主要通道。在内地经济持续高速增长的推动下，特别是巨大的服务需求的带动下，香港的地理和制度优势得以迅速转化为经济优势和产业优势，香港的金融、贸易、航运、旅游等迅速发展。

20 世纪 80 年代中期，生产要素全球化流动明显加快，亚洲新兴市场特别是中国经济的崛起吸引了众多国际资本，香港的区位优势、自由港地位以及与国际接轨的经济制度，使其成为国际资本在亚洲的主要选择。香港迅速成长为亚太地区重要的国际金融、贸易、航运、旅游、信息、专业服务中心。

香港回归祖国以后，形成香港经济优势的基本因素仍然存在，而一国两制、港人治港、高度自治的方针和《香港特别行政区基本法》的实施，为香港保持经济优势提供了法律和制度保障。

图 1－5　香港已成为跨国公司的业务基地，约 3 900 家国际企业选择在香港设立亚洲区总部或办事处，主要从事的业务包括批发/零售和进口与出口贸易、其他商用服务（如会计、广告和法律服务）、银行和金融、制造业、运输及相关服务

香港报业数十年来虽然有动荡和起伏，但始终保持繁荣，这与报业所处的经济环境有密切关系。在香港这个高度商业化、以市场经济为导向的社会中，报业的投资环境是一种完全开放式的、自由、公平的投资环境。如前所述，香港的低税率环境，自由公平的市场竞争，健全的法律及金融

架构，完全自由兑换而又可靠的货币，高效率的交通及通信网络，使得香港和海外的一些实业家对投资报业产生兴趣。无论是港资还是外资，是个人独资还是社团合资，只要投资者认为有利可图，就可以登台亮相。总体来看，驰骋香港报业市场、成为主流报章的，仍然是由港资支撑的港籍报业集团和外资国际新闻传播机构。

香港工商业发达，其国际金融、贸易、航运、旅游、信息、专业服务中心的地位，使香港社会成员分类明显，各行各业都有因其利益驱动所关注的经济重心。而且在香港，报业的投资回报直接受市场规律调节，业内资本的流向完全处于一种“自由进入或退出”的开放状态，报业市场的利润回报一般不会低于市场平均利润水平。所以，报业投资者只要选择好办报方向和读者定位，一般而言，报纸所得的广告收益就可以支撑不同类型的报纸。

五、文化氛围

香港的文化与中国传统的孔孟之道一脉相承，但是近 30 年来，本土文化崛起，市民文化盛行。

不少中国史学家反对用“开埠”两个字来形容英占后的香港，他们列举了许多史著、史实及考古资料，证明英国人占领前的香港并非未开发的荒岛或小渔村，而是早已有悠久的人文历史。宋以后的元、明、清三朝，随着中原人的不断南迁，香港与内地各方面的关系越来越密切，中华文化传统薪火相传，从未间断。

图 1－6　香港著名历史景点——宋王台遗址

香港自宋朝起出过举人、进士等名士，元、明两朝，书院及社学相当普遍，清代出过进士两名、举人六名，香港的“孔孟之道盛行，与中原一脉相承”①。在清末民初，以及之后的几十年间，中国内地的许多知识分子来到香港，香港华人大多是由内地迁入的。在 20 世纪六七十年代以前，香港的主流文化一直是中国传统文化，儒家思想的影响力甚大。

而且，由于香港在历史上属于广州，广州是历史名城，16 世纪就开始与西方贸易，在香港被英国殖民者割据之前，广州已是成熟的华南重镇。香港华人的文化一直与广东关系密切，他们说同一种方言——粤语，广州、潮汕、客家三大主要广东文化深入香港民间。

① 李谷城．香港中文报业发展史．上海：上海古籍出版社，2005. 49.

中国传统文化在香港的主流地位在1949年之后开始发生变化。第二次世界大战之后，从内地涌至香港的人口剧增，造成很多经济和社会问题，所以港英政府在1950年4月关闭边境，内地、香港两地人民不能再像以前那样自由出入。自此，香港的人口稳定下来，土生土长的新一代人在数量上慢慢超越了自内地迁入的居民。到了六七十年代，中国经历了“文化大革命”十年动乱，而香港的经济却在此时迅猛发展，香港逐渐成为区域的经济中心，内地与香港两地的政治及经济差距也由此越拉越大。

一般来说，文化的中心地位和文化的身份是受到政治和经济实力影响的。1949年之后的香港文化，在原有传统文化，特别是广东地域文化、英殖民文化、以京沪穗为中心的当代国族文化与世界文化等基础上，加上“二战”后进入的跨国文化，如美、日文化，种种文化相互融合渐渐形成了香港自己的特色。

经济中心一般都是文化消费中心，也是文化生产和散发的中心。当香港成为区域经济中心之后，很长一段时间，香港的流行歌曲、电影、电视剧等文化产品雄霸临近地区，对中国内地广大地区也产生了极大的影响，甚至连香港歌星唱歌、说话时发音吐字不清也成为一种时髦。当一个地区成为文化生产中心后，会在交杂变易中促生自己的特色文化身份与认同。①

20世纪七八十年代，香港本土的大众文化借助电视业强势崛起，香港人逐步形成了本土身份的认同——认为自己是“香港人”，而很少有“国族”意识，比如认同自己是“中国人”。（这种状况在香港过渡期到1997年之后有所改变，所谓“香港人”和“中国人”的边界朝着模糊化的方向发展，港人身份日益萎缩）相对而言，中国传统文化的影响力逐渐在香港式微，取而代之的是大众传播媒体借助商品推动的普及文化或者潮流文化。

香港的潮流文化是一种市民文化，是一种轻松的文化，一种以消费为主导的文化。激烈的竞争、不断加快的生活节奏，使香港人背负着沉重的精神压力，为了缓解和逃避这种压力，香港人选择了以消遣、娱乐为主的文化形式。香港人在文化选择上没有丝毫的造作和矫情，一切从功利出发，习惯于化严肃为活泼，化沉重为轻松，化复杂为简单。

在这种文化氛围中，奉行以市场为导向的、高度商业化运作的香港新闻媒体，势必要迎合读者的文化需求。

六、相关法律

由于社会历史的原因，香港的法制源于英国迄今已有800年历史的普通法系的重要信念，强调法治原则和尊重个人权利。普通法系的一个重要特点是极端依赖判例，

---

① 陈冠中．我这一代香港人．香港：牛津大学出版社，2006. 81.

即法官对案件的判词，这是它与成文法系的重要区别。

1991年6月8日，香港政府制定并颁布《香港人权法案条例》（以下简称《人权法案》），该法例第十六条指出："人人有发表自由之权利，此种权利包括以语言、文字或出版物、艺术或自己选择之其他方式，不分国界，寻求、接受及传播各种消息及思想之自由。"《人权法案》首次将言论自由纳入香港的司法制度内，并开始受到宪法性的保障。

图1－7　香港特别行政区最高的上诉法院——终审法院

香港至今沿用的直接与大众传媒有关的法例有31项，其中，作为管治传媒的主要法例有7项，即《本地报刊注册条例》、《书籍注册条例》、《电讯条例》、《电视条例》、《电影检查条例》、《管制淫亵及不雅物品条例》、《广播事务管理局条例》。这7项法例，有的只对一种传媒作法律上的监管，而有的则可对多种传媒作执法依据。这些法例，多年来经过不断修订，但直到目前仍起作用，且章目和条例名称不变。

31项中的其余24项，是监管传媒的次要法例。香港学者认为，目前香港有关传媒的法例已形成体系，法律规范已涵盖报章、杂志、通讯社、印刷品、录影带及任何可展示的物品、电影、电台、电视（包括卫星电视和有线电视），也涵盖了消息来源的保密、言论和新闻自由。可以说，经过20世纪80年代有关法例的重大修订以后，目前香港的传播法例已基本上适用于作为现代国际金融及通信中心的香港。①

上述7项法例中，与报业直接相关的法律只有《本地报刊注册条例》和《管制淫亵及不雅物品条例》。在香港，投资办报刊的条件很宽松，香港法例只要求报刊履行商业登记以外的法定注册责任。凡香港公民，或持外国护照的驻港人士，甚至抵港旅游者，如果想在香港本地印制和销售报刊以牟利，只需到政府税务局辖下的商业登记署完清申报手续。报刊在完成一般商业注册之后，再依据《本地报刊注册条例》的要求，提出本地报刊注册申请，使报刊及其主要负责人的资料可以正式记录在案，以便供公众人士查阅。填报注册资料包括：东主、承印人、出版人和编辑的名称、身份证号码（或护照、旅行证件、公司登记号码）、办事地址和电话，以及报刊名称、地址和出版次数。首次注册满一年后，需再行缴费以维持有效注册。为了经常保持有关呈报资料的正确性，任何具体事项的变更或发现资料有不准确情况，报刊各负责人

① 童兵．香港新闻传媒的行政调控与法律监管．新闻记者，1997（7）．

均有法律义务于七日内呈报与认证有关的更改内容。根据该法例，除非持有有效注册，否则任何人不按注册程序办理，即从事印制、出版或编辑有关报刊均属违例，可按简易程序审讯，若被定罪，最高罚款1 000元及判监6个月。

《管制淫亵及不雅物品条例》是1987年制定的。成立该条例的宗旨在于："管制含有或载有淫亵或不雅（包括有暴力、腐化或令人厌恶之资料）之物品，设立审裁处以便裁定某一物品是否属于淫亵或不雅，或公开展示之事物是否属于不雅，并将各物品评定为淫亵、不雅，或既非淫亵亦非不雅等类别，以及对附带事宜作出规定。"条例将市面上出售或租赁的印刷品与影音录像产品评定为三类：

第一类物品，既非淫亵，亦非不雅，可发行给所有年龄人士。

第二类物品，不雅物品，条例规定任何人不得发行不雅物品，除非在该物品或包封该物品之封皮上，清楚明显展示下列警告："本物品内容可能令人反感，不可将本物品派发、传阅、出售、出租、交给或出借予年龄未满18岁的人士或将本物品向该等人士出示、播放或放映。"违反规定者可被罚款40万元及监禁1年。

第三类物品，淫亵即色情物品，条例规定任何人发行、藏有以备发行或进口以备发行此类物品均属违法，可被罚款100万元及监禁3年。

但该条例对于分类的具体标准却没有列出。

另外，1993年末至1994年初，香港立法局对现存法例中与《人权法案》有抵触的部分条例进行检视，以强化在保障传媒发展方面的合理性。根据《人权法案》第十六条，言论自由包括寻求、接受及传播各种消息和思想三个方面的自由，这使得香港报业的记者在采访方面享有较大的新闻自由。他们可以列席政党会议，公开政治会议内容，采访政治敏感人物，让公众知晓政府的举措，知晓政治人物的言行和态度，从而使公众对这些言行思想作出评价。

综上所述，香港报业的法律环境总的来说是比较宽松的，报纸享有相当大的新闻自由。

Chapter 2 第二章

香港报业生态

第一节 拥挤是“主旋律”

拥挤是香港城市的特色。

截至2005年，香港总人口超过693万，平均每平方千米有6 420人，这使得香港成为全世界人口密度最高的城市之一。

图2-1 香港平地少人口多，市区人口密度极高，大厦往往有数十层楼

报业同政治、经济有着天然的血缘关系，人口密度是报业得以持续发展的基本因素之一。较长时期以来，香港政府的报业政策相对稳定，允许各类报刊求同存异，香港的新闻业一直比较发达；特别是20世纪60—70年代，香港经济起飞并逐渐发展成为世界贸易、金融、制造、航运中心，其新闻事业也因此日新月异。战后，香港的报业同这个城市的人口一样，“拥挤”成为它的主要外在特征，区区1 000多平方千米的“弹丸之地”却一直能容下几十种报纸共生共荣。尽管随着政治、经济的波动偶尔会有些起伏，但拥挤所意味着的“繁荣”一直是香港报业的主旋律，今天一样如此。

一、香港报纸何其多

香港报纸在早期发展较为缓慢，受国内政治动荡的因素影响较大，中文报纸主要是宣传各自政治主张的政党报刊，早期的英文报纸也是代表港英政府的政治类报纸，随后的商业报纸为数也不多。1927年，香港政府开始实施《承印人及出版人条例》，成立了报刊注册处，把报纸的出版纳入法制的轨道，20世纪30年代初期，报纸一度发展迅猛，但香港报业真正的黄金时期是第二次世界大战之后。1945年至1950年，香港共有155家报刊注册，其中有许多战后复刊的报纸；1950年至1959年，香港新办报纸85家；1960年至1969年，新办报纸108家；1970年至1979年，新办报纸达157家。[①] 20世纪80年代以后至1995年之前，香港报纸基本形成稳定局面。

香港1960年每日有30种报纸发行面市，1970年每天出版的中文报纸有70家，

① 方积根，王光明. 港澳新闻事业概观. 北京：新华出版社，1992. 48.

1980 年降至 63 家，1990 年再降到 39 家中文报、2 家英文报，出现了 20 年中的最低点。但业内人士仅仅将此现象称为"小低潮"。据统计，当时香港报纸的日销总量已超过 200 万份，以人口计算，平均每千人阅报 380 份，在亚洲地区，阅报率仅次于日本，居第二位。

到 1993 年，香港每天出版的中文报纸回升到 41 家，英文报纸增至 7 家。

1997 年底，全港中英文报纸共 46 家，其中有 29 家以报道本港和世界新闻为主，5 家集中报道财经新闻，其余的则专门报道娱乐新闻，刊登影视圈消息。

据香港年报的数据显示，截至 2005 年年底，本港共出版 49 份日报，其中有 23 份中文日报、13 份英文日报（包括一份以失明人士点字印制的报章及其网上版）、8 份中英文双语日报和 5 份日语报章。中文报章中，有 17 份以报道本港和世界新闻为主，4 份集中报道财经新闻，其余专门报道赛马消息。规模较大的报刊，分销范围远及海外华人社会，有些还在香港以外的地区印行外地版，特别是美国、加拿大、英国和澳大利亚。

二、香港主要报章概览

在中文报章中，《东方日报》、《苹果日报》、《太阳报》、《明报》、《星岛日报》、《成报》、《文汇报》、《香港商报》、《大公报》和《香港经济日报》这十家报刊在香港本地最广为人知。

《东方日报》创刊于 1969 年 1 月 22 日，属马惜珍、马惜如兄弟和余明等人合股开办，创刊半年后归马氏家族独有。该报自称"连续 30 年高踞全港报章销量第 1 位，于 1995 年 12 月 16 日之日销售量曾创本港开端口纪录，达 838 487 份"[①]。该报走通俗路线，读者对象主要是小市民和蓝领阶层，以采写本港社会新闻见长。《东方日报》属东方报业集团所有，该集团在香港上市，主席是马澄发，为创办人马惜珍之子。该报近 10 年来的主要竞争对手是《苹果日报》。

《苹果日报》创刊于 1995 年 6 月 20 日，创立人黎智英，该报属壹传媒集团所有。该报自创办之初，就以完全市场导向的办报理念为圭臬，这颗"苹果"搅动香港报业生态，令香港报业在几年内重新洗牌。煽情、色情、血腥报道充斥版面，并因此带来了本地报业的整体"苹果化"。但是《苹果日报》也不乏一些优秀的报道，也笼络了一群文化精英，难怪壹传媒集团在 2006 年的全年业绩公告中说："尽管面对来自付费报章、两份新免费日报及一份日报减价促销的强大竞争，以及网络传媒作为替代信息来源的趋势日益普及的挑战，《苹果日报》仍深受教育程度较高的中产阶层读者之欢迎。"该报是目前香港发行量居第二的报章。

《太阳报》于 1999 年 3 月 18 日创刊，是香港东方报业集团旗下报章之一，其定

① 东方报业集团（0018. HK）全年业绩公告（截至 2006 年 3 月 31 日）.

位是希望分薄《苹果日报》的读者市场。创刊初期，该报因应当时之减价潮，以港币两元至三元不等的价钱发行（创刊售2元，其后调至3元，再于创刊半年后调整至2元），并爆出多则独家新闻，力图抢占市场占有率，虽未对《苹果日报》构成严重威胁，但其发行量却成为全香港第三。该报于2006年5月13日调整零售价至每份港币4元，自称"当日实销数量更高达500 171份，比《苹果日报》当日自称印数345 000份（包括废纸、赠阅及卖剩回纸）多逾15万份"，"于年内进占为全港销量第二大报"。[①]

《明报》是香港一份老牌中文报纸，于1959年5月20日由查良镛（笔名金庸）和沈宝新创立。内容以香港新闻为主，两岸新闻次之；报道屡次获奖。有调查显示香港市民认为该报在本地报章中最有公信力。其副刊"世纪"以文学、文化艺术创作等人文科学的探讨与政治专栏为主。该报立场比其他大众化报纸（如《东方日报》、《苹果日报》）较保守，但亦较亲北京报纸（如《大公报》、《文汇报》）开明，较少用震撼读者的大标题，排版及色彩亦较单调，倾向使用中性用语，香港不少中学均会代学生订阅此报。《明报》1991年3月22日在香港交易所上市，1993年查良镛主动把《明报》控制权移交给中国数字于品海，后再转售予现任主席马来西亚商人张晓卿。《明报》历任总编辑是：潘粤生、梁小中、王世瑜、董桥、张健波，现任总编辑为刘进图。

《星岛日报》创刊于1938年8月1日，由香港当时的"永安堂"虎标万金油老板胡文虎独资创办。该报是香港现存的历史较为悠久的报纸之一。在殖民地时代，《星岛日报》与港英政府关系密切，除每星期五刊登政府宪报外，还经常刊登政府公告，因此不少人视该报为当时港英政府的喉舌。近年来，《星岛日报》的立场已经随香港回归中国政府而转向亲中，社论及新闻常见支持我国政权的言论。该报总部设于香港，另外在美国、加拿大、英国及澳大利亚等地设有分部，读者主要都是定居海外的华人。在2000年以后，胡文虎后人胡仙把《星岛日报》股权卖给由"烟草大王"何英杰的孙子何柱国掌管的泛华集团（即现时的星岛新闻集团）。现任香港《星岛日报》总编辑为萧世和，执行总编辑为徐国才，主笔为林志明。

《成报》由香港商人何文法1939年5月1日在香港创办。面世之初，该报每天只出一大张，内容以副刊和娱乐信息为主。创刊半年后，销量跃居全港第一。该报创刊前36年，销量一路快速飙升，每年均稳占香港报纸销量榜首位。随着《东方日报》诞生，《成报》的地位开始受到威胁，20世纪80年代初被《东方日报》超过。进入90年代，特别是《苹果日报》创刊并掀起恶性减价风后，《成报》销路逐渐走下坡路。2000年首次易主，之后几年间又数度易手。目前《成报》由成报传媒集团（8010. HK）持有。2006年4月《成报》因"欠薪风波"造成该报高层人事变动，

① 东方报业集团（0018. HK）全年业绩公告（截至2006年3月31日）.

现由执行董事田炳信等主持全面工作。

《文汇报》是中国一份历史悠久的报纸，1938 年 1 月由爱国报人严宝礼会集同仁好友在上海创刊。几经转变，中华人民共和国成立之后，报社由中国政府接管。香港《文汇报》创刊于 1948 年 9 月 9 日，它是由上海《文汇报》同仁与当时在香港的爱国民主人士共同创办的（但目前两家没有任何隶属关系）。目前该报已经成为全球影响最大的海外华文媒体，在海外、香港以及内地知名度很高，以权威的中国新闻报道而著称，是一份面向香港全社会的综合性主流大报，读者定位主要是香港社会各界精英。日发行量超过 40 万份。近年来，香港《文汇报》在保持和拓展中国新闻报道权威性的同时，聚焦香港市民关心的热点问题，贴近香港社会的脉搏，全方位报道香港政治、经济、民生及社会新闻。

《香港商报》创办于 1952 年，建基香港 60 多年，是一份历史悠久、沟通内地与香港资讯的综合性报章，也是中国政府特许在内地公开发行的报章。该报的办报宗旨是“在商言商、港人报章，沟通两地、相得益彰”。《香港商报》一向致力于争取成为港人了解内地经济、内地读者了解香港及海外经济的权威性报章。读者主要为香港与内地的企业家、管理人员、公务员、中资机构员工及关心香港和内地的人士。该报近年不断加强报道两岸、港澳及世界各地的经济讯息，着力提供及时、准确、快捷、详尽的商贸、股市、地产、汇市、金融及投资新闻。目前，该报每日平均销量接近 20 万份，其中内地的发行量约占总数的七成。

《大公报》是中国迄今发行时间最长的报纸之一。1902 年 6 月 17 日在天津首次出版，其创办人是英敛之。1926 年，吴鼎昌、张季鸾、胡政之等人组成“新记公司”（主要由吴鼎昌投资）接手《大公报》，史称“新记大公报”。其后，《大公报》几度变迁，先后在上海、武汉、重庆、桂林和香港出版。香港版创刊于 1938 年 8 月 13 日，后来关闭，1948 年 3 月 15 日复刊，一直到今天。《大公报》最辉煌的时期是 1926 年至 1949 年，即所谓“新记大公报”时期，其倡导的“四不主义”（不党、不卖、不私、不盲）最为出名，张季鸾、王芸生等主笔让它成为当时中国新闻界的翘楚。战后至今，该报与《香港商报》、《文汇报》构成香港左派（中资背景）报纸的阵地。

《香港经济日报》由香港经济日报集团有限公司现任主席冯绍波和董事总经理麦华章创办。20 世纪 80 年代，由于香港对财经及工商信息有甚大需求，冯绍波和麦华章便于 1988 年筹集 2 000 万港元创办《香港经济日报》。该报读者主要为香港工商界人士、行政人员及投资者等中产阶层人士，其办报路线亦以符合中产阶层口味为主，主要报道股市、地产、信息科技等新闻。《香港经济日报》于 2005 年 8 月 3 日在香港交易所上市（0423. HK）。

“苹果”落地后的几年间，报业市场虽经风风雨雨，但大体维持基本格局——近 50 种日报，综合性大报十几份，市场份额基本稳定。然而到了 2005 年下半年，情况开始发生变化。原本“拥挤”的香港报业市场又“挤”进了两个崭新的对手——2005年7月，香港在原有一份免费报纸《都市日报》的基础上又新增两份免费报纸《头条日报》和《am730》。后来《头条日报》的创办者星岛新闻集团又创办了《快线周报》。四份免费报每天派发100多万份，接近于收费报纸在香港的发行数量。而且，过去《都市日报》只是在地铁站派发，与收费报纸似乎是两个领域，现在免费报由“地下”走到了“地上”，明显与收费报纸形成竞争态势。

免费报的大量派送对此前销量可观的大众化报纸影响较大。到2006年上半年，香港十几份综合性大报纷纷感到销量减少和广告竞争的巨大压力。多数报纸平均每日的广告版面减少10%左右，而广告版面的单位价格却在下降。①

第二节　政治取向多元

香港既是万商云集的国际大都市、各种国际势力活跃的自由港，也是两岸各色人马交集汇合的一个特殊的平台。正因为如此，香港历来是各种国内外政治势力较量的地方。对香港社会而言，多元化是一个由来已久的社会特色，香港一直容纳着中国政治的各党各派，容许国共两党在香港法律的框架内的明争暗斗，早在英国人管治时期就如此。而新闻界成为各方政治势力斗争的公开场所，报纸的政治取向多元化，成为香港报业所呈现的一个突出特点，即使在香港回归之后依然如此。

鉴于政治观点的不同，报纸的报道和言论的立场倾向有所区别。香港人习惯将其区分为左、中、右三派。1949年10月1日中华人民共和国成立，1950年1月8日英国政府抢先承认，港英政府统治下的香港，与国内的关系开始发生根本性的变化。战后的十几年间，中国的政治局势成为影响香港报业格局和报纸倾向的主要因素，这一时期，国共两党为争夺香港这个重要的国际宣传阵地，创办或恢复了一些报刊。香港报业从那时起，形成了左、右对峙，左、中、右三派并存的局面。

一、右派报纸

1948—1950年，一大批未能逃往台湾的国民党军政人员及反共文人为逃避战火及中共的追逐，逃到了香港。这些反共文人利用香港自由的办报环境，继续创办反共报刊，或将内地的反共报刊迁到香港来办。这些报刊包括明确站在国民党立场的政治性报纸以及另外一些拥护或倾向国民党的商办报纸，被称为右派报纸。

右派报纸中，比较著名的有《香港时报》、《新闻天地》周刊、《工商日报》、《华侨日报》、《星岛日报》。这些报纸中，除《星岛日报》言论后来转向中立，出版

① 艾广明．香港报业大蚀底．中国新闻研究中心，2007－01－18．

至今之外，其余几份报纸均已停刊。

《工商日报》是一家独立的商办报纸，在战前的香港已经举足轻重。该报的东主何东是香港的富绅，与港英和台湾关系较深，在言论倾向上一直是亲英亲台，对港英当局和台湾国民党的重大政策均表示支持和拥护，其读者主要是商界的亲台人士和“自由工会”的职工。该报在《中英联合声明》签署的当年，即1984年12月1日宣布停刊。

《华侨日报》创刊于1925年6月5日，其前身是旅港华商总会主办的《华商总会报》。岑维休为该报的创办人之一，并长期主持社政，自任董事长兼总经理至1985年病逝，总共做了60年，在香港报刊史上堪称一奇。该报言论倾向较亲台，读者对象是港英政府官员、工商社团及文化教育界人士。1995年1月12日《华侨日报》停刊。

《星岛日报》由“万金油大王”胡文虎于1938年8月1日创办，言论倾向曾几度转变。解放前后，该报报道较为客观，还采用新华社电讯稿，1952年因胡氏在内地的产业拒绝缴税被政府查封后，言论态度走向右倾。1960年前，主要倾向亲美，也亲台，1960年一批亲台人员陆续进入该报，控制了编务，因此在1960年至1964年期间，该报的言论基本上代表台湾。1964年8月，友联出版社副社长徐东演任该报主笔，言论再度亲美。中日、中美建交后，言论逐渐走“中间”路线，如1973年3月该报撤销了对内地造谣污蔑的“乡情版”。20世纪70年代初期，一批亲台人员亦被迫撤离报社，言论态度逐渐转向中立。

《香港时报》于1949年8月4日创刊，1993年2月17日自称因“严重亏损”宣布停刊。该报的停刊，在香港亲台社团以及香港媒体中引起巨大的震动。《香港时报》停刊后，国民党在香港的喉舌就只剩下《新闻天地》时事周刊了。

《新闻天地》由卜少夫等于1945年1月20日创办，初办时为月刊，1946—1949年为该刊全盛时期，销数15万份，成为当时最畅销的刊物。1949年5月，该刊因国民党战事败退而急迁香港，改为周刊，卜少夫任社长。该刊以中华民国为正朔，毫不掩饰其倾台言论，反映国民党的立场，不过在后期其立场观点反李登辉，支持非主流派。该刊于2000年10月出版第56年、总号第2442期后，因卜少夫病危而宣布停刊。

二、左派报纸

左派报纸指的是站在中共立场上，态度鲜明地拥护中华人民共和国的报纸。战后，左派报纸发展得很快，主要有《文汇报》、《大公报》、《新晚报》、《香港商报》和《晶报》。在20世纪五六十年代全盛时期，它们曾三分香港报业的天下。[①] 至今仍在出版的左派报纸有《大公报》、《文汇报》和《香港商报》，在当今香港报业中，

---

① 陈昌风．香港报业五十年．新闻爱好者，1997（6）．

这几份报纸仍占据重要地位。

其中，《大公报》、《文汇报》是左派报纸的代表。

1948 年 3 月 15 日，《大公报》香港版复刊，该报延续采用天津创办以来的编号，创刊第一天就是第 15934 号，显示香港《大公报》仍然要继承该报将近半个世纪的传统。这次复刊由老板胡政之亲自从中国内地到香港主持，胡从上海带来的主要人物，大多是中共地下党员。该报复刊一个月后，胡政之因病返回上海，香港《大公报》由左派人士控制，同年 11 月 10 日，该报发表《和平无望》社评，宣告“向人民靠拢”，其后，该报转变立场，亲近共产党，成为左派阵营的重要报纸。

该报在战后香港的发展进程中，一位重要的人物起了举足轻重的作用，这个人是费彝民。该报复刊后不久于 1952 年改组，费彝民即任社长，直到 1988 年 5 月逝世。他在香港《大公报》的发展过程中，贡献至多，使该报成为香港著名的爱国报纸之一。1988 年 10 月，《大公报》实施改版，扩充版面，增加新内容，特别加强了关于经济问题的报道以及内地新闻的报道。香港回归以前，《大公报》为支持中国政府关于香港问题的决策做了大量的工作；香港回归以后，《大公报》为香港特区的繁荣和发展作出了巨大的贡献。

1995 年，《大公报》创建网站“大公网”（www. takungpao. com），这是香港最早的网络新闻媒体之一。网站的创建更加扩大了《大公报》的影响力。目前该报受众分布于美国、加拿大、澳大利亚、新加坡、日本、中国内地及港、澳、台等近 100 个国家和地区。

《新晚报》是《大公报》于 1950 年 10 月 5 日创办的一份晚报，以白领阶层为主要读者对象，言论倾向与《大公报》一致。香港报纸原来有早报、午报、晚报和夜报四个层面，由于几十年来社会结构发生了巨大变化，报业出现新的格局：夜报和午报相继退出，晚报也受到冲击，一些晚报停刊，到了 20 世纪 90 年代只剩下《新晚报》和《星岛晚报》两家。1995 年以后由于市场变化及资讯手段的发展，晚报生计困难，1996 年 12 月 18 日，出版了 58 年的《星岛晚报》停刊；《新晚报》于 1997 年 7 月 27 日停刊，成为香港最后一份停刊的综合性晚报。

《文汇报》1948 年在香港的创刊，与中共地下党香港负责人潘汉年有密切关系，当时李济深等人从中国国民党分裂出来，在香港成立了“民革”（中国国民党革命委员会），他们决定在香港创办一张“民革”的机关报，在潘汉年的策划下，“民革”创办机关报与《文汇报》复刊的计划结合起来。1948 年 9 月 9 日，《文汇报》香港版创刊，中共地下党派徐铸成到该报掌舵，由徐铸成出面注册为“督印人”，董事会成员由李济深、蔡廷锴、虞顺懋、严宝礼和徐铸成共五名董事组成（后来该报股权及主要负责人发生多次变化），李济深任董事长，徐铸成任主笔并领导社务委员会，严宝礼为总经理。潘汉年是徐铸成江苏宜兴的“小同乡”，通过这层关系，中共地下党掌握了香港《文汇报》的编辑方针。该报以“中间偏左”的姿态出现，聚集了众多左翼文人及其他党派名人为其工作，创刊3个月后的同年底，每日发行量突破25万份，成为当时中共领导下的海外重要宣传阵地。近年来，该报在政治定位上依然属于左派爱国报章，但已经开始向市场转型。

左派报纸在香港报业中的地位经历了曲折变化。20世纪五六十年代是左派报纸的全盛时期，《文汇报》以及《大公报》、《香港商报》等曾经拥有香港半数以上的读者市场，虽说这些报纸的办报方针是完全遵照中共的指示，但在具体办报中会结合香港的实际情况，考虑到港人的阅读口味和市场需求。当时左派报纸不仅率先刊登武侠小说，而且副刊并不排斥风花雪月。几份亲中报纸的马经专版，其权威性亦被广大“马迷”所认可。

然而这一切在极左路线甚嚣尘上的岁月里几乎荡然无存。左派报纸在香港的影响力很快被其他世俗化的量报、质报取而代之，元气大伤。其后十多年间，中英两国围绕香港主权问题展开外交斗争和政治较量，左派报纸的生存环境没有获得新的延伸，反而因为逐渐脱离香港客观实际，与香港大众的阅读口味日益脱节而出现萎缩。①

近年来，这些左派报纸开始回归香港读者、回归市场，版面处理上也出现了明显的“苹果化”特征。过去它们被视为单纯的宣传喉舌，现在读者群已经对其权威性、专业性、公信力予以肯定。

香港回归前后，香港传媒在整体上有右派式微、向“左”倾斜的趋势，但政治取向多元化的特点依然存在。国民党报纸《香港时报》因财力不济，早在1993年便已歇业；1992年5月4日创刊的代表台湾观点的《联合报》，因《苹果日报》引发的减价战而于1995年12月18日倒闭。目前，亲台或反共的右派言论在杂志业以及电台、电视等传媒的一些固定节目中仍然不罕见。左派在回归后的传媒市场上新增加了两份官方刊物《紫荆》与《中国评论》，加上原有的《文汇报》、《大公报》、《镜报》、《广角镜》等，形成当前香港左派传媒的主要班底。

除了上述左右两派报纸之外，在香港报业市场中，更多的是属于中间立场的报纸。20世纪70年代，在经济快速腾飞的带动下，加之香港本土意识的增强，一批以本土意识为价值取向的商业化报纸迅速发展，成为香港报业的主流，其中尤其以走大众化路线的报纸影响最大。这些报纸实行高度商业化运作，以“赚钱”为主要目的，内容迎合读者的需要。时至今日，尤其是1995年《苹果日报》创刊后，香港报业中大众化报纸仍占据主流地位。

第三节　大众化报纸风行

在香港，政党报刊曾长期居于报业主流地位。在政党报刊时期，报纸的读者对象

① 杨子．香港“左”派报纸向市场转型．联合早报（新加坡），2004－09－15.

是社会精英。从报刊的整个历史脉络来看，政党报刊之后，就进入了大众化报纸时期。因为，在任何时候，当一大部分人被现有的新闻传播机构长期忽视时，最终总会有别的新闻机构被设计出来以满足这一需要。世界上较早的大众化报纸是19世纪30年代产生于美国的“便士报”。1833年，第一份创办成功的便士报发掘了大批被统称为“普通人”的读者，最初发售的这种“穷人的报纸”，其内容大多是极其耸人听闻的。然而，这仅仅是处于发展阶段，没过多久，便士报即吸引了经济界以及社会上其他方面的读者，普通人也随着其文化水平的提高而要求报纸有更高的写作水平。①

香港报业的发展也经历了这样一个过程。20世纪二三十年代，香港的政治性报纸式微，相反，大众化报纸崛起。

根据目标读者的不同，精英报纸追求高质量的新闻报道——香港读者将这类报纸称为“质报”；大众化报纸瞄准那些数目庞大却不富裕的社会阶层，极力地寻求能够使得发行量最大化的方法——香港社会称这类报纸为“量报”。因而，相比较而言，大众报纸追求耸人听闻的、煽情的报道的动机更强，较多报道富于刺激性或者阴暗面的内容，比如灾难、犯罪、暴力和性，并以提供娱乐内容为主，文字简洁通俗，常用方言俚语。

《成报》是香港近代较早办的比较成功的一份大众化报纸，其销量曾长期居全港报纸之首。20世纪70年代，《东方日报》创刊后，逐渐赶超了《成报》，自80年代至今，《东方日报》的销量一直居全港报纸的首位。大众化报纸的市场占有率一直居高不下。《苹果日报》创刊后更甚，三份大众化报纸——《东方日报》、《苹果日报》和《太阳报》占了整个香港报业市场份额的70%以上。

表2-1显示了在《苹果日报》面世之前香港中文报纸的市场情况，《东方日报》、《成报》、《天天日报》、《新报》、《快报》等“量报”的市场占有率1993年已经达到79.1%，1994年是76.2%，可见大众化报纸风行的程度。

表2-1　1993年、1994年香港中文报纸发行量②

报纸名称	1993年发行量（万份）	1993年市场占有率（%）	1994年发行量（万份）	1994年市场占有率（%）
《东方日报》	60.0	40.4	45.0	34.3
《成报》	22.3	15.0	19.8	15.1
《天天日报》	20.5	13.8	17.7	13.5

① ［美］埃德温·埃默里，迈克尔·埃默里．美国新闻史——报业与政治、经济和社会潮流的关系．北京：新华出版社，1982.160.

② 数据来源于李少南．香港传媒新世纪．香港：中文大学出版社，2003.76.

（续上表）

报纸名称	1993 年发行量（万份）	1993 年市场占有率（%）	1994 年发行量（万份）	1994 年市场占有率（%）
《明报》	12.3	8.1	10.9	8.3
《新报》	8.2	5.5	11.0	8.3
《快报》	7.0	4.4	8.0	5.0
《信报》	6.8	4.7	6.2	6.1
《星岛日报》	6.5	4.6	6.5	4.7
《经济日报》	5.2	3.5	5.9	4.5
销售市场	148.8	100.0	131.0	99.8

表 2－2　2000 年 6 月至 8 月香港报纸读者量①

报纸名称	读者人数（万）	读者人数占百分比（%）
《东方日报》	206.0	36
《苹果日报》	161.8	28
《太阳报》	68.2	12
《南华早报》（英文）	28.9	5
《明报》	24.9	4
《经济日报》	15.8	3
《成报》	15.7	3
《天天日报》	13.5	2
《星岛日报》	12.1	2
《新报》	11.1	2
销售市场	558.0	97

资料来源：AC Nielson.

表 2－2 显示了 2000 年 6 月至 8 月香港报纸的读者情况。从中可以计算出，仅《东方日报》、《苹果日报》和《太阳报》这三份大众化报纸总的市场占有率即已达到 76%，比 1995 年之前的市场占有率更高。

① 转引自李少南．香港传媒新世纪．香港：中文大学出版社，2003.93.

第四节　财经类报纸一枝独秀

近十年来，香港报业多次掀起减价风潮，最具代表性的是1995年《苹果日报》发起的“苹果减价战”，后来《太阳报》又发动了减价战，其他报纸为了守住自己的读者市场，也被迫跟着相继降价。香港的十多份报纸成为历次减价战的牺牲品，包括一些有着悠久历史的报纸，也不得不宣布歇业。

但是，有一类报纸却在减价风潮席卷的香港报业中一枝独秀，屹立不倒——不但没有跟随减价，而且在减价战之后，读者数量仍维持在一定的规模。这类报纸就是财经类报纸，或者以财经内容为主打的报纸。包括《信报》、《香港经济日报》、《星岛日报》和《香港商报》。

一、香港财经类报纸发展简史

香港财经类报纸是随着香港经济的起飞而发展起来的。

在20世纪60年代之前，香港报纸很少设有财经专版，财经新闻大多放在“香港新闻”版的一角，一般就是股市行情专栏。在60年代，一些报纸开始有固定版面报道财经新闻，但大部分以国际财经新闻为主。

20世纪70年代，香港经济飞速发展，股市空前兴旺，普罗大众为求发达，对股票投资发生了浓厚的兴趣，应市场要求，各报纷纷加强财经报道，并开设股市财经专版来争取读者。这一时期财经类专业报纸开始发展。

1973年，香港第一份专业的财经类报纸《信报》创刊，以金融财经界人士和知识分子为读者对象。

到20世纪八九十年代，香港经济已经成功转型——由70年代的工业社会转型为商贸社会。经过30多年的发展，香港的经济体系不断完善，经济实力快速增长。目前，香港是重要的国际金融市场，也是第5大外汇市场及第12大银行中心，而香港的股票市场在亚洲排名第2，仅次于日本。在这样的一个社会中，财经信息的传递已经成为社会经济得以正常运转不可或缺的条件。这为财经类报纸的生存和发展提供了肥沃的土壤。

20世纪80年代，随着财经新闻日趋重要，以及《信报》的成功，加之股市愈来愈兴旺，财经类报纸纷纷面世。与《信报》风格和内容均相似的《财经日报》于1981年创刊；1987年到1988年，同是走财经路线的《金融日报》与《香港经济日报》面世。除此之外，财经类报纸市场上还有以报道房地产新闻为主的《星岛日报》。

20世纪80年代末90年代初，内地和香港经济合作开始紧密，香港报界出现了以报道内地经济为重心的财经类报纸，如《华南财经新闻》、《深港财经新闻》，而看重财经新闻的《香港商报》亦开始于内地及香港两地同时发行。这一时期算得上是香港财经类报纸最繁荣的时期，但同时，同类报纸之间的竞争随之加剧，一些财经类报纸因定位不够清晰，无法建立固定的读者群，销量和广告量日益减少，最后难逃停刊的命运，如《财经日报》和《金融日报》。而在1995年的那场"苹果减价战"中，《华南财经新闻》亦宣告停刊。

时至今日，香港报业中以报道财经新闻为主的报纸只剩下四份，分别是《信报》、《香港经济日报》、《星岛日报》和《香港商报》。经过十多年的发展，这四份报纸已有了自己清晰的定位，各自建立起固定的读者群。

二、香港财经类报纸现状及各自特色

社会经济要得以发展，其信息必须是高度流通的，而多元化经济需要更广阔的市场和更大量的信息。香港的经济发展需要财经类报纸这个信息流通的平台，而香港财经类报纸的蓬勃，也恰恰显示了香港社会经济的繁荣。

在香港的报业中，财经类报纸已经形成了一个相对独立的群体，与综合性报纸、赛马报纸等并列，成为香港报业中独具特色的一个组成部分。

这类报纸报道的内容主要有：一般的香港及国际财经消息、投资信息、股市行情表、房地产信息等。商家也会通过这类报纸建立并宣传自己的品牌形象。对于香港市民来说，财经类报纸所刊登的股票、房地产、经济学家专栏、上市公司信息等一系列经济资讯，成为他们最好的赚钱帮手。因此，香港财经类报纸已成为商家不能缺少的一种宣传工具，也是连接商家与投资者的重要桥梁。

下面分别对香港报业中的四份财经类报纸作一介绍。

1.《信报》

《信报》全称是《信报财经新闻》，是由林山木（林行止）及其妻子骆友梅于1973年7月3日创办的香港第一份财经类专业报纸，以经济分析和经济报道为主，主要分中国、工业、股市和金融四大类。

2003年7月13日，该报创办人之一林行止在其专栏中刊登了一篇名为"三十年感言"的文章，明确而清晰地表明了《信报》的宗旨。主要分为三个层面，首先在投资引导上，《信报》注重基础分析或图表走势，又或是以各种各样的前人经验和理论作为投资的参考，避免盲目跟风的消息炒卖；其次在普及经济学知识方面，《信报》会为市民推介各家各派的理论，同时还会从微观层面考虑社会损益的宏观表现；最后在政治评论方面，《信报》会从现实出发，力保自由、民主和一切健全的生活方式，并力求在稳定中谋求进取。

与其他财经类报纸相比，《信报》的特色是简要的新闻与精辟的见解，以此来吸引专业人士。该报的政经评论以权威、丰富而闻名，有多个专栏十分著名，其中最有影响力的有由林行止所撰写的分析政经形势的"林行止专栏"，以及股评人曹仁超所撰写的“投资者日记”。

该报的副刊占整份报纸的15% ~20%，分割成20多个专栏，网罗众多名家撰稿，包括高洁的“花都拈花”、游清源的“头文字Y”及程逸的“商思话”等，内容广博，言论开放，可读性强。

《信报》排版方式比较独特，香港多数报纸都采用现代的横排方式，文字从左至右排列，但《信报》却坚持中国传统的直排方式，文字从上到下排列。（见图2－2）

《信报》页数和广告较少，以2006年11月13日出版的《信报》为例，当日的出纸量是7张纸，共两沓，与《经济日报》及《星岛日报》当日出版的33张纸相比，差别甚大。香港各大报章都以图片多而大、色彩鲜艳、娱乐休闲内容丰富为卖点，但《信报》未设风靡一时、对读者极具诱惑力的“马经版”及“娱乐版”，反倒以文字丰富、欠奉娱乐新闻及赛马消息而别具一格。

社評
利率波動等閒事 資產泡沫須防之
消費不濟 美股先升後回
信報
財經新聞
HONG KONG ECONOMIC JOURNAL
美新增職位超預期 抵銷樓市疲弱

图2－2 《信报》版面采用直排方式

在股市消息方面，《信报》以分析为主，报道为次，虽然目前各报多设有股市财经版，但多数报道均是把股市行情消息填进去，没有经济思想，不重分析。因为《信报》以分析见长，所以它拥有一个较有层次的读者市场。它的读者主要是工商界领导人物、知识分子和投资者。《信报》的新闻和评论，为不少研究香港政治经济及社会的文章引用。在2006年香港中文大学新闻与传播学院的传媒公信力调查中，《信报》在众多中英文报纸中排名第三。《信报》也因为上述诸多原因被称作“为专业人士而设的报章”。

2.《香港经济日报》

《香港经济日报》于1988年1月26日由现任集团主席冯绍波和董事总经理麦华章创办，是一份以香港经济新闻为主的报章，以“知识为本、与时并进”为办报方针，致力于为工商界人士、行政人员及投资者提供金融、工商业、地产、社会及优质生活等第一手新闻及市况分析。

20世纪80年代，香港对财经及工商信息有较大需求，而当时香港报业中专业财经新闻报纸只有《信报》一份，故《香港经济日报》看准了这个市场，打算分一杯羹。《香港经济日报》创刊初期讲求新气象，以年轻作者、浅显易懂的文字以及图片吸引年轻读者，可惜也因此而忽略了财经内容的专业性水准，故成绩一般。后来《香港经济日报》总结经验并吸取教训，以财经报章及信息为主的业务发展定位十分清晰，从提供信息延伸至发展电子软件及解决方案，有方向性地把业务一步一步地推进，逐渐形成了自己的风格，终于成功地建立了稳定的读者市场，并且赢得较高的公信力。在2006年香港中文大学新闻与传播学院的传媒公信力调查中，《香港经济日报》的公信力排名第四。

《香港经济日报》虽然是以财经新闻为主，但其内容十分多元化，每天基本上出30～50张纸，内里包括各方面的新闻信息，由港闻至娱乐新闻琳琅满目，信息齐全。(见图2－3)

图2－3　2006年12月6日的《香港经济日报》出纸10沓共47版

在要闻、金融及社评版中，《香港经济日报》报道本地及国际主要新闻，特别专注于金融经济及商业新闻，以及重点社会新闻；在社会、政治及中国要闻版，该报详尽地报道社会、政治及中国内地重要消息，迎合商业、行政人员之喜好；至于商业及工贸方面，覆盖香港和外地商业信息，并剖析各地经济状况，提供工商业内攻略；在投资理财方面，除了每天股市走势及要闻的资料齐备之外，亦会另备专家意见；在地产新闻方面，报道地产要闻及市况分析；在行政人员版中，会以专题报道个人及企业的成功要诀、管理及进修等。

3. **《星岛日报》**

在香港财经类报纸中，《星岛日报》的地产信息独树一帜。

《星岛日报》由新加坡商人胡文虎于1938年创办，创立目的主要是替旗下的虎标产品在香港做广告及推广，故《星岛日报》是一份名副其实的为商业而诞生的报纸。

《星岛日报》创办期间经历了多次改革。由于香港楼价自20世纪80年代后期开始起飞，地产业蓬勃，为抢占中产消费市场，《星岛日报》的地产信息相当丰富。其他报纸的地产新闻只占2～8版，而《星岛日报》的地产新闻几乎每天都有十多版，对新楼盘、二手市场、商铺工厦及写字楼的租卖都给予详尽报道，除此之外，还会报道内地、澳门及世界各国的房产信息。

图2－4　《星岛日报》每周日至周五都会附送不同种类的地产杂志《睇楼王》

《香港经济日报》与《星岛日报》所注重的市场类似，但着重点有所区别。《香港经济日报》以多元化为主，而《星岛日报》主攻房产新闻及买卖信息。为了进一步为读者提供更多房产信息，《星岛日报》在一周出版的六日里，每天都会随报免费附送不同种类的《睇楼王》杂志，务求把地产信息丰富化，使之成为有楼人士、有意置业者、投资者及地产从业员等的首选报纸。

4.《香港商报》

《香港商报》创办于1952年10月11日，是由《经济导报》的一张小报——《标准行情》扩充改版而来，所以其内容仍然以经济报道为主。

图2－5　《香港商报》2006年11月30日头版

《香港商报》以经济报道为主，重点刊登各类与香港经济形势紧密相关的新闻和评论，亦会报道香港主流人群关心的热点问题，同时留意珠三角地区特别是深、穗、莞、惠、珠等地的重要政策和经济信息。

该报经济版内容很丰富，主要包括“香港经济”、“香港股市”、“香港市场”及“内地经济”等版面。“香港经济”版主要报道香港的重要经济事件和工商新闻；“香港股市”版特邀本港多位名家提供权威的证券评论与分析，为投资者引路；“香港市场”版剖析香港地产市场、外汇市场以及其他要素市场的热点问题和最新动态；而“内地经济”版则公布国家最新的经济政策。这些版面中不乏深入的报道和分析，有助读者运筹帷幄，把握内地与香港两地的经济脉搏。

除此之外，该报还深入分析港深沪股市、外汇、黄金的最新行情，主要内容有港深沪股行情表、港股展望、中资股纵横、内地证券等。除了提供准确资料外，还特邀香港和内地多位名家提供权威的证券评论与分析，为投资者引导投资方向。

目前，《香港商报》已经成为内地、香港商家及市场沟通信息的桥梁。由于在内地、香港两地同时发行，通过新闻报道和评论，该报在香港经济生活与世界经济大事、中国政府经济决策、内地各区域经济动态、珠三角经济环境等经济板块和经济生活群体之间，架起信息桥梁。内地商家若要了解香港最新最快的每日经济信息，最佳的办法便是在内地购买《香港商报》；而香港商家若要在内地宣传集团的信息、树立公司的形象，以及提高公司在内地的知名度，最好的方法必定是在《香港商报》刊登广告。

Chapter 3 第三章

香港大众报业文化——“苹果化”现象

第一节 “苹果”落地，报业洗牌

在《苹果日报》出世之前，香港报纸是受香港报业卡特尔的约束和保护的；“苹果”落地之后，香港报业的格局发生了剧烈的变化。

一、卡特尔制度

在20世纪50年代，香港报纸之间组成了卡特尔（Cartel）。卡特尔的形成，基本上是由本地出版商成立香港报业公会，与分销商共同负责控制报纸的零售价格。在卡特尔的保护下，报纸的经营发展不会受到社会激烈的竞争及经济压力的影响。在这个系统内，各报纸在市场上各有各的位置，各自有既定的读者和广告商。

80年代，这种模式已经十分成熟，其平衡在于一个不明确的市场占有率的协议。在这种情况下，报纸之间存在着不公平的竞争现象——几份强势报纸主导着报纸整体的内容及报业文化，它们有很大的影响力去左右市场运作，而且强迫同业遵守这个竞争游戏的规则，让发行量高的报纸能享有比较低的成本和高边际利润。[①]不过，卡特尔也能保护其他发行量较低的报纸，能够让它们保持一个可以维持生存的市场占有率，不会因为受市场冲击而倒闭。

90年代，卡特尔的结构最为完善。当时报纸的售价稳定为港币5元，报纸商人及本地经销商分别赚取价格的30%（港币1.5元）及6.5%（港币0.325元）。1995年“苹果减价战”爆发之前的十多年，整个报业市场的销售分配已经十分稳定。市场份额占有率排名依次为:《东方日报》、《成报》、《天天日报》、《明报》、《新报》、《快报》、《信报》、《星岛日报》和《经济日报》，这九家报纸的发行总量占整个市场的99%。其中，《东方日报》、《成报》和《天天日报》这三份报纸的销量差不多占到市场的三分之二（见表2-1），而且占总报纸广告收益的五成。

当时报业界内壁垒分明，大家井水不犯河水，没有直接的利益冲突，各家报纸还能够和平共处。上述九家报纸组成一个既稳定又封闭的系统，其他报纸很难进入市场。

出人意料的是，一颗“苹果”从天而降，打破了香港报业维持了十多年的稳定格局，几个月后，卡特尔解体。

二、“苹果减价战”致使业内大洗牌

1995年6月20日，香港《苹果日报》创刊，它一面世便发动“减价战”，以图

---

① 李少南．香港传媒新世纪．香港：中文大学出版社，2003. 74.

迅速占领市场。《苹果日报》以优惠券的方式卖港币2元，2元零售价报社是没钱赚的，因为单是给报贩及发行商已经要2元。后来《东方日报》跟进，卖3元，一些报纸如《新报》等甚至以1元低价促销。减价战使报业公会实行了很多年的卡特尔制度一触即溃。因为当报纸有利可图的时候，卡特尔是有约束力的；当报业低迷，报纸不能应付开支，甚至报业公会的核心成员也不能支持严重的经济亏损时，它们就会挣脱卡特尔的约束。1995年，随着卡特尔的解体，各家报纸将自己的资源倾囊而出，应战减价，希望在短时间内利用资金打击对手。减价战使整个报业重回自由市场。

“苹果减价战”延续至1996年，前后两年的削价，令香港报业损失惨重，许多报纸的同期业绩大受影响，《东方日报》和《星岛日报》在1996年上半年的纯利同时下跌近八成，而《天天日报》的控股公司文化传信更录得赤字，即使是没有与《苹果日报》直接竞争的《明报》，同期业绩也有1 800万元的亏损，较1995年同期的5 300万元盈余不可同日而语。雪上加霜的是，减价战爆发期间，原料价格上涨，新闻纸由450元/吨升至960元/吨，但同年广告收入却因为经济疲软而下跌了13%。此消彼长之中，减价战使整个报纸行业都受到影响，明显地削弱了这些报纸的经济基础。减价战的直接结果，就是业内大洗牌——各家报纸销量有增有减，一些报纸停刊，一些报纸易手。原本稳定的香港报业市场因此重新架构。

一些老牌报纸如《天天日报》、《成报》、《新报》等在减价战中销量大减，如《天天日报》日销量从20万份下跌至不足6万份。一些竞争力弱的报纸则在这次减价战中倒闭，如有着近60年历史的《星岛晚报》。表3－1列出了这一时期因减价战受到影响的报刊。

表3－1　“苹果减价战”影响到的报刊①

报刊名称	创办日期	结束日期
文化传信属下《情新周刊》	1982年	1996年1月
《清秀月刊》	1978年	1995年12月27日
《经济日报》属下《逍遥派》	1994年10月	1995年12月27日
《电视日报》	1968年	1995年12月12日
《快报》	1963年3月1日	1995年12月18日
《联合报》	1992年5月4日	1995年12月18日
《华南经济日报》	1993年4月27日	1995年12月27日
《东快讯》	1994年2月	1996年6月20日

① 部分数据参考梁丽娟．苹果掉下来——香港报业“苹果化”现象研究．香港：次文化堂，2006. 69.

（续上表）

报刊名称	创办日期	结束日期
《星岛晚报》	1938 年 8 月 13 日	1996 年 12 月 18 日
《新晚报》	1950 年 10 月 5 日	1997 年 7 月 27 日
《天天日报》	1960 年 11 月 1 日	2000 年 9 月 8 日

三、报业“苹果化”

为什么《苹果日报》以“苹果”命名？创办人黎智英承认是取材自《圣经》伊甸园夏娃偷吃的禁果，因为如果夏娃没有吃苹果，就不知是非，没有是非就没有新闻。“每日一苹果，无人呃（骗）到我”是当年《苹果日报》的宣传口号。伊甸园的禁果将罪带给了人类世界，香港的这颗“苹果”则令香港报业发生了翻天覆地的变化。

《苹果日报》的做法虽然招来社会各界的“唾骂”，也引起业内人士的极大争议，但是，实际的情况是：读者对《苹果日报》是边看边骂，精神分裂地再骂再看，如此纠缠不已。而“苹果”呢，则为同行提供了一套短期内成功占领报业市场的方法，十多年来，它让几乎整个香港报业都染上了“苹果”的味道，我们将这种现象称为“苹果化”。

“苹果化”有什么内涵？香港资深传媒评论员梁丽娟认为：“苹果化”不单是指报章外观比如编排手法或者新闻包装手法等的变动（与《苹果日报》几乎一模一样），亦包括一套全新的新闻采编理念，以及报馆作业流程的全新管理技巧和汰弱留强的商战策略等，更重要的是它对香港政治文化的影响力。①

《苹果日报》一落地，即以其市场运作策略、新闻操作理念、新闻包装手法等迅速占领了香港报业市场，并且立即成为本港传媒争相效仿的对象，十多年过去，本地报纸基本上已全面“苹果化”。

归纳起来，香港报业“苹果化”主要表现为以下几个方面：一是“煽”、“色”、“腥”题材的新闻泛滥；二是新闻娱乐化，传统新闻理念遭颠覆；三是大报小报化，报纸公信力下滑；四是本地杂志整体趋向低俗。下文将就这几个方面一一论述。

① 梁丽娟．苹果掉下来——香港报业“苹果化”现象研究．香港：次文化堂，2006. 64.

第二节 “煽”、“色”、“腥”新闻甚嚣尘上

《苹果日报》在市场上迅速上位的一个十分重要的原因，就是大量倾销“煽”、“色”、“腥”题材的新闻。这种现象后来很快波及全港报纸，目前香港报纸上的此类新闻可谓甚嚣尘上。

《苹果日报》的新闻处理手法秉承了西方“黄色新闻”的精髓。所谓黄色新闻，“从最坏情况来说，是一种没有灵魂的新式新闻”。“黄色新闻记者在标榜关心‘人民’的同时，却用骇人听闻的、华而不实的、刺激人心和满不在乎的新闻塞满了普通人赖以获取消息的新闻渠道，把人生的重大问题变成了廉价的闹剧，把新闻变成最适合报童大声叫卖的东西。最糟的是，他们不仅不起社会领袖作用，反而为犯罪和暴行开脱。”①《苹果日报》将这种“黄色新闻”推向极致，它为制造轰动效应，将别人的私生活、娱乐、犯罪、丑闻、天灾人祸等新闻大肆报道，炒作大量“煽”、“色”、“腥”新闻，以吸引读者的注意。

这种情况已经遍及香港报业。香港一监察传媒的民间组织“明光社”做了一项调查，这项“1999年中文报纸污染指数调查”包括了色情指数、失实指数和不当报道手法指数，调查结果显示，最受污染的三份报纸分别是《苹果日报》、《东方日报》和《太阳报》，而这三份报纸的销量占全港报纸销量的七成以上。

一、“煽”

所谓“煽”，就是煽情，即给读者强烈感官刺激的新闻，它可以是一种新闻取向，也可以是一种新闻包装手法。它会将一则普通的新闻做成很大的版面，也会在报道中加入渲染和夸张的成分。例如，2005年5月17日报道一则妇女跳楼自杀的新闻，《苹果日报》的标题是“妇19楼跳楼　肢体断三截　血头颅弹入茶座　百客狂奔”，内文描述极为夸张：“血花飞溅，老妇惨遭分尸，头颅、左臂及身体朝不同方向弹入食肆内……”“顾客唬得魂飞魄散”。

再如，2006年12月17日，香港发生了一起交通事故，以前报纸一般都会选用较客观、平实的报道手法，如以“一私家车撞死一男童”为题作一篇消息，而《苹果日报》对此交通事故的报道占了几乎一个整版，新闻标题是两行题：

引题：私家车扫栏飞撞九岁童

主题：断骨插爆脾脏

---

① ［美］埃德温·埃默里，迈克尔·埃默里．美国新闻史——报业与政治、经济和社会潮流的关系．北京：新华出版社，1982．323．

整版图片有七幅，多于文字版面，其中有事故现场翻车、救人的特写照片，也有报纸自制的几张完整的“车祸示意图”，标题字号极大，黑底反白，视觉冲击强烈。新闻中的文字报道也富于画面感和电影感，不仅还原了撞车时的现场和细节，而且还添加了许多戏剧性的情节和场面，词语的运用也极其煽情。诸如：

> 私家车先将一列四组共约 1.5 尺长的铁栏撞断，四组铁栏向行人方向飞弹开去，而车身翻侧向康仔迎面铲去。正当康仔母子被吓得目瞪口呆之际，私家车被行人隧道的围栏挡住，千钧一发下在康仔面前两尺停下，但一组被撞断的铁栏则击中康仔胸部。

其中“飞弹”、“铲”、“千钧一发”等看着就让人惊心。整个报道无论图片还是文字均给读者感官造成很强烈的刺激。(见图 3 - 1)

目前，香港走大众化路线的报纸在处理社会新闻时，手法都与《苹果日报》相似。不仅如此，一些较严肃的政治新闻，也以“煽情”为取向，被“煽情”所包装。

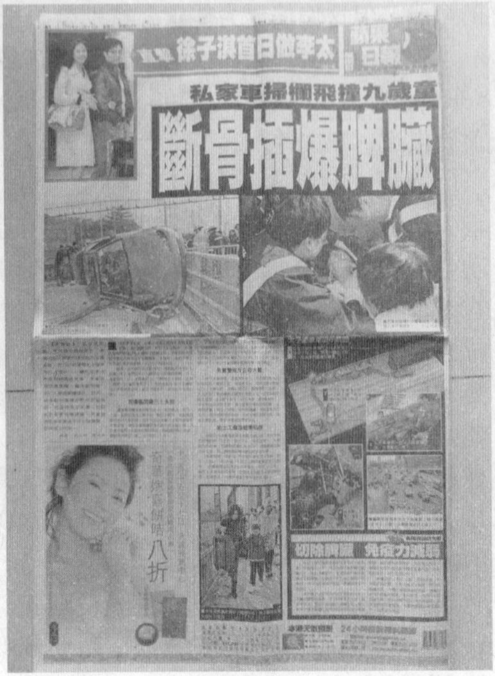
徐子淇首日做李太
私家車掃欄飛撞九歲童
斷骨插爆脾臟

图 3 - 1　《苹果日报》2006 年 12 月 17 日对一起交通事故的报道版面

二、“色”

所谓“色”，是指报纸大肆报道一些与性有关的新闻，或者报纸的副刊以性为卖点。

《苹果日报》创刊之前，报纸会顾忌到社会舆论，对此类涉及“性”的新闻不敢露骨地报道，即便某些报纸有一些色情文章，也只是刊登在副刊上，与正统新闻分开处理。《苹果日报》出世后，打破了这一禁忌，嫖娼、强奸、性侵犯、性暴力等新闻堂而皇之地登上新闻版面，甚至可以登在头版头条，并且绘声绘色大肆报道。

例如，在《苹果日报》创刊号的“华南新闻”版，便是“六名港客深圳嫖出大祸”的报道；娱乐版头条是“民主波神彭丹”并配以其比较暴露的照片；两岸新闻当中有“吉林小淫虫诱奸七妇女”。此后，色情、走光照、变态等新闻更是泛滥成灾。从其风月版“豪情夜生活”（被读者戏称为“嫖妓指南”）到港闻版，再到要闻版甚至头版，色情报道无孔不入。

在涉及与性有关的报道时，《苹果日报》为求官能的刺激，常不惜出卖并牺牲当事人的隐私，使一些市民受到巨大的精神伤害。

目前香港报业中其他走大众化路线的报纸一般都设有面向成人的风月版，最著名的是《太阳报》的“月亮”副刊。

三、“腥”

所谓“腥”，就是血腥，即报纸喜欢报道暴力、事故、天灾、人祸等与伤亡有关的血腥新闻以及刊登相关的血腥照片。

一旦遇上谋杀、事故或自杀的新闻事件，香港的报刊会不惜篇幅地展示血腥的场面及事件的细节，往往还配以大标题和震撼恐怖图像，令人看后不禁毛骨悚然。血腥常常与暴力相伴而行，报纸上此类新闻的泛滥，既让人有不安全感，更会有滋长犯罪的可能，但这偏偏成为传媒，特别是报纸的竞争筹码。

香港的中文报纸在报道犯罪新闻时多配以罪犯、现场或受害者的图片及示意图。《东方日报》、《太阳报》和《苹果日报》对事故或犯罪的新闻报道中，有近一半是血腥报道，图文并茂。

例如，2006 年 3 月 17 日凌晨时分，香港尖沙咀广东道一条人行隧道发生了一宗轰动全港的“杀警抢枪案”。一名凶徒带手枪在人行隧道内埋伏，准备枪杀路过的巡警并抢去他们身上的佩枪，结果造成两名巡警一死一重伤，而疑凶亦在枪战中被警员当场击毙。事后调查发现疑凶竟然是现役警员，而他正是困扰警方五年、分别于 2001 年 3 月和 12 月制造“杀警抢枪案”和“银行劫杀案”的凶徒。

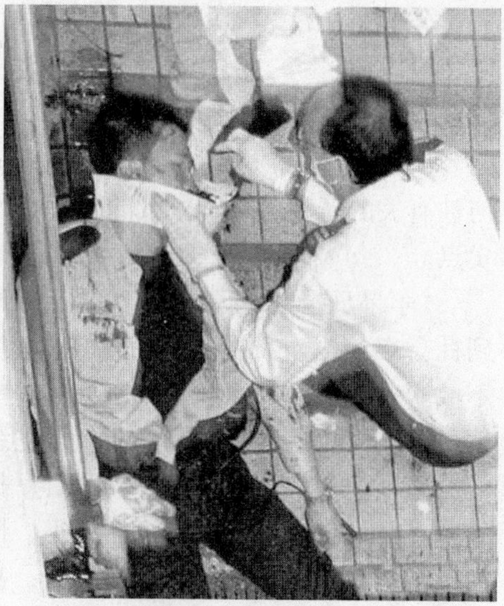

图 3－2　刊登于《成报》的新闻照片

这宗事件成为媒体争相报道的对象。事件自然成为第二天报纸的头条，每张现场照片也被视为珍宝。而各家报纸对此事的整个报道中，照片与文字的比例各约为 50%，照片中亦有 80% 是血腥图片，主要是捕捉中枪警员被送去医院时的情况和他们在现场接受急救的情境。最令人感到不安的是刊登于《东方日报》的殉职警员被送往医院的照片，当时他血流满面、双眼瞪着镜头，编辑竟然在未做任何处理的情况下，就将其刊登出来。

图 3－2 至图 3－6 是另外几家报馆所采用的新闻照片：

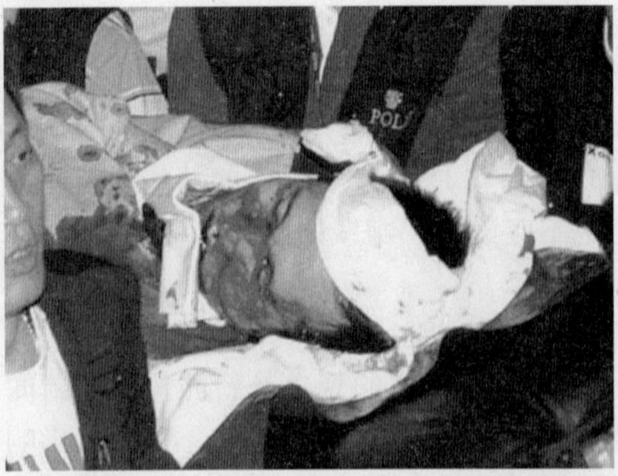

图 3－3　刊登于《明报》的新闻照片

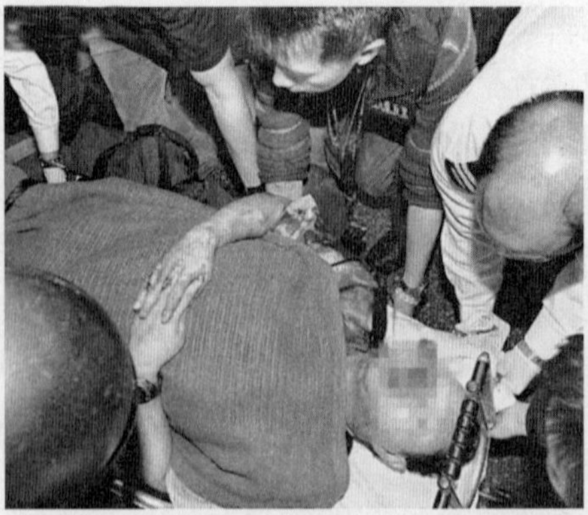

图 3－4　刊登于《太阳报》的新闻照片

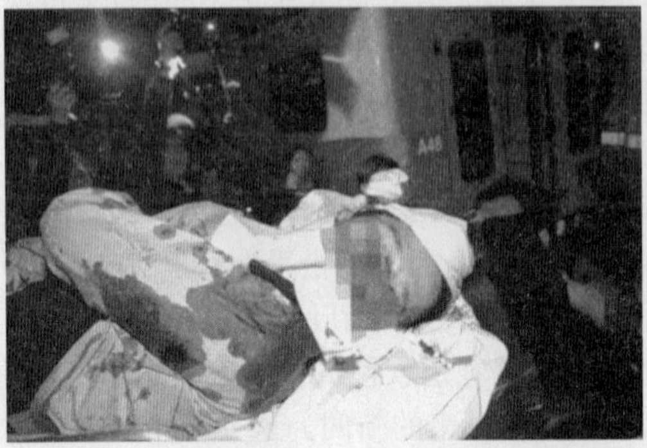

图 3－5　刊登于《文汇报》的新闻照片

图 3－6　刊登于《苹果日报》的新闻照片

以国际标准衡量，香港的犯罪率不高，普通市民成为犯罪（特别是暴力犯罪）受害者的可能性甚微。相反，大大小小的其他社会问题如就业保障、教育质量、医疗水准、商业道德、财富分配、社会福利及人口老龄化等却不同程度地直接影响着每一个港人。然而，本地多数传媒似乎对犯罪新闻情有独钟，每天不惜用大量宝贵的版面突出刊登形形色色的罪案，还时常图文并茂、不厌其烦地描述犯罪过程。这是传媒无视社会责任，一味追求经济效益的必然结果。而大量的煽情和色情报道亦是这种以市场为导向的新闻操作模式的必然产物。

第三节　新闻娱乐化，传统新闻理念遭颠覆

香港媒体从业理念受西方自由主义影响颇深。在“苹果化”之前，报纸对新闻的理解服膺于西方自由主义思想，即认为新闻媒体是“第四权力”，新闻是由记者、

编辑等“把关人”将行内认为重要的、有新闻价值的事件经过筛选之后，在报纸上向读者呈现，报纸是社会公器，担负着重要的社会责任，而新闻工作者正是本着这个理想为社会服务。专业的新闻从业人员应该具备遵守新闻真实性、客观、公正等职业操守，报纸以及其他新闻传媒应发挥社会监察或者说是“守望者”的功能。新闻事业是一项体现崇高职业理想的事业，并不是也不应该是“赚钱的工具”。新闻的制作是由上而下的，要依赖报业精英的专业判断。

但是，《苹果日报》面世后，这一切统统遭遇到危机。

首先是传统的“新闻价值观”被弃之不顾，取而代之的观念是新闻包装比新闻本身更重要。《苹果日报》认为，好的新闻不一定是最重要的事件，也不一定是影响力最大、影响面最广的，只要能吸引人注意，只要读者爱看，只要能卖钱，就能够刊登在重要的位置，甚至是头版。

在这种理念的指引下，一些娱乐新闻纷纷登上头版，头条新闻所报道的事件变得琐碎，呈现娱乐化的现象。而在这之前，娱乐新闻一般不会出现在港闻版，头版更是不可能。《苹果日报》率先将“邓家争产案”放在头版，并全天候派“狗仔队”追踪事态的发展，以迎合读者的心理需求。从此之后，娱乐新闻经常堂而皇之成为头版“要闻”。

其次，本来较为严肃的政治新闻也被娱乐化制作并娱乐化包装。近年来，香港主流报纸的政治版纷纷走向以娱乐趣味性为主的路线，报纸以轻松手法和“八卦”形式报道严肃的政治新闻。“政治新闻花絮”成为香港报纸政治新闻版的一大特色。所谓“政治新闻花絮”，是指政治人物背后的新闻，内容是软性的，一般是通过八卦、追访、记者之间口耳相传或者从非官方的饭局中流传开来的新闻。这类新闻多用轻松的语言写成，以嬉笑怒骂的形式暗讽政府和官员。

这一现象源自《苹果日报》，该报创刊后在政治版塑造了一个人物“李八方”，每期写一篇大约400字的专栏“顺风耳”，以道听途说的方式写成政治耳语。之后该报取消了专门报道政府政策及政党动态的政治版，让路给较为煽情的突发新闻，同时开辟了一个政治八卦新闻版面。其他报纸纷纷效仿。

有錢有權有勢
PUBLIC & UNCONFIDENTIAL
投票團
NOT NEGOTIABLE
團員一
粉紅李鼎
APPROVED
團員二
Golf Look 超人
DO NOT BEND
團員三
剪片高人助袋巾
為你扣足100分
台上鬥票 台下鬥靚

图3－7　《苹果日报》2007年3月26日“隔墙有耳”版

目前，此类政治新闻版面有：

《苹果日报》的“隔墙有耳”版，主要包括了

"隔墙有耳"、"顺风耳"、"江湖滚热辣"等栏目；《东方日报》的"政情"版，里面有"政治解码"论坛、"政人政事"漫画等；《明报》有"是非 · Fun 明"版，写本地和外地的花絮故事；《星岛日报》有"每日杂志"版；《新报》有"政情糖不甩"栏目等。

从《东方日报》的"政情"版中，我们可以看到这种政治版面有如下几个特点：一是图片多；二是多用"设计图片"；三是报道内容口语化，并常用"花名"代替政治人物的本名；四是内容不只是政府新闻，一些与政治人物有关的人物花絮也是报道内容之一。

是非•Fun 明
重提「毒貝飯局」
煲呔誤窒自己友

图 3－8　《明报》2007 年 5 月 4 日"是非 · Fun 明"版

以《东方日报》2007 年 3 月 25 日"政情"为例。该版头条是"娶新抱劲 high 冬冬恨抱孙"，内容大致是环境运输及工务局局长廖秀冬即"冬冬"儿子结婚，众高官包括特首曾荫权夫妇等到贺。编辑共编排五张彩色图片来装饰这篇报道，并把两位新人的年龄、学历、工作经验罗列出来。另外，记者的写作手法如同娱乐版的新闻，标题用香港人常用的中英夹杂口语，如"劲 high"，表示廖秀冬的心情非常兴奋。内容则讲述猪年政界中人抢闸办喜事，以及记者实况报道的婚礼情况。（见图 3－9）

東方日報
政情
娶新抱勁high冬冬恨抱孫
新人簡介

图 3－9　《东方日报》2007 年 3 月 25 日"政情"头条

第四节　大报小报化，报纸公信力下滑

大报小报之划分，取决于报纸的新闻内容取向。大报在香港被称为“质报”，这类报纸遵循新闻专业理念，十分重视新闻的真实、客观与公正，因此这类报纸对国家政治、经济、文化的影响力不可小觑。小报在香港被称为“量报”，顾名思义这类报纸与大报的区别在于以“销量”取胜，走大众化的办报路线，在新闻取向上，采用市场主导模式，以“迎合”大众口味为主。

香港报业“苹果化”延续了西方“黄色新闻”的传统，而且有所超越。西方黄色新闻只局限于所谓的小报格局，但“苹果化”的结果却是大报也小报化了，令香港的质报和量报之间的界限愈来愈模糊。

香港报业大报小报化主要表现在：一是大报头版头条的新闻取向与小报的越来越相似；二是大报的版面构成元素，尤其是图片的运用，也越来越像小报；三是新闻的报道手法，比如煽情、渲染等，已经由小报蔓延至大报，头版头条的变化是这一现象的放大。

《苹果日报》自1995年进入香港报业市场之后，将“黄色新闻”的传统发扬得淋漓尽致，再加之发动“减价战”这一杀手锏，该报很快就跻身报业排行第二的位置，很多读者转向《苹果日报》。就连以知识分子为读者对象的精英报纸《明报》也因此而受到冲击。

香港资深媒介评论员梁丽娟认为：“香港大报与小报之划分不在质方面，而是在程度上，质报为了增加市场竞争力，对小报炒作的新闻也不能不屑一顾。”①考察《明报》近年来的头条内容取向，可以发现，该报的头条新闻取向与小报的喜好越来越相近，以至于让人担心这份港人心目中的“精英报纸”也有了“小报化”的趋势。

在版面构成元素方面，大报也有了“苹果化”的痕迹。比如一些煽情、夸张的大标题、大图片，包括一些案件现场示意图和一些令人不安的血腥图片出现的次数趋多，图片运用越来越大胆。

香港当地文化评论人胡恩威对大报小报化的现象作了如下评述：②

> 《明报》、《信报》、《星岛日报》近年来也出现了“精神分裂”的情况，强调理性的独立新闻方针的同时，经常出现标题“苹果化”、新闻简单化、文字广东口语化的情况。《信报》林行止每天的深入评论可以说是后继无人。而《信报》作为香港目前唯一的分析文字主导报，也出现“精神分裂”

① 梁丽娟．苹果掉下来——香港报业“苹果化”现象研究．香港：次文化堂，2006. 117.

② 转引自梁丽娟．苹果掉下来——香港报业“苹果化”现象研究．香港：次文化堂，2006. 118.

的情况。像早前在文化版出现的张爱红“定淫与宣淫”一文，活像《东方日报》的“功夫茶”专栏和《苹果日报》李八方的谩骂游戏文章。“大学变妓院、十亿包起医学院”等刻薄的文字风格、引江湖奇书作者为道德高位指标，是犬儒文学的典型。这种游戏文章其实不值一提，但在《信报》文化版出现这种与知识分子报格格不入的文章，也说明了“苹果基因”对香港报业的影响。

香港报业的激烈竞争以及报纸新闻操作的市场导向原则，加之大报也呈现出小报化的趋向，致使香港整个报业的公信力下滑。根据香港中文大学对市民及记者的调查，自20世纪90年代初至90年代中后期，无论是市民还是新闻工作者，对传媒的评价都显著下降，并在1997年前后达到最低点，其后因为舆论的压力，一些报馆有所收敛，情况稍有好转，但是新闻行业在市民心目中的地位已经大不如前。以《东方日报》、《苹果日报》和《民报》为例，表3－2列出三报的可信度评估：

表3－2　《东方日报》、《苹果日报》和《民报》的可信度评估①

报纸	1997年	1998年	2001年
《东方日报》	6.54（7）	5.92（7）	5.76（11）
《苹果日报》	6.24（9）	5.67（9）	5.15（13）
《民报》	7.15（2）	6.55（2）	7.54（1）

注：评分幅度为1～10分，以上所列的是平均值，括号内是排名。

另外，新闻工作者的地位也比以前有显著下降。香港中文大学的这项调查显示，市民对新闻工作者社会地位的评估，在1997年的排名是第3位，居于工程师和医生之后，在护士、中学教师和警察之前；而2001年排名落到第7位，排在它之前的职业分别是大学教授、医生、工程师、护士、中学教师和警察。

当然，报纸公信力下降的直接诱因是新闻界一些令人不齿的行为，比如陈健康事件、报馆贿赂警员事件、陈宝莲遗体照片事件、《东周刊》女星裸照事件等，此类事件令新闻界蒙羞。

第五节　本地杂志整体趋向低俗

看《苹果日报》的娱乐新闻板块，就像看娱乐杂志，不仅如此，连要闻版也经

① 李少南．香港传媒新世纪．香港：中文大学出版社，2003. 109.

常被娱乐新闻“侵占”，这使得香港传统的影视杂志的市场空间迅速萎缩，而新兴的杂志则全面走上低俗化的路线。

在《苹果日报》出现之前，同属“壹传媒”旗下的《壹周刊》已经给香港杂志市场带来新的竞争。在《壹周刊》出版之前，读者人数最多的杂志包括《明报周刊》(35万人)、《香港电视》(29万人)、《玉郎电视》(24万人)、《姊妹双周刊》(14万人)、《城市周刊》(11万人)、《清新周刊》(10万人)等，这些杂志主要报道娱乐圈的八卦新闻，多为八开本。《苹果日报》出现后，在娱乐新闻报道方面主动出击，使此类新闻频频占据港闻版甚至要闻版的位置，这改变了读者对娱乐杂志的期望，转而投向“料”更猛的“苹果化”的出版物，致使上述风行一时的杂志逐渐退出市场，仅存《明报周刊》。

2000年以后，流行杂志只剩下性质相同，以主动出击、偷窥、揭人隐私、宣扬消费时尚文化为主导的杂志，包括《东周刊》、《3周刊》、《壹周刊》、《星期8周刊》、《快周刊》、《忽然一周》、《一本便利》、《东TOUCH》、《东方新地》、《饮食男女》、《新Monday》等。这些杂志大多以贩卖名人隐私的“封面故事”来吸引读者。

图3－10　《东方新地》第495期封面

以2007年6月出版的第495期《东方新地》为例（见图3－10），本期封面故事是《送99支玫瑰示爱　苗侨伟姣佘搞埋　戚美珍燹爆护苗驱佘》。其他主打文章有：

《郑中基high手卷烟草　迷幻趴街》

《黎婴命危　黎姿奇迹救弟》

《38H大奶怪袭港》

《古天乐绝密纹身》

《3周刊》2007年6月6日出版的第400期，其封面故事是《李兆基为千亿孙揾国师造命　徐子淇吉时吉日吉位开刀》（见图3－11）。《快周刊》2007年6月5日第459期的封面故事是《屯门苗乔伟　专滚靓师奶》（见图3－12）。

图 3－11　《3 周刊》第 400 期封面

图 3－12　《快周刊》第 459 期封面

除了挖名人隐私和琐事，流行杂志还会对报纸报道过的一些轰动新闻进行更为详尽的报道，如报道刑事案件中凶案现场一些令人作呕的场面，或者凶手犯罪过程中令人毛骨悚然的作案细节。为了刺激销量，这些周刊甚至无视新闻操守，近年来比较著名的事件有：《壹周刊》2002 年 8 月刊登陈宝莲遗体照事件、《新 Monday》2004 年 4 月刊登黄家驹遗体照事件、《东周刊》2002 年 10 月刊登女星裸照事件等。

2002 年 10 月 30 日出版的第 521 期《东周刊》，以《字母女星被裸照曝光》为标题，在封面及内文刊登一幅一名女子上身裸露的照片，尽管照片中当事人的双眼及胸部用细小的马赛克遮盖，可是其容貌和上半身仍清晰可辨。此事一出，香港演艺界、妇女及劳工团体均起来声讨，政府也表示要彻查此事，《东周刊》迫于舆论压力宣告停刊（注：后又复刊）。而就在《东周刊》被谴责的同时，《3 周刊》却浑水摸鱼，将该女明星的裸照再次刊登。此事件充分显示了此类流行杂志运作的“市场导向”模式——为求销量，无视对他人的伤害，无视传媒应有的新闻操守。而这种“以市场导向为原则”的新闻操作模式经由《苹果日报》发挥到了极致，随后染及香港报业，最后连香港的流行杂志也不能幸免。

香港报业以及相关印刷媒体的“苹果化”，是香港大众报业文化的集中表现。长期以来，香港的报业主流是商办大众化报纸，也被称为“市民报纸”，这是大众文化崛起之后的必然产物。大众文化是一种产生于 20 世纪城市工业社会、消费社会的文化形态，具体来说就是以大众传媒为载体，并且以城市大众为对象的复制化、模式化、批量化、类像化、平面化和普及化的流通文化，诸如电影、电视连续剧、商业广告、流行歌曲、畅销书等。[①] 虽然说大众文化的兴起对社会产生着积极的影响，但是

① 孙仁歌．频频“越位”的大众文化．光明日报，2000－05－25．

它同时也把人们导入误区，比如把文化变成了消费品、以娱乐为主而丢失了独立思考的能力，并且这种误导是在不知不觉中完成的，而报纸对这种误导发挥着巨大的作用。从香港报业文化和香港市民对报纸精神分裂式的“边骂边看”现象就可见一斑。

报纸作为大众传播媒体，对社会文化的影响是多方面而且是深刻的，因此报纸必须承担一定的社会责任。《市场新闻业：公民自行小心?》一书的作者约翰·麦克马那斯曾说：若社会像一个人的身体，我们吃的东西会影响我们的健康，正如进食垃圾食品过多会造成很多慢性疾病一样，公众大量阅读这些“煽”、“色”、“腥”的新闻也会影响到社会的精神健康。香港的大众报业文化已经给香港社会带来了不容忽视的负面影响，最明显的如报纸色情和暴力内容的泛滥，使传统的道德伦理观念解体，近年来香港有伤风化的案件有上升的势头，不能说与此没有关系。新闻报道诉诸感性而非理性，长期如此，导致的结果将是人们尤其是年轻一代的独立思考、分析、判断能力日益缺乏，人们沉浸在文化消费所带来的空虚“快感”之中，这样的社会将日益失去发展动力。

解铃还需系铃人，香港大众报业文化所产生的不良后果，还需媒体自身付出代价去改变。

Chapter 4 第四章

香港报刊事业的行业治理

香港是个国际大都市，是世界主要的金融、贸易、物流和通信中心；香港也是一个民主、法治的社会。作为世界经济交流的一个枢纽，信息的自由流通必不可少，而这很大程度上依赖传媒；作为法治观念根深蒂固的民主社会，让民主政治可以有效运作并自我完善，新闻传媒也是责无旁贷。上述两点规定了言论自由与新闻自由是香港经济、政治和社会得以健康、有效运转的必要条件。

香港开埠至今百余年来，港府对报刊的管理基本上是比较宽松的，香港报刊事业也因此一直较为繁荣。直到20世纪初，香港对报刊管制的主要特点都是仅限于注册登记而不涉及内容。后来由于中国政局的变动，出现挑战英殖民利益的言论，1951年港英政府通过了较为严峻的出版法例《刊物管制综合条例》，但该法例实际上一直"备而不用"。《中英联合声明》签署以后，中国政府与港英政府关系大为改善，港英政府于1986年起主动着手修订1951年的法例，更于1991年起制定《香港人权法案条例》，该法例于1991年6月8日正式生效。《香港人权法案条例》第十六条指出："人人有发表自由之权利，此种权利包括以语言、文字或出版物、艺术或自己选择之其他方式，不分国界，寻求、接受及传播各种消息及思想之自由。"从此，新闻自由和言论自由在香港受到法律的明文保护。

一直以来较为宽松的新闻管制，使得新闻传媒能够积极履行自己的社会责任，为香港发展成为一个世界经济、贸易中心发挥了重要的作用。

虽然言论自由和新闻自由是传媒赖以发挥其正面社会功能的必要条件，但是，在高度商业化的香港社会中，尤其是过去十多年的新闻实践显示，部分传媒，包括报刊，并没有在其一向享有的高度言论及新闻自由方面作出必要的自律，不少传媒，包括销量最大的报刊在内，它们将以销量为首的商业利益放在首位，而忽视了自己作为"社会公器"所应承担的责任，甚至为了赚钱不择手段，造成了极坏的社会影响。结果，各种违反新闻专业、道德操守的现象不断重复出现，以至于报刊的公信力逐年下降。

从世界范围来看，制约传媒的力量无外乎两种：自律和他律。自律是指传媒的经营者和从业人员具有明确的职业道德观念并愿意依此进行自我约束，在自由报道新闻的同时又不滥用新闻自由，从而对社会和公众负责。他律是相对于自律而言的，指政府、社会团体（或政党）以及受众通过法律、社会舆论或压力行动（如拒买、拒读）等手段，对传媒及其从业人员进行外在强制性管理。①

本章主要探讨香港报刊事业自律与他律的问题，以期对香港报刊事业的行业治理有比较深入的了解和认识。

① 王雪松．香港报纸的自律与他律．新闻记者，2001（4）.

第一节　香港报刊事业的行业治理机构

目前，香港的新闻行业组织或机构主要有七个：香港报业公会、香港报业评议会、香港记者协会、香港摄影记者协会、香港新闻行政人员协会、香港外国记者协会、香港新闻工作者联会。

1. 香港报业公会①

香港报业公会（The Newspaper Society of Hong Kong）于1954年5月10日注册成立，由当时的四大报章《工商日报》、《华侨日报》、《星岛日报》及《南华早报》联合创办，"旨在致力促进香港新闻业界之合作，并以推动一切有关香港报业事宜及会员之利益为目标"。公会发展至今达60年，报社会员由最初的4家增至现在的13家。

早期香港报业公会曾主办"最佳新闻摄影记者比赛"以及"最佳记者奖"，以表扬新闻同业出色的表现及成就。随着新闻信息及内容趋向专业化及多元化，有关项目发展为"香港最佳新闻奖"，并先后增设"最佳新闻版面设计"及"最佳科学新闻报道"等。工会于2006年4月10日正式设立网站。

目前，香港报业公会主席是李祖泽，13家会员报章分别是：《香港商报》、《明报》、《星岛日报》、《英文虎报》、《南华早报》、《大公报》、《都市日报》、《am730》、《中国日报香港版》、《文汇报》、《成报》、《香港经济日报》和《新报》。

2. 香港报业评议会②

香港报业评议会（Hong Kong Press Council）成立于2000年7月，是一个专业和独立的非营利性组织，"旨在提升报界的专业及道德操守，维护新闻自由和维持业界的自律性，以中立的角色接受和处理公众对报章的意见和投诉"。在成立的当年9月1日开始正式接受公众投诉，是香港首个接受公众对报章投诉的团体。为确保评议会能达至运作独立、公正和不偏不倚，评议会的章则规定，评议会的正副主席在被任命时需为非任职报业人士。

评议会的委员包括业界人士及非业界人士。业界人士为会员报馆和新闻专业团体的代表，非业界人士则为一些非任职报界人士，如新闻学者，教育界、法律界和其他专业的社会人士。在任何情况下，非业界人士需占全体委员半数或以上。其运作经费来自业界委员缴交之年费及社会人士以不附带条件方式捐赠。

目前评议会的会员报章共有10家，分别是：《香港商报》、《星岛日报》、《南华早报》、《香港经济日报》、《明报》、《文汇报》、《成报》、《中国日报》、《大公报》和《英文虎报》。

---

① 根据香港报业公会官方网站 http://www.nshk.org.hk/html/a_about_us 资料综合.

② 根据香港报业评议会官方网站 http://www.presscouncil.org.hk 资料综合.

3. **香港记者协会**

香港记者协会（Hong Kong Journalists Association）成立于1968年，致力维护新闻自由及新闻操守，并扮演工会的角色，改善香港记者的工作条件和解决新闻采访时所遇的障碍。香港记者协会是香港规模最大的记者工会，现有会员600名，会员由一些记者组成。国际上，香港记者协会是总部位于比利时的国际记者联会的成员。

香港记者协会不接受任何政府或商业集团的直接资助，其运作经费主要来自会员年费及每年记者协会晚会筹得的款项。

协会制定《专业守则》，规范记者的职业操守。

4. **香港摄影记者协会**①

香港摄影记者协会（Hong Kong Press Photographers Association）成立于1989年12月，由香港摄影同行发起，成立的初衷是“将摄影记者们组织起来，从而在社会中争取更广泛的认识和承认；要为本港的新闻摄影确立道德标准及在意识上加以提升”。

摄协会员分为正式会员和附属会员两类，“凡从事报章、杂志、新闻通讯社、娱乐刊物、体育刊物、电视台新闻录像之摄影记者、摄影主任、图片编辑或在上述工作之自由受聘者”都能申请成为协会正式会员。“凡直接与新闻摄影工作有关人士”，可申请成为附属会员。正式会员入会费为港币100元，年费200元；附属会员入会费为港币100元，年费100元。目前摄协拥有会员百余人，来自全港几乎所有的主要报章和重要刊物。

香港摄影记者协会2007年度执委主席是杨德铭，来自路透社，其余执委分别来自路透社、东周刊、香港经济日报、美联社、壹周刊和东方日报。

5. **香港新闻行政人员协会**②

香港新闻行政人员协会（Hong Kong News Executives' Association）于1986年成立，宗旨为维护及促进新闻自由、促进会员间的了解和合作、发扬专业团结精神、维护专业尊严、建立专业操守道德标准、就促进专业理想和更有效地运用专业能力等问题交换意见、群策群力，以解决新闻业内的问题。协会的会员为香港各大传媒的新闻行政人员，包括总编辑、副总编辑及行政人员等，会员100多人。

过去十多年来，该协会为推动香港新闻同业的发展，举办多项研讨会，获业界支持参与。协会还与海峡两岸及澳门三地的相关新闻团体合作，自1993年起每年于各地轮流举办海峡两岸暨港澳新闻研讨会，推动四地新闻同业的交流。

6. **香港外国记者协会**

香港外国记者协会（The Foreign Correspondents' Club，Hong Kong）是驻港之海外

---

① 根据香港摄影记者协会官方网站 http：//www. hkppa. net 资料综合.

② 资料来自香港新闻行政人员协会官方网站 http：//www. com. cuhk. edu. hk/nea.

媒体记者的组织，成立于1949年。协会为会员提供联谊设施，举办各类专业活动，如新闻业会议、新闻简介会和电影放映会。

7. 香港新闻工作者联会

香港新闻工作者联会（Hong Kong Federation of Journalists）成立于1996年，是香港的新闻同业组织，现有会员160多人，来自香港近20个新闻机构。其理事会每两年改选一次。2006年香港新闻工作者联会选举产生新一届理事会，全国政协委员、香港文汇报社社长张国良任主席，新一届理事会由来自香港19家报纸、电子媒体、杂志的社长、总编辑和新闻专业教育界人士、时事评论员组成。

新一届理事会确定了六大宗旨：一是维护言论自由和新闻自由，承担社会责任；二是维护新闻从业人员权益及尊严；三是维护香港繁荣稳定；四是推动香港新闻同业与内地及国际新闻同业交流合作；五是加强与香港新闻团体、同业机构沟通、交流和合作；六是提升专业水平和操守，加强业界培训工作。

第二节　香港报刊事业自律内虚

1998年10月19日，香港新界上水一名妇人因为丈夫在内地“包二奶”置家不顾，先后将两名10岁和6岁的儿子抛落，然后自己从14楼寓所跳下自杀身亡。翌日，香港不少报章将此事作头条新闻处理，除披露案发原因——死者丈夫在内地“包二奶”及没有提供足够的生活费外，还访问了刚从内地返港的死者丈夫陈健康。报道中称，陈表示并不哀伤，扬言不会为妻子流泪，公开承认自己北上嫖妓，并批评其妻未能满足他的性需要。陈的无耻言行令传媒对他兴趣大增，他迅即成为媒介争相报道的新闻人物。伦常惨案发生后，《苹果日报》随即在1998年10月24日报道陈又北上寻欢，并在头版刊登他与两名内地女子在酒店床上左拥右抱的照片。此报道立即惹来社会公愤。但10月29日，陈健康表示他之所以北上嫖妓，是因为收了《苹果日报》5 000元钱，即《苹果日报》出钱教唆他去内地嫖妓，并因此拍摄出那些独家头版照片。《苹果日报》先是对此事作辩解，稍后于11月10日在头版全版刊登“公开道歉启事”，承认付款给陈健康北上寻欢，以获取独家新闻及图片一事。

此事一出，全港哗然，舆论猛烈抨击《苹果日报》有失新闻操守，无视新闻道德，人们首先质疑的是报业的自律。香港传媒一向强调编辑自主和新闻自由，但是新闻自由也因此沦为传媒本身的自由，而这种自由是以牺牲他人及社会的正当权利为代价的。

1. 香港报业的自律基础薄弱

香港报业的自律基础是比较薄弱的，其自律的内在动力是缺乏的，甚至可以说其自律是勉强的。

首先，从新闻从业人员的观念来看，其新闻自由观是建立在自由主义哲学观基础上的。1841 年以后的100 多年里，香港一直在英国的殖民统治下。英国等西方的意识形态控制着香港。在这个经济贸易“自由放任”的自由港中，意识形态上接受的是自由主义哲学观。这种自由观认为，人的生命、自由及财产是自然权利，亦即天赋权利，人人生而平等。

基于这种自由观，资产阶级启蒙思想家又提出了“言论出版自由”的口号，其开山鼻祖约翰·弥尔顿在《论出版自由》中强调：真理产生于思想的自由、公开的争论，扼杀这种自由，无异于扼杀真理本身。因此，他极力反对政府对出版物的事前限制。他认为，真理本身就具有战胜谬误而存在下来的力量，它通过自我修正过程最后战胜谬误而保存下来。这也就是所谓的“观点的公开市场”和“自我修正过程”。

这就是香港报业从业人员所奉行的自由主义新闻观的理论基石。后来，尽管西方思想界提出了对自由主义新闻观进行修正的社会责任论的观点——社会责任论认为“言论自由是附有义务的道德权利”，但是，香港的新闻从业者并没有接受这一观点，依然对自由主义新闻观奉若神明。

图 4－1　社会群情激愤，严厉批评《东周刊》“刊登一女星裸照”报道手法恶劣

正因为有这样的思想根源，香港报业从业人员十分强调编辑自主和新闻自由，对外界的意见和批评反应很敏感，动辄就以“联署签名”或“发表声明”等方式反击各种批评，包括来自业内的不同意见。因而有学者说，在香港传媒界，“意见可以不同，事实必须尊重”的原则，已被一些传媒篡改为“事实可以不同，意见必须尊重”①。在这种情境中，可想而知，媒体自律怎么能够是一种有内在动力的、自觉的自律呢？

其次，从新闻从业人员本身的素质看，其新闻职业道德素养并不高。在商业化的大环境中，新闻从业人员不会将新闻业当作一种事业，而只是将其视为赚钱的工具，正如报业老板将报纸当作赚钱的工具一样，在这种情况下，谈新闻道德和职业操守实在是太奢侈了。

另外，新闻从业人员尤其是一线记者整体素质不高。据特区政府职业训练局 2001 年的统计，香港当时的10 400 多名新闻从业人员中，约有 60% 受过新闻专业教育。全港记者总数约 3 000 人，一线记者多为入行不久的年轻人，腿脚勤快但经验不

① 王雪松．香港报纸的自律与他律．新闻记者，2001（4）．

足，知识功底也不扎实。由于一线工作较辛苦，且报酬不高，故而人员流动很大。记者即使几年内不转行，也会升迁到其他部门或职位。所以，香港记者的职业素养无从保证，职业道德也往往被置于脑后。①

图 4－2　《3 周刊》以“求真”为幌子，再次刊登女星裸照

2. 报业自律组织约束力有限

传媒自律的途径之一是业界社团制定自律规则或成立自律机构。目前香港的新闻行业组织或机构主要有香港报业公会、香港报业评议会、香港新闻行政人员协会、香港新闻工作者联会、香港记者协会、香港摄影记者协会和香港外国记者协会七家。这些媒介自律组织的“自律”效果并不明显。

上述组织除香港报业评议会外，严格意义上说，其余六家组织都不是为报业的自律而建立的，而是为维护他们所倡导的新闻自由和保护并进一步争取其团体的利益、改善其生存环境而创立的。这一点，从各家组织或机构的会员章程中就能够看出。

比如，香港摄影记者协会的会章，通篇共 3 000 多字，而有关新闻道德和自律的文字只是在会章最后一款的最后一句出现，而且严格来说不是对会员的约束，而是一种自欺欺人的“相信”，相比较而言，第一句的“声明”倒是底气十足。原文如下：

> 14. 专业守则
>
> 14.1　摄协声明公众有追寻事情真相的自由，同时并有权透过相片揭露事情的真相。
>
> 14.2　摄协相信摄影记者随时都保持最高之道德操守，并且争取新闻自由和探求新闻资料。

比较像样的带有约束性质的规章，要数香港记者协会制定的针对记者的《专业守则》，但是仔细看过发现，《专业守则》基本上与其他国家和地区的传媒自律信条相同，而未体现香港这样一个特殊地区传媒自律应有的特性。况且，该守则规定比较笼统，对于香港传媒目前存在的比较严重的问题，诸如披露个人隐私，宣扬暴力、性

① 王雪松．香港报纸的自律与他律．新闻记者，2001（4）．

等，并没有详细的规定。

另外，新闻行业组织缺乏代表性让其约束力大打折扣。据统计，近年较活跃的自称“最具代表性”的香港记者协会，其注册会员也不到全港记者的五分之一。传媒界以保护新闻自由为名，自始至终地反对成立有形的监管组织，只讲道德约束、坚守“松散自律”，加之已有的香港的新闻社团组织松散并缺乏代表性，故而缺乏约束力。在此，从香港报业评议会的成立过程以及其日后的作为就可见一斑。①

2000 年，香港报业评议会匆匆成立，成为香港报界严格意义上的首个自律组织，企图阻拦官方加强报业规管。其成立的原因可以追溯到 1999 年 8 月，当时法律改革委员会（“法改会”）属下的“私隐问题小组”发表咨询文件，认为报界侵犯隐私情况严重，建议成立法定的报业评议会（“法定评议会”），规管报章杂志。这个建议中的“法定评议会”的权力相当大，不但能指令违规的报刊作出更正，或刊登道歉启事，更可判处罚款高达 100 万元港币。“法定评议会”虽说独立，特区行政长官却间接影响成员的委任。

新闻界强烈反对以上有关建议，担心“法定评议会”干预新闻自由，又以行动回应公众的不满和批评。2000 年 6 月，香港新闻行政人员协会、香港新闻工作者联会、香港记者协会、香港摄影记者协会，共同制定《新闻从业员专业操守守则》。同年 7 月，11 份报章连同香港新闻行政人员协会和香港新闻工作者联会成立报业评议会（“报评会”），实行行业自律，并于两个月后受理公众就报章侵犯隐私的投诉。2001 年 7 月，“报评会”把受理投诉的范围扩及色情、淫亵、不雅或煽情的内容。

“报评会”最广为人诟病的是代表性不足，《东方日报》、《太阳报》、《苹果日报》至今仍拒绝加入该会，而这三份报章是最畅销的，共占全港日报总销量七成以上。另外，香港记者协会和香港摄影记者协会这两个相当活跃的行业组织，亦未加入“报评会”，这都令人质疑报业自律的成效。此外，虽然公众并不满意报刊的操守，但“报评会”收到的投诉却不多。2001—2005 年，五年时间“报评会”一共只收到 108 宗投诉，近两年更下降至每年不足 20 宗。而投诉的成效就更难估计了。以 2004 年为例，“报评会”一共收到 19 宗投诉，该会在其网站上公布其中 17 宗投诉的撮要，仅有一宗最终被裁定表面理据成立。即便如此，结果也只是对被投诉的报纸作出劝谕，事实上，香港不少报章经常刊登这种照片，“报评会”只作出这类劝喻，成效如何，可想而知。

“报评会”的表现不理想，面对的困难很多，前景亦不明朗，究其原因，问题源于它的本质，报业评议会只不过是报界的一个自卫组织，用以抗衡政府的规管意图。由于报界自律的决心不大，报业评议会的成效往往成疑问。香港报业自律的“内虚”也由此暴露无遗。

---

① 甄美玲．报业评议会五年来的表现．传媒透视，2005（8）.

第三节　香港报刊事业他律乏力

传媒在与政治、经济、社会以及受众的互动中，得到了众所周知的权力，也同时受到这些外力复杂而有力的影响，而这些力量中有股合力对传媒的操守进行约束，就是所谓的“他律”。他律是通过法律、社会舆论或其他具有实质意义的行动对传媒及其从业人员进行外在强制性管理。在依靠传媒“自律”无望的情况下，政府的介入似乎是一个不错的选择。目前香港政府的此类相关机构有影视及娱乐事务管理处和淫亵物品审裁处。另外，民间组织也能够成为监察传媒的机构，目前香港较有影响力的此类民间团体是明光社。

1. 政府对媒体监管无力

英国在统治香港的150多年中，实行所谓“立法严、执法宽”的方针，新闻业方面也同样如此，只要不违背统治阶层的意志，不危及皇室及英国人的管制体系，报纸和其他传媒可以自由发表言论。因此香港传媒被一些人按照西方的新闻观念想象为行政、立法、司法以外的所谓“第四权”。而事实上，香港一直没有明文的新闻法，新闻方面所沿用的是其他的成文法。1997年香港回归后，香港特区政府没有在此领域增加新的法例。目前，香港特区沿用的法律中，与大众传播有关的共有31条，其中直接与报业有关的，只有1986年颁布的《本地报刊注册条例》和1987年颁布的《淫亵及不雅物品管制条例》。前者是有关报刊注册的法律，因此，实际上目前政府惩罚媒介的唯一依据只有《淫亵及不雅物品管制条例》。

虽然政府设有影视及娱乐事务管理处、淫亵物品审裁处以管制媒体，但前者的监管范围只有电视及电影等声画媒介，而管理处也没有定期公布不良资讯送检及评级数字，且送检准则模糊不清。淫亵物品审裁处的监督范围虽包括了所有类型的媒体，但只限于淫亵性的信息，对不实、虚假或误导性等报道并无约束。

香港媒介实行的是“制后审查制度”，即报道发出之后才进行审查。香港政府并不要求印刷媒体将出版物预先送交有关部门审查，只有在报刊内容遭投诉，或由法庭要求送检，或在出版商自愿送检的情况下，淫亵物品审裁处才对有关物品评检分级，再由影视处根据法例决定是否予以起诉。

即便媒体被裁定发布不雅物品罪名成立，依据《淫亵及不雅物品管制条例》，首次定罪最高罚款40万元及监禁1年；被裁定发布淫亵物品罪名成立，最高罚款100万元及监禁3年，再犯者罚责一致。虽然在惩罚上看似严厉，但实质判违例传媒的罚款一般只是2 000~3 000元，有罚等于无罚，毫无阻吓的作用。

显而易见，媒介为追求更大的商业利益完全有可能在这种相对宽松的管制下铤而走险，更有可能去找现行法律的漏洞打“擦边球”。即使有些媒介不断受罚，也会依然故我，继续违反规定，大赚其钱。因为少数罚款并不足以使这些财大气粗的纯商业化媒介动容。所以香港媒介也就处于一种“天天认错、永不改过”的尴尬状态。

以壹传媒为例。根据影视处资料，壹传媒旗下各刊物触犯《淫亵及不雅物品管制条例》而被定罪判罚的案底，至2006年上半年已累计超过100次，其中《苹果日报》涉及定罪记录最多，达到56次，罚款额为4 000～50 000元，《壹周刊》曾被定罪18次，罚款额为2 000～40 000元不等，《壹本便利》及台湾《壹周刊》亦曾被定罪14次及10次。另外据明光社组织的“反色情暴力资讯运动”调查显示：“有73.3%的受访者，认为政府部门，主要是影视及娱乐事务管理处，监管传媒散播色情暴力资讯的能力并不有效。”由此可见，影视及娱乐事务管理处、淫亵物品审裁处等机构在监管媒体方面效果不佳。

2. 媒体“他律”环境恶劣

政府以行政和法律手段监管媒体，以“维护社会善良风俗”的模糊概念作为权力把关的尺度，除了在执行上有困难外，还会引起有关法律方面见仁见智的争论。因此许多国家对政府权力介入管制媒体内容之举，持十分谨慎的态度。

从上述内容可以看出，香港政府监管媒体乏力，其政治和法律环境对媒体“他律”效果十分有限。

另外，从其经济环境来看，香港报纸长期在竞争中生存和发展，报纸的生命明显受制于商业因素。香港传媒除香港电台属政府所有和管理以外，其他几乎都以企业形式存在并以商业规则运营，有些还是上市公司，经营报纸只需进行商业注册即可。香港是一个高度发达的资本主义社会，在“政府积极不干预”的经济政策下，大众传媒在形式和内容上不可避免地具有充分的商品化特征和高度的商业自由。

但与一般的社会商品不同的是，信息产品除了经济利益外，还必须承担社会责任，而这个社会责任正是社会和受众对传媒进行“他律”的目的和传媒必须进行“自律”的原因。但是，香港的现状却是：传媒或者借口承担了不可替代的社会责任而要求完全的新闻自由，以帮助其追求经济效益最大化；或者把自己等同于一般产品的加工厂，而放弃承担某些重要的社会责任。另外，在香港，除了激烈的竞争之外，自由的经济制度并不支持对香港传媒在商业领域内进行约束或施加压力。①

在受众环境方面，暨南大学一名香港学生专门做过一项网上调查，此项调查显示了一个有意思的结果：受访者中39.6%的人认为《苹果日报》是香港众多报章中最没有公信力的，亦有超过四成四的受访者认为该报爱刊登血腥图片来争取销量，但是具有讽刺意味的是，所有报纸中，受访者购买最多的恰恰是《苹果日报》，占到27.6%，其次是《东方日报》，占到25.5%，而被五成四受访者认为是全香港最有公信力的、不会卖弄血腥图片的《明报》，偏偏只有一成受访者购买。② 这说明，受众

① 王雪松．香港报纸的自律与他律．新闻记者，2001（4）．

② 陈秀麟．论香港媒体的失实与血腥报道．暨南大学学士学位论文，2006．

对报纸的不良行为表现出相当的“宽容”。而且，一些受众的猎奇心理和庸俗趣味也需要传媒迎合，从而得到某种满足。这些人恐怕不在少数，也并非仅仅局限于底层人士。这也是香港传媒中淫亵内容虽屡遭口诛笔伐，仍然大有市场的原因。受众素质的参差不齐，以及对传媒的过分依赖和姑息，使传媒在香港社会中不断“做大”。

综上所述，香港的法律、经济和受众环境对传媒（包括报业）并未形成稳定有效的约束合力。

3. 民间监管组织有心无力

香港有一些有识之士意识到传媒的不良行为所引发和可能引发的严重后果，于是成立一些民间组织以期对传媒的“出位”行为进行监督。

明光社就是这样的一个组织。明光社成立于1997年5月，是一个关注传媒问题和社会风气的非牟利团体，其宗旨是“本着基督教信仰，借研究、监察、教育及出版等工作去关心社会、服务人群”。该社关注的主要问题之一就是“媒体乱象”。

明光社认为香港的传媒污染严重，表现在：刊登嫖妓指南；充满血腥暴力、煽情和小题大做的新闻报道；刊登以夸大女性身材、诱发意淫为主的娱乐新闻和广告；播出歌颂黑社会的电影，影响下一代；媒体滥用自由，以新闻及言论自由作为鼓吹性滥交、宣传色情事业、引诱青少年加入黑社会和推广低俗趣味的护身符等。

该组织在其官方网站上明确表示“不相信以市场导向为主的传媒机构会自律，适当的监管是必需的”。

该组织从成立之日至今发起过一些对媒体“出位”报道手法有较大影响的行动。比如：

1998年10月，就“陈健康事件”发起“一周罢看罢买”行动。

1999年4月，进行首次“中文报章污染指数调查”。

图4－3　明光社召开反色情暴力资讯运动记者招待会

1999年7月，就不雅物品尺度进行“民间审裁处”调查，举办“反传媒污染”游行。

1999年8月，响应“法改会”有关成立报业评议会之问题并进行问卷调查。

2000年4月，推动一连串罢买有嫖妓资讯报刊的行动。

2000年6月，呼吁教会及学校就《淫亵及不雅物品管制条例》咨询文件发表意见。

2002年11月，就刊登被虐女星裸照事件到《东周刊》办事处抗议，同日下午，

《东周刊》宣布停刊。

2003 年 7 月，于校内推动“健康家庭报章”运动。

另外，明光社从 2002 年起每年都推出香港传媒生态调查，以反映教师、社工、中学生对传媒各种问题的意见。

但是，从这些调查报告可以看出，受访者对香港传媒的满意程度在逐年下降，还能看出香港传媒（包括报纸）存在的具体问题到底严重到何等程度，仅此而已。而明光社能对传媒的行为起到监管作用吗？我们从明光社 2003 年的一项声明中或许能看出他们的良苦用心，也能看出他们的无奈。在《明光社就报章报道三名学童自杀事件的声明》中，开头用大字写道：

> 请报业老板及总编重视社会责任，勿让新闻工作成为可耻的行业！我们对报章处理新闻的手法深表愤怒！

他们还呼吁：

> 诚愿大家能够支持我们，为混乱的传媒和社会风气，提供另类的声音，为我们下一代的成长，提供更健康的环境，发挥民间组织的影响力，推动公民监察社会的力量！

这些调查结果和数据以及抗议、呼吁或许能够引起社会对媒体乱象的关注，但这是软之又软的约束，对媒体来说，毫无力量。

在香港社会中要出现有力的媒介监管机构，并不是易事。首先必须成立一个有形的组织，保证受众投诉有门；其次政府必须立法授予该组织一定的权力，保障其正常运作并能够贯彻执行裁决；再次是权力必须制衡，议会或执行成员中要有公众代表，确保能民主地执行决议。条件看似简单，但要真正推行，尚需时日。

附录1　香港《新闻从业员专业操守守则》

一、我们的理念

我们确信言论自由是一项基本人权。

我们确信新闻自由是言论自由的具体呈现，获基本法保障。

我们确信新闻从业员应竭力维护新闻自由，以公众利益为依归。

我们确信新闻从业员须遵循真实、客观、公正的原则。

我们认为传媒机构拥有者及新闻行政人员，更有责任鼓励和要求员工信守这些理念。

二、操守守则

1. 新闻从业员应以求真、公平、客观、不偏不倚和全面的态度处理新闻材料，确保报道正确无误，没有断章取义或曲解新闻材料的原意，不致误导大众。

2. 若报道失实、误导或歪曲原意，应让当事人回应，尽快更正。

3. 新闻从业员在处理新闻的时候，尤其是涉及暴力、性罪行、自杀等社会新闻，应避免淫亵、不雅或煽情。

4. 新闻从业员应尊重个人名誉和私隐。在未经当事人同意，采访及报道其私生活时，应具合理理由，适当处理，避免侵扰个人私隐。

（1）儿童的私隐尤须谨慎处理，传媒报道涉及儿童私生活的题材时，必须要有合理理由；不应单单基于其亲人或监护人的名声和地位而作出报道；

（2）传媒报道公众人物的个人行为或资料时，须有合理理由；

（3）拥有公职的公众人物当其个人行为或资料涉及公职时，不属于个人私隐。

5. 新闻从业员应致力避免利益冲突，在任何情况下，其工作均不受其个人、家庭成员、机构、经济上、政治上或其他利益关系所影响。

（1）不应利用因履行职责而获得的消息，于消息公布前谋取私利；或转告他人而间接获益；

（2）不应因广告或其他考虑而扭曲事实；

（3）不应报道或评论自己有份参与的投资项目、组织及其活动；若须报道或评论，亦应申报利益；

（4）不应因外界的压力或经济利益而影响新闻报道或新闻评论。

6. 新闻从业员不应因政治压力或经济利益而自我审查。

7. 新闻从业员应以正当手段取得消息、照片及插图。

8. 在处理有关年龄、种族、肤色、信仰、残疾、婚姻状况、私生子女、性别或性倾向等内容时，应避免歧视。

9. 新闻从业员应保护消息来源。

（1）为免错误引导公众，应尽量避免引述不愿透露身份人士所提供的消息；

（2）如需引述，应加倍谨慎查证不愿透露身份人士所提供的消息。

10. 新闻从业员应切实遵循本守则，除非涉及以下的公众利益范畴：

（1）揭露任何个人或组织滥用权力、疏忽职守或不法的行为；

（2）防止公众受到个人或组织的声明或行动所误导；

（3）防止任何对公众安全、香港防务、公众健康受到威胁。

三、运作细则

1. 新闻摄影以纪录真实为首要任务，记者在新闻现场应据实拍摄，不得参与设计或导演新闻事件，作夸大和不实的报道。

2. 记者在拍摄意外事件时，应顾及受害人及其家属的感受，尽量把对他们的心理影响及伤害减到最低。

3. 摄影记者在拍摄过程中应该尊重被摄者的私隐。

4. 新闻摄影工作者（包括摄影记者和图片编辑）应谨慎处理血腥、暴力、恶心和色情图片。使用时须考虑：

（1）对说明新闻事件是否必要；

（2）对社会的影响；

（3）对当事人及其家属的影响。

5. 新闻摄影工作者在处理照片时，应以拍摄现场所见的真实情景为依归，任何事前或事后的加工，都不能接受。

6. 新闻照片在新闻媒体上有时会用作插图或作局部整合以配合版面编辑效果，但应注明照片曾经“加工处理”，或指明是“设计图片”。

附录2　香港记者协会《专业守则》

1. 新闻工作者有责任维持最高的专业及操守标准。

2. 新闻工作者无论何时均应维护媒介自由采集消息、发表评论和批评的原则，并应致力消除扭曲、压制及审查的情况。

3. 新闻工作者应致力确保所传播的消息做到公平和准确，并应避免把评论和猜测当作消息，以及避免因扭曲、偏选或错误引述而造成虚假。

4. 新闻工作者应尽速纠正任何构成损害的不确报道，并确保更正和道歉得到应有的重视，而在事件有一定的重要性时，应让受批评者有响应的权利。

5. 新闻工作者应以正直的手段取得消息、照片及插图。只有在公众利益凌驾一切的情况下，才可以使用其他手段，而新闻工作者有权基于个人良知反对使用该手段。

6. 新闻工作者即使基于公众利益的考虑，亦不应侵扰他人的悲哀和不幸。

7. 新闻工作者应保护秘密消息的来源。

8. 新闻工作者不应接受贿赂或利诱，以致影响其履行专业职责。

9. 新闻工作者不应因为广告或其他考虑而扭曲或压制真相。

10. 新闻工作者不应为鼓励种族、肤色、信仰或性别歧视之类材料的始作俑者。

11. 新闻工作者不应利用从履行职责获得的消息在消息公布前谋取私利。

Chapter 5 第五章

香港报业巨头

第一节 报业豪门

纵观香港报业，报业豪门构成香港新闻事业中的一道独特景观。

早期，香港报章多为家族经营（见表5-1），编辑委员会受家族监管，报纸运作的权力是高度集中的。在香港政治过渡期前后，一些家族所掌管的报纸开始衰落，有的停刊，有的易主。

表5-1 1990年代香港报章之拥有权①

报章	成立年份	拥有权之移交
《东方日报》	1969	马氏家族
《苹果日报》	1995	黎智英
《成报》	1939	由何文法2000年至黄国强所拥有
《天天日报》	1960	由何世柱至文化传信到金网资本（已结业）
《明报》	1959	由查良镛至于品海及张晓卿
《新报》	1959	由罗氏家族至黄朝控股
《南华早报》	1903	由汇丰银行、和记黄埔（李嘉诚）至默多克，然后由郭鹤年接手
《星岛日报》	1938	由星岛集团之胡仙到Lazard（1999），2001年由泛华科技拥有
《快报》	1963	由胡仙至南华发展（已结业）
《信报》	1973	林行止夫妇
《香港经济日报》	1988	冯绍波
《文汇报》	1948	上海《文汇报》
《大公报》	1948	费彝民至王国华
《香港商报》	1952	由联合出版集团至深圳特区报
《英文虎报》[一度改名为《香港邮报》(*Hong Kong iMail*)，现改回原名]	1949	星岛新闻集团
《新晚报》	1950	《大公报》（已结业）

注：以上为1995年的数据。

① 冯应谦．媒体竞争、拥有权及政治过渡．李少南．香港传媒新世纪．香港：香港中文大学出版社，2003.79.

香港报业豪门的产生、发展、强盛和衰落，与香港的政治、经济主导因素及香港的命运息息相关。从英国殖民者对香港实行殖民统治开始，以华制华、培养亲英的乡绅势力就一直是英国行之有效的手段。

在英国殖民统治下，华商社会经济实力逐渐成长壮大。出于对经济、文化以及政治利益等一方面或者多方面的考虑，一些华商涉足报业，在香港独特的政治、经济、文化环境中，逐渐发展成报业豪门。反过来，这些报业豪门所办的报纸又深刻地影响着香港的政治、经济与文化。

在香港，最大规模的报章《东方日报》由马氏家族创立，《星岛日报》由胡氏家族持有，《新报》由罗氏家族创建，岑才生继承父亲岑维休创立的《华侨日报》(1995 年停刊)，查良镛是《明报》创办人并长期担任老板，掌握编辑部及报纸言论，何氏家族创办《工商日报》(1984 年停刊)。

香港媒体高度商业化，媒体市场竞争非常激烈，尤其是 1995 年《苹果日报》横空出世，更是引发了香港报业的经营生态的巨大变化。媒体企业获得的利润由之前利润丰厚变得微不足道，大部分报纸还长期处于亏损状态，这导致过去由家族掌控的报纸先后陷入财政困境，或者家族接班人无心经营，以致出让控制权，这些报纸逐步落入财团之手。

在香港报业中，“东方报业集团”的所有者马氏家族、“星系报纸”的创办者胡氏家族、《新报》的创立者罗氏家族，以及曾在香港报业史上举足轻重的《工商日报》的所有者何氏家族，可以说是香港的四大报业豪门。他们均创立了自己的报系，有的长期在香港社会中居主流地位，有的至今仍引领香港报业风骚。

一、马氏家族

马惜珍家族是目前香港最显赫的报业豪门，它掌控的“东方报业集团有限公司”是一家在香港交易所上市的综合企业公司，主要业务是出版报章及杂志，旗下有三份报章，分别是：《东方日报》、《太阳报》(香港)、《太阳马经》。其中《东方日报》是自称“连续 29 年全港销量第一”的报纸，《太阳报》创刊时间不长，但其销量很快跃居全港报纸销量排行第三位。

1969 年 1 月 22 日，马惜珍、马惜如兄弟同别人合股开办《东方日报》，创刊半年后，销量从 10 000 份跌至 5 000 份，股东退出，由马惜珍全盘承顶。此后该报对香港社会新闻精心经营，并聘请名家写“狗经”、“马经”，销路不断上升。20 世纪 80 年代初，其销量超过了“在很长时间内是香港销量最多的报纸”——《成报》，以后稳居香港中文报纸第一位。

在马惜珍之后，其子马澄坤接管了《东方日报》，任董事长兼发行人至今，主管报社的一切事务。

1999 年 3 月 18 日，香港《太阳报》创刊，其定位是希望分薄被同集团之《东方日报》视为主要竞争对手的《苹果日报》的读者市场。创刊初期，《太阳报》因应当时之减价潮，以港币2元至3元不等的价钱（创刊售港币2元，其后调至3元，再于创刊半年后调整至2元）出售，并以多则独家新闻为利器，力图抢占市场占有率。这些行动虽未对《苹果日报》构成严重威胁，但其发行量却成为全香港第三。

目前，东方报业集团由马澄坤及其家族持股65.2%，除了上述三份报章外，还经营网站 orisun. com（后更改为 home. on. cc）。

二、何氏家族

何东家族长期掌管着曾在香港报业中举足轻重的一份报纸——《工商日报》。

何氏家族的"家长"何东是香港20世纪二三十年代风云一时、人所共知的首富、慈善家，是英皇授予爵士衔的香港显赫人物。他经营金融、股票、地产等各种业务，1930年接办《工商日报》，自任董事长，对该报进行了革新。该报相当长时间没有依附于国内党派的政治势力，新闻言论比较客观公正。1930年11月15日，何氏首创一份售价一仙的报纸——《工商晚报》，获得成功；1933年2月，再扩办一份售价一仙的《天光报》。这几张报纸之间相互影响，相得益彰，颇受香港市民欢迎，曾畅销一时，并一度畅销内地，30年代曾被南京中山文化教育馆选定为全国十大日报之一。

1933年，李济深、陈铭枢、蒋光鼐、蔡廷锴等在福建成立反蒋的"福建人民革命政府"，史称"闽变"，震惊国内外。当时，香港报纸中只有《工商日报》系统的三家报纸独家发表了事件的详情，轰动一时，遂使该报每期销量升至15万份，从此，《工商日报》奠定了香港大报的地位。

何东一生钟爱《工商日报》，据说这位富甲一方的爵士逝世后的陪葬品就是《工商日报》、《工商晚报》，足见这几份报纸与何家的关系。

1956年何东去世后，他的儿子何世礼接手《工商日报》，担任董事长。当时何世礼在台湾任国民党军官，一切事务委托胡秩五代理。虽然何世礼继承了父亲大量遗产，但他仍然勤守祖业，退休回港后，亲自掌握《工商日报》，社内事无巨细都兼顾到。胡秩五退休之后，何世礼即安置自己从国外学习新闻归来的儿子何鸿毅接管《工商日报》。

何东的另一个儿子何佐芝，是香港商业电台的创始人。

何氏家族发源于半封建半殖民地的香港社会，他们对手中的传媒资源极为珍视。何世礼主管《工商日报》时，最关心社论和头条新闻，每天都会返回报社批阅社论，遇到问题，便跟主笔讨论，有时凌晨一两点钟，也会打电话给报社询问当日的头条新闻是什么，甚至在报馆附近租屋，以方便工作。

《工商日报》一直是香港社会的主流报纸之一。1984年11月31日，出版有59年历史的《工商日报》宣告停版，《工商晚报》从即日起亦停版。至于为何突然停版，其停版启事中说是“亏累过巨，难于维持”，其实，主要是政治上的原因：1984年中英发表《联合声明》，祖国和平统一成大势所趋，这恰恰与《工商日报》一贯的言论宗旨相悖，如不改弦易辙，便会陷入孤立，失去读者。对此，何鸿毅亦坦言，停刊决定与香港政局的转变有关。他认为香港人价值观念出现歧异，所以索性停刊。

三、胡氏家族

与当年《工商日报》同领风骚的报纸，还有以《星岛日报》为代表的星系报纸，它被另一个报业豪门——胡氏家族所控制，其代表人物是胡文虎和其女胡仙。

胡氏家族是香港社会中商人办报的典型。一代奇商胡文虎，被称为“万金油大王”和“报业大王”。他凭着父亲留下的一间小药店起家，苦心钻研，创制良药，从走街串巷地推销到大规模全方位地宣传促销，终于成为盛极一时的豪商巨富，他的“虎标良药”曾遍及世界，胡文虎成为家喻户晓的“万金油大王”，据估计，当时世界上半数以上的人购买和使用虎标良药。

胡文虎的第二顶皇冠其实是万金油的副产品。当初胡文虎办报的初衷只是想给虎标良药做广告，“到别人报纸上登广告要花许多钱，倒不如拿这钱自己办报，肥水不流外人田”。谁知胡文虎一办报就尝到甜头，从而大办特办起来，办出个群星灿烂的“星系”——《星洲日报》、《星华日报》、《星中日报》、《星光日报》、《星粤日报》、《星岛日报》、《星闽日报》等16家中英文报纸，建立起一个遍及全球的庞大报业网。

“星系报纸”均属“星岛报业有限公司”，在香港主要有《星岛日报》、《星岛晚报》、《快报》、《英文虎报》和英文《星报》。1995年《苹果日报》创办后，香港报业格局发生巨变，《快报》、《星岛晚报》于1995年、1996年相继停刊，《星报》早些时候（1984年5月13日）就已停刊。现在，“星系报纸”只有《星岛日报》、《英文虎报》及2005年创办的免费报纸《头条日报》继续出版。

1938年8月1日，星系报的第六张报纸——《星岛日报》由胡文虎在香港创办，并出版至今，这是胡氏家族在报业史上最辉煌的一笔。胡文虎去世后，其女胡仙分得了《星岛日报》、《星岛晚报》的全部控制权，她把《星岛日报》经营得风生水起，其本人也因为在报业方面的突出成就当选为世界中文报业协会主席。

在21世纪最初十年，胡仙把《星岛日报》股权卖给由“烟草大王”何英杰的孙子何柱国掌控的泛华集团（即现时的星岛新闻集团）。目前，何柱国通过泛华科技持有星岛51.4%的股权。

四、罗氏家族

以罗斌为“家长”的香港罗氏家族，创办了香港报业史上的著名报纸《新报》，并逐步发展壮大为拥有多家报纸的“新系机构”。罗斌可以说是香港白手兴家的典范人物之一。

罗斌，广东开平人，1950年他从上海来到香港，唯一的家当就是一箱旧稿，他把这些旧稿拿来出版《蓝皮书》十日刊、《环球文艺》等，编辑校对一脚踢，还亲自送书给发行商。当年香港还没有休闲性质的杂志，连发行商都不看好，不料却被他闯出了一片天地。

罗斌的事业突飞猛进，1959年10月5日，他创办了《新报》。初时以中下层小市民为读者对象，后来有意改变形象，提高格调，争取中上层读者。

《新报》奠定基础后，罗斌又创办了《新星日报》、《新夜报》、《娱乐报》，增加娱乐消息和本地新闻，使《新报》扩展为一家"新系"报纸系统。1975年12月，"新系机构"在美国三藩市创办《美国新报》，1979年3月在美国创办《新知日报》及《新报周刊》，1987年3月在悉尼创办澳大利亚《新报》。罗斌退任之后，新系报纸由其子罗威掌控大权。

第二节　上市公司

虽然家族生意可以维持家族对报纸的控制，但是报业老板直接控制报纸的采编权，会给其带来直接的政治压力，一旦报纸涉及一些敏感问题，他们便要承担相应的政治后果，结果是间接影响到家族的其他业务。

从经济角度考虑，报纸的公司化不但可以扩充报业的资金，而且可以把法律责任、经济负担及政治危机分散于大量持有人手中，公众的参与亦可减少上市报章的政治压力。①

现在香港大部分仍在出版的报纸，基本上背后都有上市公司支持，或者附属于某些商业集团。若非如此，报纸的财政将无以为继。

目前香港挂牌上市的报业公司有壹传媒有限公司、南华早报集团、东方报业集团、文化传信集团、世界华文媒体（明报企业）、星美出版集团及资本出版等。

表5－2列出了香港主要报纸股权情况：

① 冯应谦．媒体竞争、拥有权及政治过渡．李少南．香港传媒新世纪．香港：中文大学出版社，2003.78.

表 5－2　香港报纸股权情况①

传媒机构	大股东/持股比例	集团业务领域
明报	张晓卿（约 64%）	持有马来西亚的《星洲日报》、《南洋商报》、《中国报》。家族主要在马来西亚经营木业公司——常青公司。常青公司为跨国企业集团，业务遍及中国香港、新加坡、中国内地、日本、澳大利亚、新西兰、加拿大、俄罗斯等地。集团主要业务涵盖原木出口、木材加工、金融和报业等
星岛日报	何柱国通过泛华科技持有星岛 51.4% 股权	公司主席、大股东同时持有泛华科技集团、香港的英文日报《英文虎报》。何柱国为香港烟草公司主席。何氏家族从 20 世纪 50 年代开始经营烟草业务，集团资产值高达 200 亿港元
东方报业集团	马澄坤及其家族持股 65.2%	同时经营《太阳报》、《太阳马经》和两报的网站 orisun. com（注：后改名为 home. on. cc）
壹传媒	黎智英	曾同时持有便装生产及零售公司佐丹奴，其后出售；黎氏也曾经经营苹果速销及太阳旅游，但先后结业
新报	杨受成	收购《东周刊》及《东 TOUCH》，也持有英皇娱乐公司（8078. HK）、英皇集团、《经济一周》、*My Money*（已停刊）
成报	东魅网	广角镜、持有 60% 中国青年网站、华风书局
南华早报	郭鹤年	家族同时持有嘉里集团、香格里拉酒店及马来西亚的郭鹤年企业集团，市值数十亿美元

注：以上为 2003 年的数据。

《东方日报》于 1987 年 8 月正式上市，当时马氏家族仍占有大部分股权，上市时东方报业集团有 2.54 亿港元流入公司。

《新报》于 1985 年 5 月上市，之后于 1992 年被英皇集团收购其中 30% 的股权。

《星岛日报》报业集团于 1986 年 2 月成立上市公司，上市时有 6.25 亿港元流入。

《明报》报业集团于 1991 年 3 月成立上市公司，上市时集资到 2.175 亿港元。上市后，由于品海所持有的公司收购。

《南华早报》集团于 1990 年上市，集资 1.004 9 亿港元流入。

《苹果日报》母公司壹传媒集团于 1999 年 6 月成功买壳上市，10 月正式上市，集资约 1.26 亿港元。

当报业公司上市或者与其他公司合并后，报纸老板便可通过上市公司从事其他与

① 陈景祥. 九七后的言论空间. 李少南. 香港传媒新世纪. 香港：香港中文大学出版社，2003. 29.

媒介有关或者无关的生意，令公司业务更加多元化。以《新报》拥有者英皇集团为例，除了报章出版外，集团投资的产品还包括印刷服务、股份投资、地产、家私批发零售、资讯服务等十几种业务，这种业务延伸，可以减轻公司因个别媒体受到政治影响的风险。有的报业上市公司其事业也延伸到非媒介生意，比如《明报》集团曾投资纺织业与地产，这种做法既能够使报业生意得到可观的资助，也可利用一些利润丰厚的非报业生意来补足报业的亏损。

第三节 著名报人与报阀

香港报业史上，报人与报阀不少，本节对其中有代表性的报人和报阀做简要介绍，包括“文人办报”的代表人物查良镛（金庸）、专业知识分子办报的成功典型林行止、继承家族报业并发扬光大的代表人物胡仙，以及当代的黎智英等人。

一、查良镛

在香港，绝大多数报纸要么隶属传媒集团，要么隶属综合性财团，业务多元，并非专心办报。前一种老板把新闻出版纯粹当作生意，后一种老板更可能借用报纸来宣传其他的生意，所谓发挥“协作”功能。商人办报，只要有利可图，内容说什么均属次要。

正因为如此，查良镛在香港报业中才显得独树一帜。他执掌的《明报》被香港文化界称为“最后一份文人办的报纸”。他不仅是著名武侠小说作者金庸，更是香港报人查良镛，而且是一位成效卓著的报人。他自称是罗素的理性主义者，主张“人性”、“理性”、“自由”、“民主”。

查良镛，1924 年生，浙江海宁人，原是一介寒士，1948 年《大公报》办香港版，他随之到了香港，此后一直在新闻界。1959 年 5 月 20 日，35 岁的查良镛在香港创办了《明报》，成为《明报》的社长、记者和社评人。《明报》创办之初，在报业竞争十分激烈的环境下，为了吸引读者，扩大报纸的发行量，查良镛漏夜笔耕，一天一章，在报纸上推出《神雕侠侣》、《连城诀》、《鹿鼎记》等一连串连载武侠小说。这些小说为《明报》在报纸如林的香港站稳脚跟发挥了重要的作用。

金庸的武侠小说固然名震遐迩，但查良镛在报业方面的成就更加令人景仰。他小说写了 14 年，办报办了 34 年。当报业的根基稳固之后，他停止写小说，全力以赴办报。

查良镛在 20 世纪六七十年代执笔社论，他的政论文章在香港新闻界有口皆碑。《明报》在查良镛的全力经营下，很快进入社会主流媒体行列，其特色是格调高雅严肃，资讯权威公正，一向为中产阶层以上人士所欣赏，读者群稳定在政界、工商界、国际驻港外交界、学界等。

1984 年《明报》25 年社庆时，查良镛出版了他的评论集《香港的前途》，其中文章全部选自他写给《明报》的社评。

1991 年 3 月，明报在香港交易所挂牌上市。查良镛一手创建的明报集团先后创办有《明报月刊》、《明报周刊》、《亚洲周刊》、《明报海外版》（北美洲、欧洲、亚洲等地），并创办明报网站。

1993 年 2 月，查良镛在他 69 岁生日时，将《明报》出售给年仅 30 岁的于品海，宣布退隐江湖安享晚年。据说，《明报》出售前，共有 11 个财团正式提出收购或参股的要求，其中不乏实力雄厚的企业，而查良镛最后选中了实力并不是最强的于品海，有人分析，于品海有新闻从业经验，对新闻工作有切身感受，这是令查良镛看重的一个重要因素。从中可以看出查良镛对报纸负责任的态度。而易手后的《明报》果然保持了该报原有的风骨，成为香港最具公信力的传媒，并于 2002 年获评香港报业公会等国际及香港机构颁发的 14 个奖项，被誉为亚洲最佳中文报章。

二、林行止

林行止，原名林山木，1940 年出生，是香港著名的报人，被海外知识精英视为“香江第一健笔”，“香港社会的良知”，“香港最有影响力的 100 人之一”。

林行止和金庸都可说是香港文化界的特殊产品。如果说金庸是 20 世纪 60 年代“自由”知识分子的一代宗师，那么系出“明门”、师承金庸的林行止则可说是 80 年代的个中翘楚。

他曾在香港《明报》及《明报晚报》任职。1973 年，林行止及其妻子骆友梅创办了香港第一份专业的财经报纸——《信报》（全称是《信报财经新闻》），并秉承“自由意志、独立精神”的办报宗旨，使《信报》成为近年来香港最具有公信力的财经报纸。

自 1973 年至今，每日《信报》的评论几乎均出自他之手。他善于从细微的经济现象入手，深入浅出，将深奥的经济学知识普及至普通民众。他的“政经短评”和“林行止专栏”以独立敢言著称，剖析净尽，切中肯綮，广受欢迎。其作品时常结集出版，至今已有 70 余本书问世。其中《经济学家》、《一脉相承》、《经济门楣》三本文集由社会科学文献出版社出版。1997 年林行止把《信报》交棒给女儿林在山，但自己依然为《信报》撰写专栏。1999 年林行止获岭南大学荣誉博士学位。

因为他的杰出贡献，林行止于 1991 年获大英帝国官佐勋章（OBE 勋章）。

三、胡仙

胡仙继承了家族的报业，并使之在日后得到了长足的发展，她本人也因此获得多项殊荣。

人称“万金油大王”的胡文虎创办星系报纸大获成功，1954 年胡文虎去世，其子女按其遗嘱分别接管了报业及出版事业，其女——当年刚从大学毕业的 22 岁的胡仙，获得了《星岛日报》和《星岛晚报》的全部控制权。

胡仙最初接管时，整个报系平衡之后盈余不多，她面临的最大问题是“星岛报系”如何尽快摆脱经济上的窘境，这种境况下，她认为“一份能赚钱的报纸，就是一份好报纸”。

她上任后的第一步是从管理体制上入手，在报系实行“事业部制”的管理办法，即由总公司制定一个方针和基本的业务范围，具体事情由各事业部门负责。这种层层负责、人人有责的管理办法使星岛报系各部门的利润一年间就翻了近一番。之后，她增发了欧美航空版，随后又彻底改变过去的发行方法，与电子传媒展开竞争，利用通信卫星把当日在香港发行的报纸送往纽约、巴黎、伦敦，实现在当地当天发行。同时在报社安装先进的电讯设备，及时接收报社派驻世界各地记者发回的报道。这些措施使报刊发行量突飞猛进，到20世纪80年代，星岛报业的年利润已达1亿港元。

20世纪90年代以后，由于香港社会的变迁，晚报的读者越来越少，晚报的市场空间日益萎缩，各种晚报逐渐退出报业市场，《星岛晚报》属于坚持时间比较长的晚报，在1995年出版的《苹果日报》发起的减价战中，由于亏损严重难以为继，1996年12月18日胡仙宣布该报停刊。而《星岛日报》目前在香港仍是一份举足轻重的报纸。

胡仙因为在报业的突出贡献获得不少殊荣。港英政府授予她“太平绅士”称号，她成为第一个获得此称号的香港女性；英国女王授予她世界第一流的杰出人物才能获得的大英帝国官佐勋章（OBE勋章），她还被推选为世界中文报业协会的主席，曾担任过世界新闻协会主席，成为荣膺此职的首位亚洲人。

四、黎智英

黎智英（行内唤作“肥佬黎”）被称为“狗仔教父”、“香港黄色新闻大王”。

黎智英生于广东顺德的富有之家，后家道败落，12岁时偷渡到香港，在成衣工厂当童工，收入微薄。其后，凭借着勤奋和智慧，青年黎智英得到其老板的赏识和职业晋升，也结识了一位影响他一生的富豪公子——张鉴泉，并得到了支持帮助。后他在美国学习经商，并与犹太人富豪圈有过神秘接触，这些他后来常有提及。在犹太人富豪圈里，他学习到了不少经商的智慧与经验。

黎智英凭成衣业发家致富，其创办的佐丹奴时装店为他带来了第一笔财富。其后，黎智英进军传媒业，创办了《壹周刊》。1995年，47岁的黎智英逆市投资7亿港元（也有说10亿港元）创办了《苹果日报》，并掀起了香港报纸的减价大战（时人称“割喉战”），预期新报要花两年时间才有盈利，怎知半年内已平本，报纸销量迅即攀升至第二位（第一位是《东方日报》）。

黎智英成长于蓝领工人世界，对寻常百姓生活的贴近观察，使他相信广大的大众消费市场才是生意人的真正事业地盘。长期行走江湖的经验也使他练就了由牛仔裤到杂志、报纸的犀利产品开发、定位及行销技法。

《壹周刊》的创办，改变了整个香港传媒界的生态，独家娱乐新闻和“狗仔队”就是从他手中诞生的；《苹果日报》的出现，改变了当时沉闷的香港报坛文化，使全港的报纸都开始或多或少地“苹果化”，同时，香港报业也因此重新洗牌，一些具有悠久历史的报纸因此倒闭，绝大多数的家族报业也因此易主以求生存发展。

《苹果日报》的办报理念是“完全市场导向新闻学”，像卖麦当劳一样贩卖报纸，只顾商业利益，不顾传媒操守。黎智英旗下的报刊频频挑战传媒操守的底线，假新闻和“煽”、“色”、“腥”类报道不断，引起社会各方的一致反感。尽管如此，不少香港市民依然掏钱买《苹果日报》。

Chapter 6 **第六章**

香港报刊事业发展态势

香港报业自1995年《苹果日报》进入而重新洗牌，自此开始了长达10年的“苹果化”时代。十年间，当地报纸基本上已全面“苹果化”，在报纸外包装和新闻取材上，各家报纸很难有更胜一筹者。从2005年开始，香港报业正式踏入“后苹果化”时代，其经营环境面临着全新的转变。

转变之一表现在：报业竞争的主体正在悄悄发生改变。免费报纸进入市场，传统的收费报纸之间的竞争因此逐渐转变成收费报纸与免费报纸之间的竞争，报业再次面临重新洗牌。

转变之二表现在：互联网的普及挑战传统报业，香港报业也不例外，报业数字化给传统报业带来新的挑战，媒体融合成必然趋势，带给报业新的转机。

第一节　免费报纸改变报业竞争格局

2002年4月，香港第一份大型免费报章《都市日报》面世，其盈利令不少商家垂涎欲滴。2005年7月，一个月之内两家免费报纸面世：星岛新闻集团于11日推出《头条日报》，中原地产主席施永青投资的《am730》于30日面世。至此，香港报业市场上有3份免费报纸，发行量高达100万份，对传统报纸构成了极大的威胁，传统的报业竞争关系因此而改变，免费报纸形成竞争格局中新的一极。到2011年，《晴报》和《爽报》的加入让香港免费中文报增至5份，发行量达300万份。

一、免费报纸溯源与现状

自从报纸诞生以来，免费报纸就一直存在。比如校园刊物、大公司或大企业办的用于内部交流的报纸，一些群众团体、行业协会、俱乐部为沟通组织内部情况而办的报纸等等，都是免费报纸，但是这些免费报纸并非以商业形式为牟利而存在的。

此处所讲的免费报纸不是上述免费报纸，而是在近年来兴起的、以商业形式运作的免费报纸，它有正式的刊号，面向大众发行，报纸的内容和形式与传统报纸没有什么差别，目的就是盈利。

全球首份免费报纸是瑞典传媒集团Kinnevik于1995年创办的*Metro*（《地铁报》）。该集团随后几年在欧美十几个国家发行免费报纸，后来进入亚洲发行，凭着多年积累的丰富经验于2002年4月在香港创办了免费报纸——《都市日报》。*Metro*现在全球19个国家63个城市同期发行，共发行了57个版本，每日读者人数高达1 500万。

自从*Metro*在瑞典隆重登场后，报业发达的国家纷纷创办免费报。在美国，报业巨头甘尼特推出了9份免费报纸；在英国，《每日邮报》与劲敌《独立报》竞相推出免费日报；在德国，《科隆20分钟》一问世，立即对科隆的报刊市场和广告市场形成冲击；接着是日本发行量高达50万份的《今日标题》。

免费报纸的发行模式主要有两种：一种是在大城市的地铁、公交沿线放置开放式的报架，任读者取阅，这种方式成本低廉；另一种是面向社区，雇人投递，这种发行方式受众目标比较精确。

现在全球免费报纸中发行量最大的是法国的《地铁报》，每日发行160万份。免费报纸在报业整体格局中已经占据了不容忽视的地位。据世界报业协会公布的数字，如果不算免费报纸，2005年世界报纸的发行量上升了0.56%，过去5年间的发行量共提高了5%，平均每天的发行量达4.39亿份；如果把免费报纸计算在内，2005年世界报纸的发行量上升了1.21%，过去5年间的发行量共提高了7.8%，平均每天的发行量达4.64亿份。

目前，世界上20多个国家有免费报纸，主要集中在欧洲。2000年，亚洲第一份免费报纸在新加坡问世。据世界报业协会的《2006年世界报业趋势》报告，免费报纸发行量占当今全球报纸总发行量的6%，占欧洲报纸总发行量的17%。

二、香港现行免费报纸

香港报业市场目前有10份免费报纸。纵观香港免费报纸的历史，其中6份值得一提:《都市日报》、《头条日报》、《am730》、《快线周报》、《晴报》以及《爽报》，这几份报纸均有强大的后盾作为支撑。

《都市日报》是一份跨国性的免费报章，由瑞典传媒集团 Kinnevik 创办，本名 *Metro*，意为在地铁看的报纸，该报创立于1995年，并于2月13日在瑞典首都斯德哥尔摩首度发行。有统计指其后把业务延伸至多个国家及城市，包括亚洲、西欧、北欧、南美和北美洲在内共19个国家及地区，发行版本超过40种。全球首份中文版的《都市日报》于2002年4月15日在香港发行。其读者人数稳占全香港报纸第三位，该报的发行迫使香港《太阳报》作减价促销。目前该报员工约60人，每日发行量80万份，居香港免费报的"一哥"地位。

《都市日报》在香港的成功，迅速带动起一股免费报纸的发行热潮，促成2005年《头条日报》、《am730》及《快线周报》进入市场。

《头条日报》(*Headline Daily*) 于2005年7月11日由星岛新闻集团正式创办。它是继《都市日报》后第二份在香港出版的免费报纸，亦是星岛新闻集团出版的第一份免费报纸。《头条日报》的主要资源取材于《星岛日报》，而星岛集团亦将投资2亿港元发展《头条日报》，务求将《头条日报》推上香港免费报纸的一哥地位。

《am730》于2005年7月30日正式创办，由香港地产经纪界名人、中原地产创办人施永青投资1亿港元创办。派发首月每天平均印刷量约26万份。

以上3份免费报纸同于周一至周五免费派发，发行量合共高达160万份。《都市日报》合共有48版，其中广告占20~28版不等，每日发行量约80万份，于各地铁站内免费派发，目前已经取得成功。《头条日报》约有30个版面，于港九新界600

多个交通热点免费派发，每日发行量高达40万份。《am730》则有32版，于九广铁路沿线及全港150多个人流密集的地方派发，每日发行量约40万份。

《快线周报》（*Express Post*）是香港首份免费周末报纸，于2005年9月17日由星岛新闻集团正式创办。它是香港继《都市日报》、《头条日报》和《am730》后，第四份在香港出版的免费报纸，亦是星岛新闻集团出版的第二份免费报纸，该报以娱乐休闲信息为重点，除每周六早上于全港各地铁站派发外，亦会于周六下午在香港各人流热点，如铜锣湾、九龙塘派发。它的标志、排版、文字和图片处理手法、专栏、立场均与只在周一至周五出版的《头条日报》类似，实际上只是《头条日报》的周末版。随着《头条日报》于2008年7月26日起发行周六版，《快浅周报》于2008年7月19日停刊。

都市日報 metro

溫總：中日和則兩利 鬥則俱傷

图6－1　《都市日报》2007年4月13日

頭條日報

威院馬虎

交錯遺體燒錯屍

图6－2　《头条日报》2007年4月12日

730
殮房
Mortuary
威院驚爆領錯屍

快線周報
專劏遊客

图 6－3　《am730》2007 年 4 月 12 日　　　图 6－4　《快线周报》2007 年 4 月 14 日

香港的免费报纸各有其内容特色和取向。《都市日报》的整体风格和本地的精英报接近，主要读者为高收入及高教育程度的上班一族，每天的读者人数超过 100 万，当中有 30% 的读者拥有大学或以上学历。它的新闻报道给人以客观、公正的形象，主打国际新闻，发行模式是于香港各地铁站内派发。《头条日报》则走大众报路线，集中提供一般大众最感兴趣的港闻和娱乐消息，且背后有《星岛日报》提供各项新闻资讯，致力于从收费的大众化报章中吸纳读者。《am730》则明显希望吸纳年轻的上班族和学生。

2011 年 7 月，香港经济日报集团创立免费报纸《晴报》，目前发行量约 50 万；同年 9 月，壹传媒集团创立《爽报》，加上 2007 年起改为免费的《英文虎报》，香港出现了 5 家中文和 1 家英文免费报纸，总发行量超 300 万。但后来《爽报》于 2013 年 10 月停刊。

表 6－1　三份免费报纸的平均每日内容和广告情况统计

	《都市日报》	《头条日报》	《am730》
总页数	48	31.3	32
内容页数（占总页数%）	20.5（42.7%）	13.5（43.1%）	16.4（51.3%）
广告页数（占总页数%）	27.5（57.3%）	17.8（56.9%）	15.6（48.7%）

（续上表）

	《都市日报》	《头条日报》	《am730》
首五名广告产品类别	（1）教育机构 （2）银行财务 （3）零售业 （4）美容化妆及成药 （5）计算机电子产品	（1）教育机构 （2）计算机电子产品 （3）零售业 （4）银行财务 （5）旅游运输	（1）银行财务 （2）计算机电子产品 （3）教育机构 （4）电讯服务 （5）旅游运输

三、免费报纸对收费报纸的冲击

香港的免费报纸是4开小报，较传统报的对开版面小一半，外形更像一份杂志，方便繁忙的上班上学一族携带阅读，而且色彩艳丽，内容精简，容易吸引消费能力强的年轻读者，因此也获得广告商的青睐。

而且，免费报纸最大的优势是读者不用付出成本就可获取所需信息。而传统报纸的价格目前基本上是6港元。

相对传统报纸，免费报纸可以无成本地、更主动地流到读者手上。香港三大免费报的派发地点都是交通和人流密集地，除《都市日报》放在地铁站让读者自行取阅外，《头条日报》和《am730》均有专人在特定的时间和地点派发，读者阅报非常方便，几十万份的免费报纸不到半天就可全数流到目标读者群手里。

以上免费报纸因其携带方便且内容精简、读者无须花钱便可读报、容易获取等优点，对传统报纸的经营构成了极大的威胁。据香港报贩协会的数据，自2005年8月三大免费报纸出现之后，报贩的生意下降了一至两成，若情况继续下去，传统报纸的生存空间将会越来越窄，而一些竞争力较弱的传统报纸亦会因此而结业。

相关机构调查结果也显示，免费报纸的出现，的确威胁着收费报纸的销量和广告收入。香港中文大学新闻与传播学院刊物《大学线》于2005年10月期间以电话方式抽查了988人，发现自免费报纸面世后，近五成受访者表示有阅读免费报纸的习惯，当中两成人承认，会减少购买收费报纸。

自2005年8月以来，免费报纸的日发行量接近100万份，同时令收费报纸的日销量减少近20万份，大大地冲击着收费报纸，其中受影响最大的是大众化综合性报纸，包括《苹果日报》、《东方日报》及其旗下的《太阳报》。究其原因，主要是因为大众化收费报纸的市场定位与免费报纸的市场定位相似，两者可相互替代。

相对而言，免费报纸的出现，对于专业化的或者有稳固读者群的传统报纸却并没有带来多大的影响，其中包括《香港经济日报》、《信报》、《南华早报》、《大公报》及《文汇报》等。

以《香港经济日报》为例，它的读者对象以行政人员、专业人士及受教育程度较高的中产人士为主，而这些读者不是免费报纸靠“免费”就有能力争取过来的。所以虽然免费报纸抢占市场，但对其销量并没有什么影响，反而随着经济复苏带动了广告市场回升。据《香港经济日报》2005 年 11 月 28 日载文报道：香港经济日报集团主席冯绍波说，集团以财经报章及信息为主的业务发展定位十分清晰，读者群主要针对专业人士、行政人员及管理阶层，故新闻内容主要为行政人员提供丰富的专业信息及财富管理知识，以优质读者群为主导，成功取得高收入人士的市场。而免费报章以撮要新闻及平白简单的语言为主，读者对象主要以平日少看报纸的年轻人、新移民及对价格较敏感的低收入人士为主。所以免费报纸对集团的影响不大。以 2002 年首份免费报纸面世计，该集团 2002—2004 年的销量不但未受影响，反而取得 12% 的升幅，期内广告收入亦有显著上升，可见免费报纸对集团影响不大。但后来经济日报集团于 2011 年创办了自己的免费报纸《晴报》，显然免费报纸对这些老牌报团也并非全无影响。

综上所述，免费报纸的出现改变了香港 1995 年以来形成的报业竞争格局，传统的竞争主体正在发生变化，免费报纸对目前市场上走大众化路线的报纸造成了很大的冲击，鉴于目前香港报纸市场上大众化报纸占据近 80% 的份额，故此，可以说，目前香港报业竞争已经由传统的收费报纸竞争转变为收费报纸与免费报纸之间的竞争。走大众化路线的收费报纸，如《苹果日报》、《东方日报》及其旗下的《太阳报》的市场地位已经开始动摇。相比较而言，一些专业化的报纸由于其定位与免费报纸差异较大，因此其销量和广告市场基本未受影响。今后如果这些专业化的报纸依然以读者定位和内容取胜，其依然能在报业市场上保持其稳定的地位，而且，随着香港经济的发展，市场份额还将会进一步扩大。但这些改变在短期内还无力影响到报业大的格局——大众化报纸占绝对优势地位。香港公众整体素质的提升，才能够从根本上动摇报业现有的格局，而这一过程受到很多因素的制约，要经过一段比较漫长的时间。

第二节　香港报业数字化

当今互联网已经渗透到社会生活的方方面面，英特尔公司主席格罗夫曾宣判了报业的“死刑”，并说“缓刑三年”，三年内“不革命其命将被革”。虽然说此话者难免 IT 业纯科技论之嫌，以致危言耸听，但是，此言提醒了报纸在数字化时代其生存将面临根本的挑战。必须承认，互联网大大加速了“纸”媒的“死亡”或者说是解体。

与全球趋势相一致，香港年轻人对读报“纸”兴趣日淡，阅报人口逐渐出现老龄化现象。传统报业市场的整体规模日益缩小，同时，青少年爱看网络免费新闻的趋势愈强。在这种形势之下，香港报业也与其他国家和地区的报业一样陷入困境，近年来，各报纷纷突破传统办报模式，除了走专业报的路以外，还向相关行业发展，其中，发展网络业务成为一个主要方向。1995 年 8 月 23 日，《星岛日报》推出全港首份电子报纸《email》，即通过电子邮件来发行报纸。同年，《明报》亦建立了自己的网站，成为印刷传媒中最早拥有网站做宣传的香港报纸。目前，各家报纸及所属的传媒集团都拥有自己的内容供应网站。

一、香港报业数字化历程

1. 文书处理—采编工作数字化—网上报章

香港报业的数字化历史，始于计算机普及之时，即 20 世纪 80 年代，最早仅限于简单的文书处理。随后开始有一些大型的报业集团考察东南亚报业有关计算机化、数字化的经验，计划更新其编采的运作。后来，一些企业集团内部，首先安装内联网络，令同一公司内的不同部门可以共享一些网络资源。由简单的文书处理发展至整份报章的排版和印刷，不过十多年的时间。现在香港出版的所有报章，从采访到印刷的整个流程，都是经由计算机及其他数字化技术来处理。

从 20 世纪 90 年代开始，采编部门逐步全面使用计算机打稿及排版，放弃原来记者写稿、用人工画版的方法。到 1997 年前后，业内几乎所有记者都需要懂得用文书处理软件自行打印新闻稿件，从内部网络交编辑校改、设计版面，从此首先实现了采编工作数字化。

随着互联网的迅速扩张，一些报纸经营者意识到网络将会产生巨大的影响力，于是开始营建网上报章。1995 年 8 月 23 日，《星岛日报》推出首份电子报纸《email》，即通过电子邮件来发行报纸。同年《明报》亦建立了自己的网站，成为印刷传媒中最早拥有网站做宣传的香港报纸。

2. 从“网上报章”到报业互联网业务

据香港政府印务局出版的《香港年鉴》显示，香港的互联网热潮兴起于 1998 年底，短短一年内，香港的互联网站由约 100 个迅速上升为 1 000 多个。到 1999 年底，香港共有 159 家互联网服务供应商。拨号上网用户为 173 万多人，网络用户占全港人数的 25%。到 2000 年底，香港共有 235 家互联网服务供应商。拨号上网的注册账户有 228 万多个，拨号上网用户占全港人数的 33%。

随着互联网技术的成熟和普及，香港报业开始探索“网上报章”的可行性。

香港地少人多，人口十分集中，使用无线通信科技成本相对其他国际大城市为低，政府对通信内容亦没有作事前审查，市民都乐于利用数字化信息科技——比如 PDA（Personal Digital Assistant）获取信息。这些环境和条件，改变了报业传统的行销模式，也改变了当今受众阅报的概念：阅报，已经不再是人手一份报纸，而是虽身处特定的发行区域，但可以通过互联网发行的网上报章来获取信息，这样使得阅报行为不再受地域和时间的限制。

目前，香港各报纸或者其所属的传媒集团均有自己的互联网内容供应网站（下文中将作较为详细的介绍）。

网上报章仅仅是香港报业数字化的第二步，在报纸发行网络版的初期，网上报章大体是纸质媒体的翻版。后来，各家报纸所属的传媒集团打破媒体边界和业务形态的界限，在新的数字化平台上对多种媒体产品进行重组，从单一纸质产品向多媒体内容产品和增值服务延伸，把网站建成了信息处理和集散的新的业务平台。其盈利模式也随之发生了相应的变化：

一元化报纸经营转变为多元化内容产品经营以及信息增值服务，由单一收入来源向多元收入结构转变。

以《苹果日报》所属的壹传媒有限公司（Nextmedia）为例，其网站“壹苹果网络”（www. atnext. com），主要为本地及海外读者提供壹传媒集团旗下多份刊物的网上版，还提供其他生活网站，分别针对不同的兴趣及各种休闲活动。其互联网业务的主要收入来源为订阅费用、广告收入及内容特许使用权。

壹传媒集团提供的网上版订阅服务包括海外网民订阅计划、香港网民订阅计划、台湾网民订阅计划、“壹苹果马会”订阅计划、PDA版订阅计划及“昔日苹果”使用证。而香港网民订阅计划包括：

一是“壹苹果香港杂志网上版”，读者可通过“壹苹果网络”或是下载至PDA上浏览，内容包括：《苹果日报》——“昔日苹果”、香港版及台湾版《壹周刊》、《壹本便利》、《忽然1周》及《饮食男女》。

二是“壹苹果马网”，提供各类赛马资讯，除了包括临场电邮贴士、练马师贴士等外，更备有骑练及马匹搜寻器、赛日马匹体重表、晨操详尽记录、各项数据统计（如跑道档位等）、注数计算器、互动及方便打印的排位表、个人备忘总页及投注备忘录等。

三是“壹苹果网络PDA版内容频道”，读者可每天下载有关内容到PDA中，随时随地浏览“壹苹果网络”，内容包括：《苹果日报》（港闻、国际、两岸、财经、娱乐、体育、副刊及名采）、香港版及台湾版《壹周刊》、《壹本便利》、《忽然1周》、《饮食男女》、壹苹果马网（撮要版最新排位表）和精选食谱。

窥一斑而见全豹，随着数字战略的深化，香港报业的价值链正在不断地拓展。内容生产不再限于报纸出版，而是生产适合多种媒介传播形式的产品，内容发布途径除了传统纸质媒介，数字媒体已成为发布的主要渠道，盈利方式也不仅仅局限在广告、发行的收入，而是涵盖了传媒产业的所有盈利点。

二、目前香港的主要报纸网站及其概况①

1.《星岛日报》(www. singtao. com)

《星岛日报》创办于1938年，1961年开始创办海外版，现拥有8种海外版，它自称是全球销量最高的华文报纸。1995年报纸上网。

目前《星岛日报》集团开办有“星岛网”，网站中除了《星岛日报》香港版以外，还有集团所属《英文虎报》，以及Job Market、电脑广场、专业睇楼王等专业频道。此外，《星岛日报》在美国、加拿大、英国和澳大利亚的海外版也有网络版。

网络新闻处理方面，除了将报纸内容上网外，网站还开设了即时新闻短讯、新闻专题、时事论坛、即时交通等具有网络特色的栏目。网站还有“中国商贸资讯”和“海外华人资讯”两个特色栏目，主要整合集团各报纸的有关新闻。用户也可以通过电子邮件订阅新闻。

2.《明报》(www. mingpao. com)

《明报》创办于1959年，除香港版外，还开设有3种海外版，办有5份杂志，并经营书籍出版和旅游。《明报》于1995年上网。

目前《明报》网站开设了12个主题频道，包括“即时新闻”、“即时财经”、“马经”、“医疗”、“旅游”、“教育”、“Hi-Tech”、“求职增值”、“明周”、“亚洲周刊”、“儿童周刊”、“网上书店”。这些频道既包含了《明报》在印刷媒介中的原有业务，又有一些新的拓展。此外，网站还开设了“电子卡”的服务。与其他报纸网站相比，《明报》网站的内容涵盖面最广，服务手段最为丰富。

在新闻业务上，《明报》网站较好地利用了互联网的特性，除了即时新闻、专题新闻、互动论坛外，还提供了视频新闻等，在报纸网站中独树一帜。网站还开设了“更正栏”，对报纸中出现的错误进行更正。

《明报》网站已开始收费服务，用户可按不同的使用时间段交费，最低为24小时（收费标准为20港元），最高为1年（收费标准为200港元）。付费用户可以享受的特别服务，包括过往新闻浏览、新闻搜索和专栏阅读。

据《明报》网站自己的统计，到2002年11月，网站每日的浏览量达到400万页次。该网站还多次获得香港的各类网站奖项，如“雷霆顶级网站大赏”的“最佳入门网站”奖。

3.《大公报》(www. takungpao. com)

创办于1902年的《大公报》，于1995年开始上网。目前“大公网”的内容主要来自印刷版，包括国内新闻、国际新闻、港澳新闻、两岸新闻等多个栏目。此外，大公网依托大公报社遍布国内外的50多个分支机构，组成了覆盖全球的新闻信息采集

① 本节部分资料来自彭兰．中国网络媒体的第一个十年．北京：清华大学出版社，2005. 354.

网络，还与新华社、中新社、中央社、法新社、美联社、路透社等十余家世界主要通讯社建立了即时通信网络，可以及时获取丰富、权威的原创新闻信息，因此网站提供有一定数量的即时新闻。在一部分新闻中，设有相关新闻链接。网站也有自己制作的新闻专题。

在大公网首页的显著位置，设有分类广告栏目，但广告数量不多。

根据大公网提供的数据，目前它的日点击率高达200万次，其中以美国商务机构、教育机构及政府机构为主。全球阅览量中，美国占43%（美加地区共占45%）、澳大利亚占10%、中国内地占18%、香港占16%、台湾占3%、其他占8%。

4. 香港《文汇报》（www.wenweipo.com）

香港《文汇报》创刊于1948年，以对香港及国内外新闻报道的权威性著称。《文汇报》于1997年上网。

《文汇报》网站的内容基本上来自印刷版，只是在首页设有即时新闻栏目，提供一定的"文汇专讯"。

5.《东方日报》、《太阳报》（home.on.cc/orimain）

《东方日报》创刊于1969年，《太阳报》创刊于1999年。两家报纸同属东方报业集团，集团于1998年上网，建立了统一的入门网站orisun.com，目前改为home.on.cc。

用户在该网站既可以用常规网页方式浏览一般新闻，也可以订阅两报的电子版。这种电子版由东方报业集团自主开发的软件生成，可在屏幕上以报纸的形式显示与原报纸一模一样的内容，同时，还具有局部放大、翻页等功能，操作较为简便。用户在网站上登记并交纳一定费用，即可阅读与原报纸完全相同的电子版。

由于采用了一些新技术，两报的电子版可提供多媒体的广告形式，原印刷报纸的广告用户只需交纳一些附加费用，便能在电子版上加入多媒体广告。

根据orisun.com 2003年提供的数据，网站的日点击数为800万次。电子报的本地及海外订户达23万人。

6.《苹果日报》（appledaily.atnext.com）

《苹果日报》创办于1995年，1996年上网。

《苹果日报》属于香港壹传媒集团。壹传媒集团将所属的各家传媒集成在"壹苹果网络"（www.atnext.com），该网站包括《苹果日报》、《壹周刊》、《壹本便利》、《忽然1周》、《饮食男女》、《台湾苹果日报》、《台湾壹周刊》等，另外还包括马网和波网，分别为赛马和足球方面的专业频道。

现时的壹苹果网络已经转为收费型网站，除了封面内容外，其他内容均需付费，2003年的订阅费为498港元。

壹苹果网络还开设有专门的广告频道"壹易通"，提供分类广告业务。

7. **《香港商报》**（www. hkcd. com. hk）

《香港商报》成立于1952年，于1996年上网，网站取名为“中国窗”，这是与深圳新闻网及多家深圳新闻媒体合作的网站。网站除了有《香港商报》的印刷版内容外，还有“深港地产”、“香港证券”等特色栏目。

8. **《香港经济日报》**（www. hket. com）

《香港经济日报》创刊于1988年，它自身并没有网络版，但集团开办有一系列专业网站。其中，主力网站是名为“经济通”的专业财经网站。它是经济日报集团成员经济通有限公司旗下的财经网站，为投资者提供专业财经新闻、股票报价、股市评论、上市公司资料及其他金融资讯，它自称是全港最专业的财经网站。目前网站每天的浏览量达到几百万页次。

香港经济日报集团的网站还包括：

经济商学院：http：//www. etbc. com. hk

经济日报出版社：http：//www. etpress. com. hk

EPRC 地产资讯：http：//www. eprc. com. hk

网上估价易：http：//www. e-valuation. com. hk

洗楼网：http：//www. eprctracker. com

9. **《南华早报》**（www. scmp. com）

《南华早报》创立于1903年，目前是香港主要的英文报纸。该报1996年上网。

目前，该网站除了提供新闻外，还提供旅游、赛马、当地活动等本地生活资讯服务。该网站的首页是免费访问的，用户可看到当天的新闻标题，但如果要点击标题进入内容阅读，则需要付费。

虽然南华早报集团在互联网低潮中受到冲击，但它一直对网络业务拓展持有很大的热情。它曾斥资4 000万元入股国内财经网站“和讯”（homeway. com），并与中华万维公司合作，成立了中华万维网（ChinaWeb. com），以中英双语提供大中华金融市场资讯。

10. **《成报》**（www. singpao. com）

《成报》由何文法创办于1939年，曾经是香港最畅销的报纸之一。2000—2006年间几度易主，现由成报传媒集团持有。

《成报》网站以印刷版新闻为主，也有即时新闻更新。同时它还开设了PDA频道，方便用户随时随地获得最新消息。

11. **《新报》**（www. hkdailynews. net）

《新报》于1959年10月由罗斌独资创办。目前该报网站内容以印刷版《新报》为主，其余是推广本报的内容，包括该报在澳门办的免费报纸《新报今日澳门》，以及“赛马资讯”、“足球资讯”等链接，点开之后，没有详细内容，而是作为介绍印刷版同类信息的通道。

12.《Cyber 日报》(www. cyber. com)

《Cyber 日报》是香港第一份没有印刷版的纯网络报纸，前身为 HK Cyber. com，该网站成立于1999 年初，是一个中文信息网站，创办人为黄毓民。同年 9 月 HK Cyber. com 获联晖动力及 10 间上市公司组成的天网集团（前称友晖）入股，改名为《Cyber 日报》，于是扩大编制，加强内容，成为一份真正的网上报纸，并于 1999 年 11 月正式推向市场。目前，该网站开设了新闻、娱乐、体育、马经、财经等多个频道，并提供内地企业招聘的相关资讯及服务。

另外，香港的几份以营利为目的的免费报纸均有网络版：

《都市日报》：http：//www. metrohk. com. hk

《头条日报》：http：//www. hkheadline. com

《am730》：http：//www. am730. com. hk

这几份免费报纸网站的内容与印刷版大体相同。

三、香港网上传媒的特点①

1. 内容收费在香港网站较为普遍

目前，香港的网上报纸在内容收费方面形式多样。有全封闭的，即全部内容均对用户收费；有部分开放的，即免费开放一部分内容，将最佳内容保留给订户；有滞后发布的，即当期讯息收费，过期讯息免费；有查询收费的，即查看当期讯息免费，查询过期讯息收费。此外，还有一些网站对专门的电子版收费，对 PDA 版新闻收费，以及对短信新闻收费。这些网站的做法基本是从限制免费读者的思维出发。

2. 新闻内容主要依赖于传统媒体

从新闻内容上来看，香港的报纸网站基本上依赖于传统媒体，虽然有些网站上也提供即时新闻，但是只能充当点缀。在新闻处理手法上，也是基本沿用了传统媒体的做法，没有充分利用网络的特点。多数网站的互动性较差，虽然一些网站设立了新闻查询的功能，但是查询的效果并不十分理想。总之在新闻内容的开发方面是有限的。

相比较而言，能够“赚钱”的资讯内容成为一些媒体网站开发的一种盈利资源。例如，《东方日报》所属的 orisun. com 于 2001 年 6 月 11 日与“美国道琼斯通讯社”（Dow Jones）达成协议，成立“道琼斯东方网讯”实时中文财经信息频道，根据协议，orisun. com 每日向道琼斯通讯社提供平均约 200 条财经新闻，而道琼斯通讯社则将以道琼斯东方网讯为品牌的中文财经信息向本地及国际金融机构销售，双方均可借此扩大公司收益。

3. 普遍重视信息到达受众的渠道建设

虽然香港的报纸网站在内容采集和编辑上的投入不大，但是，许多网站却十分关

① 参考彭兰．中国网络媒体的第一个十年．北京：清华大学出版社，2005.

注如何使信息有效地到达受众或者用户。首先，网站的页面设计用起来很方便，比如页面比较清爽，网站大多采用下拉式菜单来让用户选择栏目或者具体的新闻，这样就避免了将太多的新闻标题直接放在页面上，以至于信息过多显得杂乱。

从东方报业集团的入口 orisun. com 进入，读者可以看到与印刷报纸一样的电子报纸，这个软件是该集团自己研发的，目的是让对网络操作不太熟悉的用户，可以方便地在网上翻看自己的报纸。

还有许多网站提供了 PDA 版，用户可以直接利用 PDA 设备，下载网站上的内容，阅读起来更方便。

许多网站为吸引更多的港外用户，还设置了简体和繁体转换功能或者繁体字库下载功能。

4. 本地报纸网站之间的横向联合较少

香港报纸网站之间的合作不多。在各报纸网站上，较少看到其他新闻媒体网站的链接，其链接多为企业、政府机构、门户网站，以及世界著名的顶级媒体网站，如纽约时报、泰晤士报等。以大公网为例，在其首页上，“友情链接”放在最下端的位置，依次是：搜狐、中华置业网、东方网、三九健康网、大中华青年在线、不良资产网、繁简通、天下互联、中国石油，其中没有一家是本地新闻媒体。

此外，各报纸网站之间相互转载新闻的现象非常少见，也看不到其他业务联系。这样一种各自为政的发展态势，一方面使各个网站特色鲜明，减少了雷同的现象；另一方面，也加剧了网站之间的竞争。

Chapter 7 第七章

澳门报业的生态环境

澳门位于中国东南部沿海，正处珠江口西岸，与香港、广州鼎足分立于珠江三角洲的外缘。东隔伶仃洋与香港相望，西与广东省珠海市的湾仔镇一衣带水，只隔一条不足1千米宽的濠江水道。北边以古老砂堤与珠海市的拱北相连，陆界只有240米；南面则濒临浩瀚的南海。澳门位居东南亚航线的中继点，是16、17世纪东西方贸易的重要港口。往西北沿西江上溯，可达广东肇庆、广西梧州等地，沿途物产丰富、经济繁荣。如此优越的地理位置，对它本身及其邻近地区的经济发展都起着相当重要的作用。

澳门地区面积23.5平方千米，包括澳门半岛与氹仔、路环两个离岛，澳门半岛面积9.1平方千米，氹仔岛6.33平方千米，路环岛8.07平方千米。大多数人居住在澳门半岛，平均人口密度达到每平方千米23 000人，呈极端密集状态。根据澳门统计暨普查局的资料，2009年澳门拥有约54.2万的人口，人口年自然增长率约5.4%，其中93.8%为中国汉族居民，另有葡萄牙裔人口约1.7%，菲律宾裔约2%，还有少数其他族群居住。澳门以汉语和葡萄牙语为官方语言，居民当中则有85.7%以粤语为日常语言，另有4%的人使用福建方言，3.2%使用普通话，其他汉语方言占2.7%，葡语人口仅0.6%。

澳门是一个自由贸易港。它主要的产业包括旅游业、会展业、博彩业、纺织业、制造业、出口贸易、银行业、建设业和房地产等；其中旅游博彩、出口加工、银行保险和房地产建筑是澳门的四大支柱产业。近年来，博彩税占澳门政府税收的六成以上，博彩业因此成为澳门的支柱产业。

尽管澳门无论地理面积还是人口规模都很小，但其2008年的人均GDP高达36 357美元，超过香港和新加坡，成为亚洲华人地区最富有的城市。但由于澳门的经济增长主要来自博彩业，GDP的增长并没有真正反映在一般人民的收入增长上，导致贫富差距不断扩大，这是目前澳门经济和社会发展的重要问题。

图7－1　澳门著名历史遗迹——大三巴牌坊

澳门还是东西方文化交汇的城市，拥有许多历史文化遗产，它特殊的城市景观以及独具的欧陆风情吸引着全世界众多的游客。

澳门古称濠镜澳，早在秦始皇统一六国之时，澳门就被正式纳入中国版图，属南海郡番禺县地。公元420年（晋朝元熙二年），澳门属新会郡封乐县地。590年（隋朝开皇十年），废新会郡改属宝安县地。757年（唐朝至德二年），废宝安县，改为东莞县辖。自南宋开始，澳门属广东省香山县。据史料记载，宋末名将张世杰与军队曾在此一带驻扎；早期在澳门定居的人在此形成小村落，以捕鱼与务农种植为生。

据明代史书记载，明代时（约公元1534年）澳门被称为“蚝镜”（濠镜），是当时葡萄牙与中国进行贸易途中的临时落脚地，他们在该地晒晾货物和整理包装、补给等。直至1557年（明嘉靖三十六年），葡萄牙人从当时的广东地方政府争取得澳门正式居住权，成为首批进入中国长期居停的欧洲人群。据说，葡萄牙人从妈阁庙（即妈祖庙，始建于1488年，目前为澳门历史最悠久的古刹）附近登陆后，询问当地人这里的地名；由于正好就在妈阁庙一旁，当地人便回答“妈阁”，故澳门便获名“Macau”（即“妈阁”在葡萄牙语中的译音）；当然此一说法并没有可靠证据支持。

葡萄牙人最初被限定居住在澳门南部（即当时葡萄牙人的主要活动区），临时归属位于印度的葡属果亚亲王所管辖。由于留居当地的葡人家庭不断增长，更有些与当地粤人通婚；再加上有些欧洲人亦择此地落脚，与中国进行经济、宗教及文化交流，很快形成了小型社区。1623年，葡萄牙政府委任马士加路也为首任澳门总督进行管理。在其后的几百年内，澳门一直是世界与中国进行交流的根据地，即便是西班牙主导时期也没有改变。传统的说法是，1640年当葡萄牙摆脱西班牙统治后，因澳门未曾投降于西班牙，于是获授“天主圣名之城”（Cidade do Nome de Deus）的称号。澳门历史上以中西文化交流驰名于世，在明末清初的“西学东渐”中扮演了重要的角色，亦曾在世界经济的运转中发挥重大作用。

1807年，拿破仑领导下的法兰西帝国占领葡萄牙。翌年7月，英军借口保卫澳门免受法军占领，曾一度强入澳门，后在清政府的压力下，于当年11月撤出。到了1844年9月20日（第一次鸦片战争之后），葡萄牙女王玛丽亚二世宣布澳门为自由港。1849年，葡萄牙停止向中国上交澳门地租，并占领关闸；1851年，占领氹仔；1863年，占领塔石、沙冈、新桥、沙梨头等地；1864年，占领路环；1879年，占领龙田村；1883年，占领望厦村（望厦）、荔枝湾、石澳及青洲等地，建立海岛市。1887年，葡萄牙迫使清政府签订《中葡和好通商条约》，规定中国同意葡国“永居管理澳门”，但未经中国同意葡萄牙永不得将澳门转让他国；至此澳门正式沦为葡萄牙的殖民地。清朝末年，葡萄牙进一步要求扩展边界，并划定澳门的界址。

第二次世界大战期间，由于葡萄牙属中立国，加上有大量日本侨民在巴西居住，故澳门并未被日本所占领。战后的1955年，葡萄牙颁布《澳门海外省组织法》。1961年，葡萄牙海外部确定澳门为旅游区，特准设赌博。同年11月，澳门政府颁布《承投赌博娱乐章程》。澳门的博彩业由此得到发展，逐渐成为世界的博彩业重镇之一。

1974年4月25日，葡萄牙革命成功，新政府实行非殖民地化政策，承认澳门是被葡萄牙非法侵略的。1986 年，中葡两国政府开始就澳门问题展开谈判。1987 年 4 月 13 日，两国总理在北京签订《关于澳门问题的联合声明》及两个附件。《联合声明》中称，澳门地区（包括澳门半岛、氹仔和路环）是中国的领土，中华人民共和国将于 1999 年 12 月 20 日对澳门恢复行使主权。中国承诺对澳门实行一国两制，保障澳门人可享有"高度自治、澳人治澳"的权利。

1993 年 3 月 31 日，全国人大于北京通过《澳门特别行政区基本法》。1999 年 12 月 20 日零时，在中葡两国元首见证下，第 127 任澳门总督韦奇立和第 1 任澳门特别行政区行政长官何厚铧于澳门新口岸交接仪式会场场内交接澳门政权。翌日（12 月 21 日）早上，澳门群众欢迎中国人民解放军驻澳部队进驻澳门。至此，中华人民共和国正式恢复对澳门行使主权，结束了葡萄牙人对澳门长达数百年的殖民统治。

根据《澳门特别行政区基本法》规定，澳门现时实行"一国两制"的政策，仍旧保持其资本主义制度 50 年不变，澳门实行高度自治，享有行政管理权、立法权、独立的司法权和终审权，澳门社会和经济方面的特色会得以保留和延续。

Chapter 8 第八章

澳门报业的发展历程

就疆域大小而言，澳门虽为弹丸之地，但它在中国报业史上也有过光辉史迹；澳门的报业和出版印刷技术可说都曾经走在整个中国乃至整个东亚的前沿。

澳门印刷业源远流长，发展时间早于香港和台湾。事实上根据史料，天主教传教士范礼安、利玛窦等人早在400多年前就开始把欧洲活字印刷术引进澳门。其中被誉为“亚洲活字印刷术伟大组织者和倡导者”的范礼安，曾把一部德国古腾堡出产的印刷机从欧洲运到澳门，在当地印制了大量的书籍。到了1807年，马礼逊传教士来到澳门，再次令澳门的印刷出版业蓬勃发展，并在1813年翻译及出版了《圣经》的第一个中译版本。[①]

澳门报业的历史也非常悠久，最早可以追溯到180多年前。澳门的报业是先有葡文报纸，继而出现中英双语的报纸，全中文的报纸出现较晚，但数量最多。

图8－1　400年前的澳门印刷机（此为澳门博物馆制作的模型）

在历史上，有几个里程碑式的事件让澳门的报业尤其引人关注：中国土地上的第一份外文报纸，就是1822年在澳门开办的历时两年的葡文报纸《蜜蜂华报》；1893年7月在澳门出版的中文周刊《镜海丛报》，是最早与中国维新革命关系密切的中文报纸[②]；澳门还有中国历史上第一份中英文对照的杂志——1833年在澳门创办的《澳门杂文篇》[③]。

近百年来，由于澳门的特殊政治地位，各派政治势力争相来澳办报，以扩大或延续自己的政治影响。因此，澳门报纸的新陈代谢较快，政治倾向性也较强。目前，澳门的报纸主要是中文报，但同样还存在着葡文报、英文报、中英文报和中葡文报。

一、中文报纸

澳门中文报业的历史，已有170多年，可以说在整个中国近代报业史上都具有重要的地位。

---

① 香港印刷业商会．澳门印刷业历史悠久，推动社会经济发展．香港印刷，2010（57）：22～23．

② 资料来源：澳门日报，1998－11－30．

③ 资料来源：澳门日报，1999－01－03．

1839 年至 1840 年间，清朝钦差大臣林则徐奉旨到广州查禁鸦片，他在 1839 年 5 月视察澳门。与当时清朝多数官僚封闭、守旧的心态不同，林则徐接触到外国的文化和科技后，便逐渐发现并承认西方确实有许多长处值得中国学习；为了对外国有更多认识，林则徐便组织人手翻译葡文版《澳门月报》和其他外文报纸中的澳门、广州消息及外商活动资讯，特别是外国的情势以及外国人对中国禁烟态度的报道，后来辑录、在广州出版而成《澳门新闻纸》（也称《澳门月报》），供有关人员参考，以便于“睁眼看世界”。这是近代中国译报的始祖，也是中国最早的报刊文摘，有史家称此为澳门中文报业的雏形。当然，《澳门新闻纸》并非在澳门出版，从严格意义上讲并不算是真正的澳门报纸。

有据可查的历史表明，1890 年以前，澳门就已有了第一份日报，名叫《澳报》。1893 年 7 月 18 日，澳门土生葡人飞南第与正在澳门行医的孙中山合作创办了有中、葡语两种版本的《镜海丛报》，并由孙中山任编辑和主笔。该报除报道国内外新闻外，还刊登过孙中山撰写的《农学会序》等宣传资产阶级革命民主思想的文章，并报道过一些革命党人的活动，如记载孙中山所领导的广州起义部分情况等。该报发行时间不长，但已成为孙中山发表政见的重要阵地，飞南第受孙中山的影响，经常刊登言论较为激烈的抨击清政府的“论说”（相当于社论）。

《镜海丛报》除在广东各地流传外，还销往厦门、福州、汉口、上海、北京以及香港等地，有一段时间甚至远销至菲律宾、东帝汶、新加坡、日本、葡萄牙、美国等国家，对反清思想的传播起到不可磨灭的作用。该报中文版在 1895 年 12 月 25 日停刊，葡文版则继续出版至 1899 年 9 月 24 日，可说是澳门近代乃至澳门当代报业中流传区域最广的报纸。该报至今仍是研究孙中山早年活动事迹的重要史料。

在《镜海丛报》中文版停刊一年后的 1897 年 2 月 22 日，由康有为、梁启超等变法维新派推动的《知新报》在澳门创刊。该报由康有为负责筹划，何廷光出资，何穗田和康有为之弟康广仁负责具体运作，梁启超兼理笔政；该报原按上海《时务报》模式创办，初拟为《广时务报》，后由梁启超定名为《知新报》。1898 年慈禧发动政变，戊戌变法宣告失败，但《知新报》仍坚持出版，直到 1901 年 12 月，由于维新派人物纷纷逃往国外，《知新报》终于被迫停刊，四年内共出版了 133 期。该报以宣传变法维新、君主立宪的改良主义为宗旨，尤其重视论证，并刊登大量译文介绍和传播外国科技、文化及政治、经济活动的讯息，成为中国南部宣传维新变法的重要阵地。《知新报》最初为五日刊，自第 20 期起

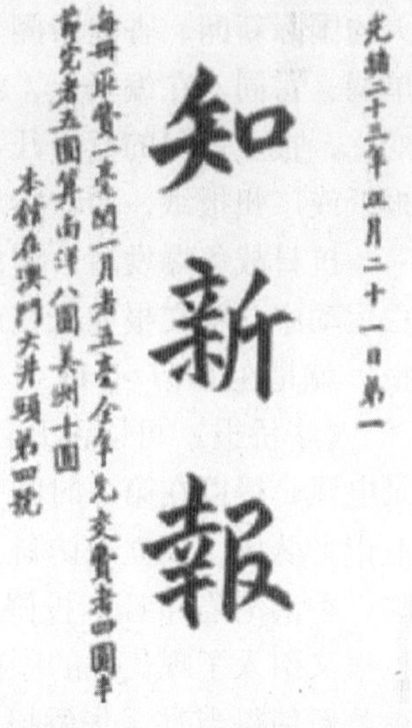

图 8－2　《知新报》

改为旬刊，1900 年 2 月 14 日再改为半月刊。作为维新派的重要刊物，该报与上海的《时务报》以及长沙的《湘学新报》鼎足而三，对维新运动及戊戌变法产生了极大影响。

1903 年，在康有为的支持和鼓励下，澳门又诞生了一份中文报刊《濠镜报》，其发刊人何穗田是当年支持孙中山革命，并力邀孙中山在澳门行医的澳门知名绅商之一，也是当年《知新报》的经办人。

辛亥革命之后，澳门的中文报业蓬勃发展，在 1913—1924 年这十余年间，就先后有《澳门通报》（1913 年）、《澳门时报》（1916 年）、《澳门日报》（1917 年）、《濠镜晚报》（1920 年）、《平民报》（1924 年）及《民生报》（1924 年）等报创刊。这些报纸在版面编排上大胆革新，行文也逐渐采用白话。其中《濠镜晚报》是澳门最早刊载本地新闻的报纸，但以“章台艳事”、“花国消息”等为主要内容，可说开创了澳门黄色报纸的先河。1919 年，五四运动在北京开展后，澳门也受到新文学运动的影响，此后创立的《平民报》和《民生报》均较以往更具规模，版面编排有所改进，行文也逐渐由文言文转为白话文，呈现出新文化的气息。此后，又陆续有《新声报》（1928 年）、《朝阳日报》（1932 年）和《大众报》（1933 年）等问世，澳门报业更为兴盛。

在此期间，中国内地军阀混战，政局动荡，中国共产党揭竿而起，领导劳苦大众进行推翻旧世界的斗争。澳门居民普遍关注内地时局的发展。为满足大众的要求，这时澳门的中文报纸一般都设有“澳港”、“香山新闻”和“环球新闻”等专版。

然而，这个时期的澳门报纸在采编和经营方面还较为落后，各报社基本上只有编辑部和字房，没有采访部，也没有专业记者，本地的新闻主要来自警员的口述，而每天的国际新闻、香港新闻等则主要是剪贴、修改香港及广州的报刊，导致报纸的内容单调、雷同。在编辑上，没有字体、字号的区别，标题和内文混在一起，也没有栏目变化，报业之间的竞争几乎完全取决于副刊。而此时的澳门商人也比较喜欢订阅香港报纸或广州报纸，而非本地报纸。

抗日战争爆发后，澳门同胞掀起抗日救国的热潮，澳门的报人大多数投入抗日救亡运动中，中文报业也在此时得到更大的发展。现今的澳门第二大中文报纸《华侨报》就是在 1937 年 11 月 20 日创刊的。

《华侨报》可以说开创了整个澳门中文报业的新时代。由于率先使用收发报机收录电讯，得以在第一时间获得国内外重要新闻；该报还设立了澳门有史以来第一支专业记者队伍，成立采访科。在澳门，重要的国内外新闻总是该报最先报道，如广州沦陷、香港沦陷和日本投降等重大事件都是《华侨报》首先独家报道出来的。此外，该报又引入了现代化的版面编排观念，有了字号、字体的区别，并设立各类栏目，种种革新使得当时《华侨报》的销量远超澳门其他报纸。当时澳门一般报纸的日销量仅在三五百份间，但《华侨报》的销量却高达上万份，几乎超过了其他所有报纸的总和。后来该报又出版了《华侨晚报》。

太平洋战争爆发及香港沦陷后，澳门也陷入极为困难的境地。经济衰落、物价飞涨、纸张匮乏，使得报业经营极为艰难，《澳门时报》、《新声报》、《平民报》、《民生报》相继停刊，颇受读者欢迎的《大众报》和《朝阳日报》也不得不在1942年下半年停刊。同时，由于受日本驻澳门机构的控制，澳门出现了《西南日报》、《民报》、《世界夜报》等亲日报纸，澳门政府也被迫从1938年起实行新闻检查制度，使得一些报纸不得不经常开"天窗"，严重制约了澳门报业的发展。不过，1944年8月15日创办的《市民日报》是此时期的一个亮点，该报内容最初以副刊、娱乐消息为重点，穿插澳门地方新闻，其后逐渐增加国际新闻和体育消息；战后该报继续发行至今，并于1992年采用电脑激光排版，版面更为美观。

1945年8月抗日战争胜利后，百业复兴，澳门的中文报业也得以恢复和发展。此时以《华侨报》和《市民日报》销路较好。之后，国民党人创办了《世界日报》。1946年，由澳门政府创办的《复兴日报》问世，维持了两年多。1948年，《大众报》由蔡凌霜复刊，并于1982年增设葡文版。

20世纪50年代，内地有一批报界人士到澳门工作，对澳门报业的发展起到了促进作用，其中1950年创办的《新园地》（最初为旬刊，后改为周刊）是较重要的一种。《新园地》内容十分丰富，除了报道国内外及本地时事外，副刊中还包含了小说、小品、漫画等，并擅长把政治、经济类的硬新闻改写成通俗化的新闻，深受中下阶层市民的欢迎。

新中国成立后，澳门的政治性小报风靡一时，左右两派报纸也泾渭分明。其中既有左派的《新园地》，也有右派的《群与力》，其内容针锋相对。较量之下《群与力》终告不敌而停刊；《新园地》则历时八年完成历史使命，1958年当代澳门最重要的报纸《澳门日报》创刊，《新园地》随即停办，成为《澳门日报》的一个综合性副刊。此时《澳门日报》发行量近4万份，约占澳门中文报纸总发行量的七成。但在20世纪60年代，澳门报业受到内地文化大革命的影响，整体发行量下降。

20世纪60年代后期至70年代，澳门中文报业发展平稳。除了原有的《大众报》、《华侨报》、《市民日报》和《澳门日报》继续发行之外，又有《星报》问世。此外，还有《时事新闻》和《澳门体育报》两份中文周报创刊。由于1966年"一二·三"事件后，澳门政府取消了新闻检查制度，言论不受管制，报纸自负法律和道义的责任，因而澳门报纸销量日增，陆续又有数家报纸创刊。在报纸发展的同时，同行业的竞争也是相当激烈的，几十年间停刊或改名易主的报纸比比皆是。

进入20世纪80年代以来，特别是1986年6月关于澳门前途问题的中葡谈判以后，澳门居民普遍对社会政治表示关注，令各报销量大增，澳门中文报业又进入了一个迅速发展的阶段。经过数十年的发展，澳门报业市场上逐步形成了8家日报并存的格局，它们是《澳门日报》、《华侨报》、《大众报》、《市民日报》、《星报》、《正报》、《现代澳门日报》和《新华澳报》。这些主要都是综合性报纸，其中个别报纸侧重体育及狗、马等赛事报道。与此同时，各种中文周报也如雨后春笋般涌现，最多时有 14 家之多，发展至今仍在出版的有：《讯报》、《体育周报》、《澳门文娱报》、《澳门脉搏》、《时事新闻报》和《澳门观察报》等。

20 世纪 90 年代之后，激光照排技术的运用给澳门报业带来了新的机遇，彩色栏目所占版面陆续增加，使报纸的视觉效果大为改善。继《市民日报》于 1992 年采用电脑激光排版后，《大众报》也于 1993 年改为彩色印刷。

二、葡文报纸

澳门地区葡文报纸的历史，比中文报纸更为悠久。整体而言，虽然澳门是葡萄牙的殖民地和远东天主教主教区之一，但葡萄牙人在澳门居民中占极小的比例，故葡文报纸的影响力远不及中文报纸。

1822 年 9 月 22 日，澳门议事会主席巴波沙与医师阿美达创办了葡文《蜜蜂华报》（*Abelha da China*），这是澳门有史以来的第一张报纸，也是中国报业史上的第一张外文报纸。这是一份鼓吹“民主立宪”政治主张的报纸，并以社论、读者来函等形式攻击辖区内的葡萄牙保守派。该报由天主教多明我会会士编辑，阿马兰特神父为主编，每逢周四出版，由澳门官印局负责印刷。除了批评保守派外，该报还刊载有关澳门与葡萄牙的政治局势、澳门议事会的信件、清政府对政治变化的反应，并转载国际新闻和港口的船期班次等。

但到了 1823 年 9 月 23 日，葡萄牙保守派夺回政权，逮捕巴波沙，《蜜蜂华报》随即于同年 12 月 26 日停刊，结束了其短短 1 年又 3 个月的生命，《蜜蜂华报》共发行了 67 期。该报发行量小，影响力局限在澳门葡籍人士当中。但在中国报业史上，《蜜蜂华报》却具有特殊意义，它不但是澳门的第一张报纸，也是近代中国首份向国外发行的报纸，对中国报业史、中国近代史、澳门政治史和中外文化交流等方面的研究均有极大价值。经过澳门大学和澳门基金会的努力，《蜜蜂华报》翻拍合订本于 1994 年出版。

ABELHA
CHINA

图 8－3　《蜜蜂华报》

在《蜜蜂华报》停刊后，保守派统治者阿利加于 1824 年 1 月创办了葡文《澳门钞报》，宣传保守派的主张，但没过多久该报也停了刊。在 19 世纪，澳门先后有《澳门钞报》、《直报》、《澳门邮报》、《战斗报》等葡文报刊发行，但是日销量大都只有百余份。

直到20世纪七八十年代，澳门的葡文报纸才进入一个蓬勃发展的时期。受1974年葡萄牙“四二五革命”的影响，澳门各个葡人政治团体都创办了自己的报纸，这使整个80年代的澳门葡文报纸生机盎然。其中包括公民协会的《澳门晚报》、民主联盟的《澳门论坛周报》、自由协会的《澳门人报》等。而执政者也通过代理人创办了自己的喉舌报章，如高斯达时代的《澳门邮讯报》、《东方周报》等。此外，澳门天主教教区也有自己的机关报《号角报》。近些年，还陆续有《商报》、《句号报》、《今日澳门》等葡文报刊创办发行。

据统计，现已知的在澳门出版过的葡文报纸共有104种。而同期在澳门出版过的英文报刊只有十多份，华文报刊不足50份。如果单看种类，澳门的葡文报刊的发展是惊人的。然而葡文报刊数量虽多，但其影响力大致局限于澳门的葡籍人士群体，发行量偏小，对一般百姓很难产生吸引力。20世纪80年代以前，澳门的葡文报刊还有一个明显特点，就是除了属于政府刊登法律和政府公报的报刊以外，其他大部分报刊，不论日报、周报或月刊，相对其他外文和中文报刊，刊期都很短。出版种类多而平均寿命短，这可以说是澳门葡文报刊的一大特色①。

目前澳门仍发行的四份葡文报刊，包括三份日报——《今日澳门》、《句号报》和《澳门论坛日报》，以及一份周报《号角报》。《号角报》由天主教会主办，创刊于1948年5月2日，曾于1955年6月至1956年1月停刊。由于得到教会的支持，该报的发展较为顺利，是澳门目前刊期最长的葡文报纸。此外，创刊于1933年的周报《句号报》（注：后改为日报），从创刊开始，其形象已很鲜明，是专门发表针砭时弊、抨击政府文章的报刊，并融合时事、综合等项目以吸引读者，而且是历来规模最大的葡文报社。原本该报由法律界人士和新闻记者合办，现在只剩下记者自办，规模大不如从前②。

目前，澳门葡文报刊江河日下，究其原因，主要有几方面③：其一，澳门回归后以华人为主的社会必然以中文为主导，葡文的影响力大大不如前澳葡政府的殖民统治时期；其二，读者对象大大减少，据统计，1998—2001年间有3 000多葡萄牙人离开澳门返回葡萄牙，使得葡文报纸的读者数量进一步缩减，如前所述，澳门华人懂葡语者极少，这使葡文报刊难以有发展市场和空间；其三，政治与社会的转变，使葡人失去了本来拥有的优势，原先积极参与报刊事业的有地位的葡籍人士纷纷退出，令资金大量流失。事实上，葡文报纸的销量一向偏低，现在销量更大不如前，故此广告收益更有限。但接受葡国新闻消息又必须支付较高的电讯费用，令亏损严重。种种原因，使澳门葡文报刊的发展空间大受影响，昔日的光辉岁月难以再现。

---

① 杨开荆．澳门特色文献资源研究．北京：北京大学出版社，2003. 119.

② 杨开荆．澳门特色文献资源研究．北京：北京大学出版社，2003. 119.

③ 杨开荆．澳门特色文献资源研究．北京：北京大学出版社，2003. 120.

三、英文报刊

澳门作为中国最早对外开放的窗口，外文报刊除了葡文报刊以外，还有英文等其他外文报刊发行。由于居住在澳门的外国人，特别是英国人不熟悉葡语，于是英文报纸也应运而生。

其中，1827 年创刊的《依泾杂说》，是中国境内出版的第一份中英文双语报刊，内容主要由英文译成中文，印刷方式则是将英文铅活字和中文雕刻木板拼在一起。但由于其刊载揭露清朝官府陋规的文章，不久即被查禁。

此后，马礼逊于 1833 年在澳门创办的《澳门杂文篇》（*The Evangelist and Miscellanea Sinica*）周刊也极具代表性。该刊每期四页，以基督教外籍新教士为读者对象，采用中英文对照编排，目的是使新教士尽快了解中国，并从中学习中文。但由于天主教澳门总主教不满，派人到印刷厂制止印刷，该刊只发行了四期就夭折了。

此外，还有英国商人孖地臣于 1828 年在广州创办的《广州纪录报》，分别在广州和澳门出版，是中国内地第一份英文报纸。1832 年 5 月 31 日，英文《中国丛报》周刊由裨治文在广州创办，也分别在广州和澳门两地出版，直至 1851 年 12 月停刊。这两份英文报刊，对向外国人介绍当时中国的政治、经济和军事情况，起过极大的作用。之后，由于语言的关系，英文报纸在澳门地区的发展比较平淡。进入 21 世纪之后，澳门主要的英文日报有《澳门邮报》（*Macau Post*）、《澳门每日时报》（*Macau Daily Times*）和《澳门商业日报》（*Business Daily*）。

Chapter 9 第九章

新时期澳门报业现状

澳门，一个人口仅54万人的小城，却拥有着十多家报纸。澳门一直以来都没有正式的报刊发行量统计，但是据业内人士估计，全澳门中文报纸的销售量为15万份左右，平均约每3人就有一份报纸①，报纸普及率约略与台湾相等，较香港（平均每1.13人一份报纸）为低，但远高于中国内地（约12人一份报纸）。如以报纸种类来看，澳门有8种中文日报，即《澳门日报》、《华侨报》、《大众报》、《市民日报》、《星报》、《正报》、《现代澳门日报》和《新华澳报》，平均67 500多人便拥有一种日报，而香港平均每105 000多人才拥有一种日报②。澳门还有《时事新闻》报、《讯报》、《澳门脉搏》、《澳门文娱报》和《体育周报》等5份主要的中文周报；另外，在进入21世纪后，又有不少新的期刊和周报创立，如2006年创办的《澳门商报》等。因此从表面上看，可以说澳门居民在报纸上的选择是较香港为多的。（澳门主要报刊简介见表9-1）

然而实际上，澳门的报业市场却存在着一家独大的情形，读者的选择并没有表面上看起来那么多元。在澳门中文报市场上，《澳门日报》占到了报纸发行总量的80%，更是垄断了90%以上的广告收益③；其他报纸方面，仅有第二大报《华侨报》占到总发行量的10%，而其他中、葡文日报只能分占余下的10%的市场。

总体上说，澳门虽然报纸数目多，但报业市场欠发达，报纸普及率也还有待提高。纵观澳门本土报纸，《澳门日报》呈垄断地位，其他报纸"萎靡不振"，内容雷同，缺乏个性和竞争力。长期下来，这样的局面对澳门报业的发展是极为不利的。

表9-1　澳门现代主要报刊

中文名称	英/葡文名称	类型	创刊日期	备注
《澳门日报》	*Macao Daily News*	日报	1958年8月15日	澳门报业的龙头老大，当代澳门最具代表性的报纸；另定期出版《澳门马经》（每周发行两次）和《世界波经》（周刊，2006年停刊）
《华侨报》	*Jornal Va Kio*	日报	1937年11月20日	赵斑斓主办，与香港《华侨日报》原是一家，至20世纪60年代独立；是迄今为止澳门连续出版时间最长的报纸
《大众报》	*Jornal Tai Chung Pou*	日报	1933年7月15日	为澳门现存中文日报中历史最长的，1946年一度停刊，1948年复刊，1982年增设葡文版，是当时澳门唯一中、葡文并载的报纸

① 黄北标．澳门中文报业的发展．澳门2004，澳门：澳门基金会，2004.
② 黄北标．澳门中文报业的发展．澳门2004，澳门：澳门基金会，2004.
③ 黄北标．澳门中文报业的发展．澳门2004，澳门：澳门基金会，2004.

（续上表）

中文名称	英/葡文名称	类型	创刊日期	备注
《市民日报》	*Jornal do Cidadao*	日报	1944年8月15日	2000年9月1日改为彩色印刷，另出版有《金融经济论坛》（双周刊）及《车世界》、《文化资讯》、《美食天地》（均为周刊）等专刊
《星报》	*Jornal Estral Seng Pou*	日报	1963年10月5日	对象以中小企业经营者及知识分子为主，内容注重娱乐、休闲方面
《正报》	*Jornal Cheng Pou*	日报	1978年1月7日	原名《澳门体育报》，1981年改名《体育日报》，1983年改为现名《正报》
《现代澳门日报》	*Today Macao Daily News*	日报	1987年3月8日	前身为《现代澳门》周报，1991年4月15日改为日报，注重报道地方突发新闻
《新华澳报》	*Jornal San Wa Ou*	日报	1989年12月20日	原名《华澳邮报》，1994年12月20日易名《华澳日报》；2004年4月3日改为现名《新华澳报》，着重报道地方新闻和政治新闻评论
《时事新闻报》	*Jornal SiSi*	周报	1972年11月15日	每周四出版
《讯报》	*Son Pou*	周报	1989年3月18日	逢周五出版，主要刊登中国内地和澳门地区政治、社会、经济方面的评论文章
《澳门脉搏》	*Pulso de Macau*	周报	1988年4月20日	何思谦议院办事处创办，1990年3月改为周报，每周五出版，主要转载澳门各报评论，以及澳门主要新闻、社会趋势和言论
《澳门文娱报》	*Recreativo de Macau*	周报	1991年12月28日	每周三出版，内容主要是娱乐和体育消息
《体育周报》	*Semanario Desportovo de Macau*	周报	1980年11月15日	每周六出版，专门刊登体育消息和评论。1990年起获得澳门政府津贴支持

一、澳门主要报刊介绍

以下主要介绍澳门当代较具有代表性的两份报纸：《澳门日报》和《华侨报》。

1. “一枝独秀”的《澳门日报》

在澳门的8份中文日报（《澳门日报》、《华侨报》、《大众报》、《市民日报》、《星报》、《正报》、《现代澳门日报》和《新华澳报》）以及5份主要中文周报（《时事新闻报》、《讯报》、《澳门脉搏》、《澳门文娱报》和《体育周报》）中，《澳门日报》无疑是最具代表性和影响力的。《澳门日报》从20世纪80年代后期便稳居全澳门销量第一位，时至今日更占据全澳门报纸发行量的80%以上，并垄断了九成以上的广告份额，是当之无愧的澳门报业霸主。

《澳门日报》为彩色胶印，每日出40~80个版（10~20大张），有时甚至更多，内容包括反映澳门地区政治、经济、文化动态的当地新闻版，国内外新闻版。有全澳独有的两个经济专版、彩色体育版和在文化界享有盛誉的综合性文艺副刊。兼设有香港新闻版，澳门马经版、狗经版。30多个丰富多彩的专刊，每周轮番刊登。《澳门日报》除本地销售之外，还销至香港和内地市场，其中珠江三角洲西岸和广州地区拥有众多读者。要了解澳门本地新闻看《澳门日报》，要了解香港及娱乐新闻则看香港报纸，这已是大多数澳门市民的看报习惯了。

《澳门日报》是在澳门知名新闻人张阳主编的《新园地》基础上发展起来的。《新园地》为旬刊，于1950年出版，1955年9月改为周刊。虽然篇幅不大，但《新园地》内容十分丰富，特别是它的副刊，包含了小说、小品、漫画等，深受市民的欢迎。

1958年改创《澳门日报》，原来的《新园地》则改为《澳门日报》的一个副刊，原有人员基本全部转移到《澳门日报》；而《新园地》副刊至今仍是澳门最重要的报纸副刊，也是当代澳门作家重要的作品发表平台，对澳门当代文学的发展有着重要作用。

1958年6月《澳门日报》正式筹组，酝酿复办一份爱国报纸，取代《新园地》。在《澳门日报》正式创刊前，筹组人员还组团前往广州《羊城晚报》及《南方日报》参观，汲取办报经验；经过7月下旬的试版后，《澳门日报》于1958年8月15日正式创刊①。

从1958年《澳门日报》创刊到1978年的二十年间，报纸上下求索，道路坎坷，坚持新闻自由原则，冲破澳葡不合理的新闻检查制度。葡萄牙在1974年“四二五”政变前，规定：①所有中文报纸必须聘请一位具有大专学历的葡国人当“督印人”。②印刷出版前，各版大样必须送“政府新闻检查处”审查盖章后，才能启动印刷机出版。③凡涉及当年葡军血腥镇压非洲安哥拉、莫桑比克等殖民地人民以及人民游击队反抗的消息，一律不准刊登，即使是副刊文章，也要被抽调；凡是“殖民主义”、“帝国主义”，都要写成“××主义”。

《澳门日报》认为中国人办的中文报，没有理由由不懂中文的葡国人当“督印人”，故“督印人”由持有葡国护照的华人充当。报纸也坚决不送检，为此与“政府新闻检查处”展开谈判，结果是报纸印刷出版后才将大样送“政府新闻检查处”，形式上算是有所“照顾”。澳葡的新闻检查制度于1966年“一二·三”事件后名存实亡。“政府新闻检查处”则于1974年“四二五”葡国政变后撤销。

---

① 澳门日报社．我们——澳门日报五十年成长足迹．澳门：澳门日报出版社，2008.

创刊后的二十年间，由于全澳门爱国事业发展蓬勃，各类工会、学校、社团纷纷组成，《澳门日报》的爱国方针和本土化策略受到各方面的欢迎，不仅个人订阅激增，许多机关团体更采用集体订阅的方式，因此《澳门日报》销量很快上升到与当时的第一大报《华侨报》不相伯仲的地步①。不过在后来文化大革命期间，由于《澳门日报》立场倾“左”，大量转载中国内地的政治性文章，削减了本地新闻以及软性新闻、娱乐消息等方面的篇幅，导致销路下滑，读者减少。

1978 年至今的 30 多年，对《澳门日报》来说是个转折，可视为报纸的第二次创业，报纸脱颖而出，在澳门奠定了绝对的优势地位。1970 年末，报社向银行贷款，加大报社的资金投入。报社搬迁新址、革新版面、丰富内容，并不断增添设备，1978 年起十年间进行过四次印刷机器更新换代，1988 年起采用彩色印刷，彩色版面所占比例不断提高，并于 1992 年 1 月起正式采用先进的激光照排系统，成为世界上首张图文合一、整版输出的彩色中文报纸。

为了能早日摆脱负债的困境，报纸以办报为主，实行多种经营，自力更生，运用市场规律，参与市场竞争。到了 20 世纪 80 年代初期，报社所欠的银行贷款已经全部还清。经过多年的苦心经营，报纸在内容、采编和经营等方面不断探索创新，使《澳门日报》如今发展成为澳门的第一大报，同时也是一份以全面而准确的经济资讯为重点的综合性报纸。

图 9－1　《澳门日报》

① 黄北标．澳门中文报业的发展．澳门 2004．澳门：澳门基金会，2004．

新时期的《澳门日报》把办报宗旨确定为“立足澳门，为市民服务”。本质上，它属于“半官方”报纸。《澳门日报》注重挖掘本地新闻，为澳门市民提供丰富的本地新闻。它已经成为澳门居民关注本地新闻的首要媒介，同时也是外地读者了解澳门新闻的重要媒介。《澳门日报》还重视言论，视之为报纸的灵魂，除社评外，每日有三篇评论对澳门社会有比较大的影响：《新闻解说》对国际上的重大新闻事件作出分析和评论，《新闻小语》则对澳门的新闻事件进行评析，《一家之言》灵活地论述政治、经济、科技、文化、社会各领域的问题。此外，在众多的澳门报纸中，只有《澳门日报》关注到市民日常生活的需要，如提供求职、楼宇买卖、学校及兴趣班招生等服务性讯息，这亦是读者购买《澳门日报》的重要原因。大部分澳门市民要找工作习惯性就要翻看《澳门日报》。相比之下，澳门其他报纸和香港报纸还未有提供澳门的这类讯息，所以这是《澳门日报》抢占市场的一个极大优势。

《澳门日报》还重视副刊的编辑，秉持本土精神，提高澳门市民的文化品位。随着社会的发展，读者需要从文字媒介中获得更多的讯息；同样的，对副刊要求也会有更高的层次。轻松多彩的副刊是严肃新闻的最佳伴侣，副刊贴近生活、追逐资讯，和新闻版面相互补充。《澳门日报》的副刊强调本土性，是具有“澳门味”的副刊，它已成为澳门文学作品的重要发表园地，澳门大部分文学作品都是首先在《澳门日报》上刊载，然后结集出版的，内容兼顾读者多元的阅读口味，面向澳门各阶层，上至专业学人，下至贩夫走卒，显示出多元性和丰富性。过往，《澳门日报》限于创刊的初期出纸只是对开四个版，篇幅有限，副刊仅设有综合性的版面。但发展至现在，副刊已有大大小小三十多种，其中文艺、文史性质的约占半数，主要副刊有：新园地、小说、艺海、新书架、澳门经济、濠江三角镜、汽车、航运、澳门街、语林、镜海、乡情、特区建设等，每天向读者提供精神领域方面的服务。

值得注意的是，澳门报业的风格与目前香港报业泛滥的主流文化——“苹果化”截然不同。以《苹果日报》和《东方日报》为代表，这类报章以煽情、色情和血腥为号召，惯用煽情以及哗众取宠的手法吸引读者。相比之下，报业市场化程度不高的澳门，其新闻一向给人的感觉都是踏实、不夸张，采用平实的手法报道新闻，以最真实、未经“粉饰”的方式向读者报道。多年来，读者对《澳门日报》的评价是：“讲真话，多嘢睇！”其内涵是报纸求真求实，报道面广，内容丰富，轻松活泼。

在提高新闻品质的同时，《澳门日报》率先在澳门报业中采用先进的印刷出版和传送技术，实现了报纸采编技术和印刷业的历史性变革，极大提升了《澳门日报》的吸引力。近年来，《澳门日报》更新先进科技设备，加快电子化步伐。为了适应生产力发展的需要，高速轮转印刷机增至四部，每部六大座，其中三部时速 30 000 单位；最新一部具有电脑电子追踪、自动驳纸功能，时速达 35 000 单位。早在 20 世纪 80 年代末，《澳门日报》已经告别了“铅与火”，迎来了“光与电”。接着彩色图文合一激光照排系统和飞腾排版软件以及广告、财务、拼版电脑联网投产成功。北京新华社总社、中国新闻社与《澳门日报》电讯室联网，可以第一时间全部收齐发来的电讯，大大减轻录入和校对的压力。《澳门日报》还利用最先进的卫星天线接收手段，在第一时间接收外国通讯社的新闻文字和图片资讯。

在办好报纸的同时，澳门日报社走多元化经营的道路，为报社的发展提供强大的经济后盾。澳门日报社成立了一家全资的澳日实业有限公司，并组建十余家子公司，经营进出口贸易、房地产、建筑工程、高新技术开发、电脑排版、经济咨询、信息服务、食品批发等多种业务，除了成立两家出版社（星光出版社和澳门日报出版社）外，还有文化广场（书店）、永乐戏院等，为报社的进一步发展提供了充足的财力。

《澳门日报》从创刊20周年（1978年）起每五年编撰一次《澳门手册》，主要包括澳门概况、日用法例、生活便览、澳门风光图片等，由报社员工负责撰稿、拍照和编辑，是澳门居民以及游客的重要参考读物。此外，随《澳门手册》出版的《澳门地图》也为澳门市民提供了极大的便利。

除此之外，澳门日报社还积极参与社会活动及开展社会公益事业。包括每年暑期组织大中专学生到中国内地旅游，每年10月与有关社团单位联合举办“敬老爱老同乐日”，定期发放盲人福利金，进行“十大新闻选举”等。澳门日报社并于1984年成立慈善团体“澳门日报读者公益基金会”，广泛募集各界人士捐款，进行紧急救援、社会公益、清寒学生奖助等工作。该报每年举办的“公益金百万行”募款活动，是澳门最大的公益盛事，每年均获得澳门各界人士的积极参与，其中2009年度的“公益金百万行”活动有多达四万人参加，募集到的善款超过1 000万澳门元。

图9－2　澳门日报社举办的年度公益活动“公益金百万行”

有学者把《澳门日报》的特色归纳如下①：

（1）全方位、多角度地报道新闻，大量增加言论版面。相较于香港传媒，《澳门日报》十分重视新闻事实的考证，编辑通常会亲自打电话或通过其他途径确认新闻中数字的真实性，确信无丝毫差错后才予以报道。另外，《澳门日报》在新闻写作方面注重用事实说话，用词通俗易懂、雅俗共赏，并且不

① 方丽，彭伟步．《澳门日报》办报特点探微．国际新闻界，1999（4）．

断调整版面和栏目安排，以求最全面、多元地涵盖读者所希望知道的主题。此外，《澳门日报》从创刊起就重视言论版面的作用，常设的言论专栏有“社评”、“新闻小语”、“新闻解说”，另有不代表该报意见的“议事亭”、“读者之友”等。

（2）传承、弘扬爱国主义的办报传统。《澳门日报》从创刊起就确立了“立足澳门，服务市民，实事求是地报道祖国各方面的成就和变化，准确反映民意”的宗旨，明确定位为一份热爱祖国、着重加强澳门与内地联系的报纸。创刊半个世纪以来，《澳门日报》不断为澳门读者介绍内地的发展变化，增强澳门居民对祖国的向心力；除报道全国性重大新闻的“要闻”版外，还在1984年2月起开辟“乡情”版，对广东、福建、广西等与澳门移民关系较密切的省份进行集中报道。1999年澳门回归之际，《澳门日报》破天荒地出刊156个版面，全面报道这一盛事，创澳门报业史纪录。

（3）发挥报纸的教育功能，在副刊中大力推广中华文化。《澳门日报》是从《新园地》起家的，自始就极为重视文艺副刊的作用，以期使澳门人对祖国文化有更深的了解和认同。至今《澳门日报》有大小三十多种副刊版面，轮流刊出，内容涵盖了社会生活的各个方面，其中不乏介绍中国古代文化和当代文学以及传统习俗等文艺性较强的文章。副刊除了是澳门本地人士发表作品的园地外，还不乏中国内地、港台与海外大作家的手笔。特别是其副刊内容具有浓郁的中、葡融合的人文色彩，呈现出与其他海外华文报纸不同的风貌。

（4）办报深受博彩业影响。尽管《澳门日报》定位为爱国报纸，与香港报纸的八卦化有所不同，但在澳门独特的经济环境下，也不可避免地受到庸俗化的影响。澳门每四个人就有一个依赖博彩业维生，因此《澳门日报》不但定期出版《澳门马经》，还在报纸上开辟了狗经版，专门报道赛狗相关信息。另外受到香港影响，《澳门日报》近年也出现了以暴力、桃色等内容为头版头条新闻的情况，内容逐渐夸张化、视觉化、低俗化，使得整份报纸的品位有所下降。

值得注意的是，《澳门日报》虽然长期以来都是澳门报业市场当之无愧的老大，但针对该报的批评也不少。特别是在澳门回归后，《澳门日报》从传统的爱国、亲中立场，有进一步转化为“亲政府”立场的趋势，不少批评者认为该报等于是澳门特区政府的半官方报纸，报道上颇为偏袒特区政府的政策和作为，缺乏批判，有“报喜不报忧”的倾向。因此澳门常有居民对该报口诛笔伐，甚至出现过公开焚烧报纸的事件。中国新闻研究中心2004年对《澳门日报》的研究也显示，该报以地方治安新闻所占比例最大，并且很少批评政府；其次是商业经济类和民生类新闻，而弱势社群和生态环保等新闻所占比例最小。在消息来源方面，最多的是政府机构或官方发言人，其次分别是司法警政人员和工商渔农团体等，来自大学教授和研究人员的消息非常少①。研究结果与《澳门日报》亲政府倾向的说法有吻合之处。

2.《华侨报》

《华侨报》目前是澳门排名第二的中文日报。但其发行量仅占全澳门报纸发行量的10%左右，故影响力远比不上排名第一的《澳门日报》。

《华侨报》创刊于1937年11月，隶属于香港《华侨日报》，由华侨日报社社长岑维休派遣赵斑斓、雷谓灵两人到澳门创立该报。当时正值抗日战争期间，该报创刊词中提到“华侨之民族精神，其发扬程度，至为蓬勃，同人等亦华侨一分子，窃愿以华侨地位，继前辈赞助革命之丰功，致力于文化事业，唤起海外侨胞、国内同胞，齐一步骤，向救国之途迈进，因名本报曰《华侨报》”。

20世纪二三十年代的澳门报业发展，相较于内地和香港还显得十分落后，报社基本上只有编辑部和字房，没有自己的记者团队，新闻多半剪贴自香港及广州的报刊，内容单调、滞后，各报雷同程度高，编辑理念也十分陈旧，版面编排毫无新意。因此，尽管报纸种类不少，但澳门较有实力的人仍然喜欢订阅香港报纸（出刊当天中午运至澳门）或广州报纸（最快当天晚上运抵澳门），而不喜欢看澳门本地的报纸（多转载香港、广州报纸消息，看到的是前几天的“旧闻”）。②

图9-3 《华侨报》总部

然而也正在这个时期，澳门开始了现代化的进程，陆续出现了一些手工业工厂、作坊，爆竹、火柴、酒业等行业快速发展，产品开始远销海外；澳门人口也从1910年的7万多人增加到1939年的24.5万多人。人口的增长以及经济的发达，催生了对文化产品的渴望，澳门人开始希望能看到更新、更全面的报道，《华侨报》就是在这个背景下应运而生的。

《华侨报》创刊后率先采用电讯收发报机，及时接收国内外重要消息，使得澳门居民不必再忍受本地报纸的新闻“时差”。该报还设立了采访科，有了澳门有史以来第一支真正的记者采访团队。另外在版面印刷上，也引进了香港先进的编辑理念，利用不同的字体和字号来区分标题与内容，并有了不同栏目的设置，使得澳门报业进入了一个崭新的时代。当时澳门其他报纸的日销量多在三五百份间，但《华侨报》能

① 中国新闻研究中心.《澳门日报》如何建构澳门社会，2004.

② 黄北标.澳门中文报业的发展.澳门2004.澳门：澳门基金会，2004.

够达到一万份以上，超过其他所有报纸的总和。

新中国成立后，有鉴于澳门政治、社会环境的变迁，完全照搬香港的办报理念已不再合适，华侨报社社长赵斑斓于是在1967年自香港《华侨日报》手中全部收购《华侨报》的股份，转为独资经营（香港《华侨日报》已于1995年停刊——笔者注）。办报立场自此逐渐转向爱国、倾中。为了加强业务发展，该报于1973年斥巨资购买柯式滚筒印刷机，再一次把澳门报业的印刷技术提到了新的高度。

目前《华侨报》每天出版四张半至六张半（16～26个版面），主要版面有澳门新闻、中国新闻、国际新闻等，另有“周末派对”、“华座”、“华彩”、“龙世界”、“华菁”等多种副刊版面。该报主要在澳门销售，少量销售至香港或中国内地各大酒店，另外在台湾和美国等地也有少数订户。该报于2000年10月推出电子版，每天早晨4点定时更新，内容基本都照搬《华侨报》平面版的内容。

图9－4　《华侨报》

《华侨报》目前主要目标读者以澳门的中老年居民为主。相较于《澳门日报》，《华侨报》的言论较具批判性，尤其对澳门社会现象的评论较为尖锐。不过近年该报立场又有转向温和、亲政府方向的趋势。该报与香港各大报社及北京《法制日报》有业务联系，并在北京、珠海等地设有特约记者。

作为至今为止澳门连续出版时间最长的报纸，《华侨报》长期以来也十分重视社会服务，经常参与各项社会活动，支持社会福利发展，举办青少年活动等，并设立赵斑斓文华艺术馆，出版各类参考书籍（如《澳门经济年鉴》、《澳门问题》、《标准中葡文译音手册》、《澳门旅游地图》等），推动文化事业的发展①。

二、澳门报业欠发达的原因

总的来说，近些年，澳门的新闻工作者在满足澳门受众信息需要方面的确做了大量工作，《澳门日报》等报纸办得图文并茂，内容丰富，很受读者欢迎。澳门的传播媒介历来讲究客观公正，在市民中有一定的威望。回归后又增强了评论和言论，使原先“沉默的澳门人”有了发表政见、议论时政的机会，在社会舆论监督方面迈出了

① 黄北标．澳门中文报业的发展．澳门2004．澳门：澳门基金会，2004．

一大步，受到市民的赞扬。然而，纵观澳门的新闻媒介，由于缺乏强有力的竞争机制，澳门的报业整体上还欠发达。我们将从澳门报业的内外环境来分析其欠发达的原因所在。

从内部环境来说，澳门报业内部在整体管理、新闻采编以及新闻人员等方面存在诸多问题，导致整个澳门报业的发展缓慢。

其一，在广告收入不理想、经济压力巨大的情况下，有些报社被迫采取取消稿费和裁减记者编辑的下策。这样不仅使报社的新闻采编人手不足，还压制了新闻人员的工作积极性，导致恶性循环，每况愈下。有些报社仍然是家族式管理模式，所有权和管理权没有分离，存在守旧守业和不图进取的观念，影响了报社的整体发展。还有些报社满足于政府的津贴，不思进取，敷衍出版，报纸质量差，徒具虚名而已。

其二，在新闻报道上，内容雷同，缺乏个性。新闻传播媒介的首要功能就是传递新闻信息。澳门尽管有中文日报 8 家，葡文日报 3 家，但是真正办得好的报纸并不多，报业呈现了传递信息功能不全的现象①。在本地新闻报道方面，多数报社满足于凶杀和灾难等突发性的本地社会新闻，而对社会、政治、经济、科技、文化发展作深刻分析的深度报道却不多见。在外地新闻报道方面，大多报社往往满足于直接采用外地或国际通讯社的稿件，相关的评论却不多。随着澳门市民文化程度的普遍提高以及外来媒体的冲击，澳门媒体的表现已经不能充分满足澳门市民的信息需要。有研究指出②，澳门报纸总体的信息量偏低，报道方式和内容单一，言论也不多元，报章便很容易缺乏个性，也很难引起读者的阅读兴趣。

其三，澳门新闻工作者的薪酬制度也难以鼓舞记者编辑的士气，迎接竞争和挑战。相对而言，新闻工作本身富有挑战性，需要付出极大的脑力和体力，有时甚至要冒着生命危险获取新闻。然而，除了经济实力较为雄厚的《澳门日报》以外，其他媒体记者编辑的薪酬则普遍低于一般的公务员和社会平均薪酬水平。这种状况严重影响了新闻工作者的工作积极性和敬业精神，也难以吸引社会精英分子投身大众传播事业，不利于澳门传播媒介的发展。因此，对于本来传媒业就不发达的澳门，训练有素的专业新闻人员为了开拓收入来源，不少都有机会转投政府或公务机构任职新闻官，令澳门媒体人才贫乏。

从外部环境来说，香港报纸的强势冲击对澳门报业影响巨大。目前，每天运到澳门销售的香港日报总数约 2 万份，包括《东方日报》、《苹果日报》、《香港经济日报》等，清晨 6 时许便抵达澳门上市。香港和澳门一衣带水，居民阅读习惯相近。香港报纸财雄势大，为了能争夺更广阔的市场，不惜工本运抵澳门。在内容方面，香港的新闻传播媒介发达，信息丰富，能容纳不同的声音，言论多元。此外，香港报纸上的赛

---

① 林玉凤. 探讨澳门中文报业的讯息传递与监督功能不全. 澳门 1999. 澳门：澳门基金会，1999. 274 ~ 292.

② 林玉凤. 探讨澳门中文报业的讯息传递与监督功能不全. 澳门 1999. 澳门：澳门基金会，1999. 274 ~ 292.

马信息和娱乐新闻在澳门有一定的市场，为澳门市民所关注。在版式方面，香港报纸版数多，大部分全彩色印刷。无论是在内容、版面或纸质方面，香港报纸都吸引了不少澳门读者，这对本已处于弱势的澳门报业冲击很大。

一言以蔽之，澳门报业面临内忧外患。内部澳门报业大多萎靡不振，惨淡经营，只有《澳门日报》一家独大；外部又受到香港报纸的强势冲击。因此，要提高澳门报纸整体的竞争力，就得加强报纸在内容编排以及营销策略等方面的能力。

Chapter 10 第十章

澳门报刊的管理政策

自葡萄牙于1928年由政治强人萨拉莎建立独裁政权以来，澳门的新闻政策和新闻事业管理制度，都是倾向严格管制的“威权主义报业制度”。不过，自1974年4月25日葡萄牙爆发民主革命后，这种制度便一去不复返。同时，由于葡萄牙陷入内乱，澳门也曾经有长达3年的时间成为没有任何新闻或电影检查的社会，直至葡萄牙政局稳定下来后，才渐渐在后来的二十年间形成一个基本上是“自由主义报业制度”，但仍具有若干“威权主义报业制度”残余的媒体环境。澳门现行的新闻政策是依照1976年4月2日通过，其后经过三度修改的《葡萄牙共和国宪法》第三十五条（资讯之使用）、第三十七条（表达自由及资讯自由）、第三十八条（出版自由及社会传播媒介）、第三十九条（社会传播高级管理局）、第四十条（广播权、答辩权及政治反驳权）与第二十九条（澳门之通则）所制定的①。

澳门政府的新闻政策跟随葡萄牙政府，标榜新闻自由，并依照《葡萄牙共和国宪法》的第三十八条，规定公民享有新闻和出版自由，包括拥有无须事先经主管部门批准、不受保证金或任何先决条件限制而创办报纸及从事其他任何出版事务的权利，政府也不设新闻检查制度。但是，为了对新闻出版事业进行必要的行政管理，澳门特区政府近年来陆续颁布了《电视广播法》、《出版法》、《社会传播委员会法律提案》和《新闻工作者通则草稿》等法律和法规。（与新闻事业关系最密切的澳门《出版法》详细条文参见附录）

按照上述法律、法规的规定，澳门居民有创办报纸及通讯社的自由，也可担任外地新闻机构的驻澳记者，但必须向政府新闻司进行登记后方可开展活动（定期刊物则不受此限制）。澳门政府新闻司除了对新闻机构进行登记注册之外，还负责换发记者证。新闻工作者有批评公共行政机关的自由，不受任何形式的检查，也有接近资讯来源的自由及保守消息来源秘密的自由，但新闻机构和新闻工作者也须遵守一些规定，如禁止进行人身攻击和诽谤，须自行成立有关的新闻评议组织对此进行评议等。

目前，澳门特区政府内唯一的新闻管理机构是隶属于澳门政府的“传播、旅游暨文化事务政务司”下面的“澳门特别行政区政府新闻局”。其职责是促进和监督新闻有关工作，包括发布政府新闻、报道澳门本地大事、与澳门新闻界联系、接受澳门大众传播机构和新闻工作人员的注册登记和换发记者证等。此外，澳门特区政府新闻局也对澳门新闻界提供不少服务，包括提供与葡萄牙及澳门邻近地区有关的各类新闻资讯，对在澳门出版的葡文和中文报刊提供电讯、电力和纸张（金钱）津贴，向澳门新闻工作者提供培训课程、研讨会或在职进修津贴等，可以说是极具西欧民主社会主义色彩的②。

由于澳门报业的发展较为缓慢，所以澳门政府在很多方面给予报刊优惠的发展政

① “行政院”新闻局．变迁中的香港、澳门大众传播事业．台北：“行政院”新闻局，1998. 47～48.

② “行政院”新闻局．变迁中的香港、澳门大众传播事业．台北：“行政院”新闻局，1998. 49.

策。澳门政府不干预新闻行业的经营，但鉴于葡文报纸的销量较少，广告收益也不多，而接收葡国新闻消息又须支付较高额的电讯费用，亏损严重，因此澳督于1985年9月13日发出批示，对在澳门出版的葡文报纸提供电讯、电力和纸张津贴，按实际支出给予50%的津贴额，但每月最高限额为电讯费用2 500元，电费3 000元，印刷用纸5 000元。1986年，对报社的津贴延伸至中文报章，津贴方法也有所改变。据1991年7月25日规定，有资格领取津贴的报章创刊期增至3年，每月的津贴额则改为该月电讯、电力以及印刷纸张支出的一半，但不能超过12 500元的津贴标准。

目前符合领取津贴条件的中文日报有《澳门日报》、《华侨报》、《市民日报》、《星报》、《正报》、《现代澳门日报》、《新华澳报》；中文周报有《时事新闻报》、《体育周报》、《澳门脉搏》、《讯报》。葡文日报有《句号报》、《今日澳门》、《澳门论坛日报》；葡文周报有《号角报》等。

总之，澳门特区政府新闻局的权力是非常有限的，更由于澳门的特殊环境，它对澳门新闻媒介的约束力更是几乎一点都谈不上，倒不如说是一个对澳门新闻事业提供各类支援与服务，为澳门政府对新闻界做公关工作，并对海外做有利于澳门之宣传的政府机构①。

值得一提的是，澳门特区政府在2010年施政报告中，特别提出将启动对已经实施20年之久的《出版法》和《视听广播法》的修订工作，并于同年6月向各界通报了修订这两部法律的设想和相关流程。澳门特区政府新闻局局长陈致平表示，修订《出版法》和《视听广播法》，是希望能在维护新闻自由的前提下，更好地支持本地传媒发展，使媒体更有效地监督施政，以及处理当前法律中没有涉及的新媒体（如网络媒体）问题。两法修法方向的文献研究工作委由澳门科技大学进行，而针对两法修改意见的民意调查和分析工作则在2011年底展开。

① “行政院”新闻局. 变迁中的香港、澳门大众传播事业. 台北：“行政院”新闻局，1998. 49.

Chapter 11　第十一章

澳门报刊的发展趋势

澳门报业发展多年来有着自身一套运作和发展模式，同时受到一定的限制。尽管以澳门的人口规模来看，报纸种类并不少（有 8 份中文日报和 5 份主要的中文周报），但与香港报业相比，澳门报纸普及率较低，报纸内容缺乏新意且雷同度较高，加上报纸规模普遍较小，经济收益不佳，可以说相较于香港，澳门报业仍有较大的可改善空间。

一方面，澳门报业对外传播声音微弱。澳门外贸占本地生产总值的 70% 以上，作为世界四大赌城之一，澳门的旅游博彩业也倚重大量的外地游客。作为一个典型的外向型经济地区，澳门经济的发展状况实际上取决于内部和外部信息的及时沟通，不了解外部世界的最新变化，就不能很好地把握商业机会。澳门在这方面本来有得天独厚的有利条件，一方面它与欧美有密切的联系，信息渠道畅通；另一方面，它紧邻香港，可以同步获取香港大众传播媒介提供的信息，来自中国内地和台湾的信息也相当多。

但是，相形之下，澳门的对外传播声音微弱。澳门的大众传播媒介多数满足于在澳门一地发展，对于向中国内地、香港、台湾及欧美各国、日本、葡萄牙语系国家的传播未作长远的考虑。换言之，在澳门可以比较方便地了解世界，但是较少让世界了解澳门的现状和发展变化，这对澳门的社会形象塑造、外向型经济发展颇为不利。相形之下，香港报刊有不少是在香港和澳门同步发行的，这进一步加剧了澳门报业市场的竞争，瓜分了原本就不大的报纸读者群，使得澳门本地报业的经营情况雪上加霜。

另一方面，广告与发行量影响传播媒介的规模和实力。澳门大众传播业缺乏竞争力，与其发行很有关系。现代大众传播媒介的发展主要依靠广告的支持，而广告额是与发行量紧密相关的。发行量越大的报纸，其社会影响越大，广告客户越愿意利用这样的新闻媒介做广告。澳门人口仅仅 50 多万，扩大发行的余地不大，仅仅依靠本地的发行和广告收入，难以获得足够的资金来推动报业本身的进一步发展升级，这可说是澳门报业发展的一个天然限制。要较大幅度地扩大发行量，只有考虑向外发展，搞好对外报道，这对于报业自身的发展、对于澳门经济的发展都是有深远意义的。

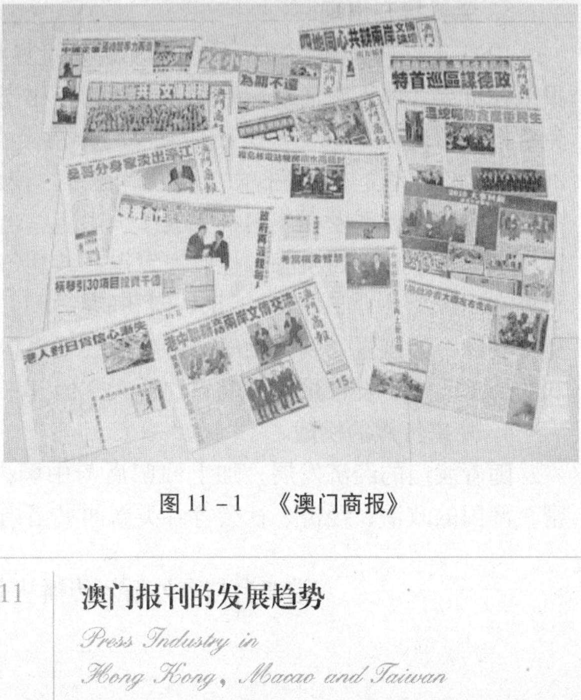

图 11－1　《澳门商报》

尽管澳门报业的整体发达程度比不上香港和台湾地区，但近年来仍有几个发展趋势值得关注：

1. 经济类报刊的出现

澳门传统的主要中文报刊都

是综合性质的，以时政、社会新闻、娱乐新闻、博彩信息等为主要内容，专注经济、商业类新闻的报刊极少。但在澳门回归后，随着澳门经济的快速发展，与中国内地的经济合作互动也日趋紧密，一些以高端商务人士为对象的报刊也开始出现。如2006年创办的新周报《澳门商报》，就定位为经济生活类报纸，着眼在粤澳合作、珠澳同城化等议题上，该报创刊宗旨为“立足澳门，面向‘泛珠’，辐射中华，走向世界”，该报初期为四开28版，2008年6月起改为对开12版的大报，每周四出版，内容有“商评”、“谈股论金”、“经济聚焦”、“商报商情”、“楼市纵横”等，并努力开拓在香港、台湾和中国内地的发行和影响力；该报还组织过澳门人珠海看楼团，以及承办“大陆、香港、澳门、台湾文化传媒发展论坛”、“澳门援建汶川图片展”等，十分强调大陆、香港、澳门、台湾的联系和互动。另外如《商讯》月刊和其英文版 *Business Daily*，也是以经济、商业类新闻为主的刊物。

2. **以非传统澳门居民为对象的报刊**

这里说的非传统澳门居民包含来自世界各地的游客，以及近年前往澳门工作的外地雇员。澳门以旅游博彩业为经济支柱，这个常住人口仅仅54万多人的城市，每年接待的旅客却多达2 000万人次；其中尤以来自中国内地的游客最多，2003—2010年间平均每年有1 100万人次，占到澳门入境人数的五成以上，仅2010年一年，内地游客就为澳门创造了353亿澳门元（约285亿人民币）的经济产值。在这个背景下，出现了不少针对旅客的报刊，以提供旅游、生活、消费类信息为主。传统报刊也对此作出了应对，如《澳门日报》创办了以介绍澳门旅游资讯为主的增刊《感受澳门》等。澳门报业传统上以中、葡文为主，但在外来人口激增的情况下，各种英文期刊或中英双语刊物也开始出现，现有报纸也有增加英语副刊或增刊的趋势，目的都是争夺外来人口当中的英语读者市场。

3. **免费报刊出现**

1995年瑞典《地铁报》的创办无疑是世界报业史上的一件大事，自此之后免费报纸在世界各地不断涌现，香港、台湾均有相当数量的免费报纸发行。澳门的第一份免费报刊出现在2006年10月，为专门介绍美食信息的月刊《品报》（*Tastes Gazette*），该刊完全依靠广告收入支持，除推广澳门美食外，也有宣传澳门旅游业和文化的内容，主要派发在澳门各大餐厅、酒店、出入境口岸以及澳门航空公司所有回航班机上，甚至在广州及香港也有派发点；该刊每期最后一版还附有澳门地图，对旅客十分有用。另外，于2007年8月创刊的双周刊《澳门劳动报》（后改为周刊）也是免费刊物，但该报受到金融海啸影响，已于2008年9月30日停刊。虽然澳门免费报刊的历史较短、发行量和影响力均不大，但其未来的发展值得关注。

4. **外来传媒的挑战**

随着澳门的经济发展，加上回归后与中国内地特别是珠三角地区的结合日益紧密，澳门的政治、经济、社会等各类新闻见诸内地及港台传媒的频率不断提高，澳门也成为外来传媒急欲抢滩的目标。澳门大学教授林玉凤在慧科新闻系统中以“澳门”为关键字进行的检索统计显示，在该系统所收录的中文报刊中出现“澳门”的报道篇数，从2000年的每日38.5篇，持续增长至2007年的每日331.8篇[①]。她认为这一方面显示澳门的国际关注度有所提升，但另一方面也表明外地传媒对澳门这一市场更加重视，在这个信息自由流通的社会，无疑会对澳门本地媒体构成威胁[②]。事实上，近年来澳门报业市场受到内地和香港媒体蚕食的情况愈趋严重，如《珠海特区报》就是在澳门发行量最大的内地报纸，该报从2009年起与澳门电视台合作，联手打造一些栏目内容，试图加大对澳门传媒市场的影响力。另外，香港《大公报》、《文汇报》等也纷纷在澳门设立办事处。

图11-2　免费月刊《品报》

总而言之，澳门的报业并非一成不变，经济专业报、免费报、旅游特刊等报刊形式的出现，都可说是澳门报业的创新。但在传媒行业变化快速、新媒介风起云涌的21世纪，这样的尝试还是远远不够的。澳门现存的报业大多需要依赖政府补贴，发行量和广告量不足，面对内地和港台媒体的节节进逼，澳门报业若是继续故步自封，经营方面只会愈来愈捉襟见肘。

澳门的报业在新时期想要持续发展、壮大，就要发扬自身特点，特别是澳门旅游博彩业的优势以及澳门和珠三角地区紧密联系的条件。立足澳门，背靠珠江三角洲，放眼看世界，在让世界了解澳门、帮助澳门走向世界的过程中，扩大澳门大众传播媒介的影响，确立澳门信息传播业在世界新闻传播界的地位。

① 林玉凤. 经济发展时期的报业挑战——以澳门报业发展为例. 新闻记者，2007（11）.
② 林玉凤. 经济发展时期的报业挑战——以澳门报业发展为例. 新闻记者，2007（11）.

附录　澳门特别行政区《出版法》

第一章　出版自由和信息权

第一条（适用范围）

本法律规范出版自由和信息权的行使，以及报刊、编印和新闻通讯等企业的活动。

第二条（基本概念）

为着本法律的目的，下列词汇的概念为：

a. 出版品——用作公开散布的文本或图像之印刷复制品，以下称为“刊物”，但不包括官方印件以及社会和商务关系上常用的印件；

b. 定期刊物——以同一名称及定期连续出版或发行、且存续期不定的刊物；

c. 不定期刊物——存续期不定的刊物，仅出版或发行一次，或分若干册或卷但有划一和预先订定的内容；

d. 报刊企业——所营主要事业为出版定期刊物的企业；

e. 编印企业——所营主要事业为出版不定期刊物的企业；

f. 新闻通讯企业——所营主要事业为以所收集和散布的新闻、评论及图像，供公开发布的企业；

g. 官方文告——对于一些情况澳门特别行政区行政长官作出的信息，该等情况的性质系有需要作出实时和全面的官方信息者，尤以紧急情况、危害公共安全或公共卫生的情况为然；

h. 广告——直接或间接向公众推广物品、服务或倡导性活动而发表的文本或图像，即使不依照拥有刊物所有权的企业规定的广告价目表亦然。

第三条（信息权）

一、信息权包括报道权、采访权和接收信息权。

二、信息权体现思想表达自由，包括：

a. 接近信息来源的自由；

b. 职业保密的保障；

c. 新闻工作者独立性的保障；

d. 发表和散布的自由；

e. 企业的自由。

第四条（出版自由）

一、出版界思想表达自由的行使，不受任何形式的检查、许可、存放、担保或预先承认资格等限制。

二、讨论和批评是自由的，尤其对政治、社会和宗教的学说、法律以及澳门特别行政区本身管理机关和公共行政当局的行为、其人员的行为等而言。

三、对出版自由的限制，只能援引本法律和一般法的规定，以保障人们身心完整性，其审议和适用只能由法院负责。

第五条（接近信息来源的自由）

一、新闻工作者有权接近信息来源，该等信息包括来自管理机关、公共行政当局、公共资本企业、或澳门特别行政区或其机关占多数出资额的公私合资企业、经营公有产业的企业、经营公共工程或公共服务的承批企业者。

二、在下列情况接近信息来源的权利即行中止：

a. 在司法保密中的程序；

b. 有权限的实体视为国家机密的事实和文件；

c. 法律规定为机密的事实和文件；

d. 涉及保护私人生活和家庭生活私隐的事实和文件。

三、在未有指明信息来源时，推定信息由著作人取得；如文书或图像无署名时，刊物的社长被视为著作人。

第六条（职业保密的保障）

一、承认新闻工作者有权对有关的信息来源保密，行使此权利时，不受任何直接或间接的处分。

二、刊物的社长和出版人，以及报刊、编印和新闻通讯等企业不须透露其信息来源。

三、当明显涉及犯罪集团或匪徒集团的刑事事实时，经法院命令，职业保密的保障方得中止。

第七条（新闻工作者独立性的保障）

根据本法律和新闻工作者通则的规定，新闻工作者执行职务时，享有独立性的保障。

第八条（发表和散布的自由）

任何人不得以任何借口或理由扣押不违反现行法律的任何刊物，或以其他方式妨碍其排版、印制、发行和自由流通。

第九条（企业的自由）

一、报刊、编印和新闻通讯等企业，得根据法律规定自由设立。

二、上款所指企业应在澳门设有实际领导机关，其所有权必须只属于居住在澳门特别行政区、或法人住所在澳门特别行政区的自然人或法人。

三、报刊、编印和新闻通讯等企业，不得从事与其所营主要事业无关或非附属性的活动。

四、法人住所在外地的报刊、编印和新闻通讯等企业，须在澳门特别行政区设有通讯员、分社或常设代表处，方得从事活动。

第二章 刊物的组织和出版登记

第十条（刊物的组织）

一、定期刊物必须最少有一名居住在澳门特别行政区的负责人，担任社长职务。

二、完全享有民事权利和政治权利的人士，方得成为定期刊物的负责人。

第十一条（刊物的代表）

担任社长职务的负责人，在法院内外代表刊物。

第十二条（出版旨趣）

刊物应具有订明其方针和目的的出版旨趣，且应在创刊号内刊登。

第十三条（竞争的自由）

一、刊物的公开发售价、广告价目表和商业利润等，由企业自由订定。

二、如定期刊物更改公开发售价，应在最少五天前通知新闻局。

第十四条（必须载明的事项）

一、定期刊物应在第一版载明名称、其负责人姓名、日期和单价。

二、定期刊物尚应载明拥有所有权的企业的名称、法人住所在地、以及印刷场所的认别数据和地点。

三、不定期刊物应载明著作人、出版人、印刷场所的认别资料和地点、出版量及印制日期等。

第十五条（出版登记）

一、在新闻局设立出版登记，其内应载明：

a. 定期刊物之登记，包括负责人认别资料、刊物名称和刊期；

b. 拥有报刊、编印或新闻通讯等企业所有权的实体之登记，其中应指出有关商业名称或公司名称、常设场所、公司机关的组成和公司资本的分配；

c. 法人住所在澳门特别行政区以外的社会传播机关的通讯员和其他形式的代表之登记，其中应指明其本人和任职的信息机关所有认别资料。

二、未进行上款所指的登记，上款 b 和 c 项所指实体不得开展活动。

三、如经登记的资料嗣后有变更，应在发生之日起十五天内通知新闻局。

第十六条（法定的存档）

一、定期刊物的社长和不定期刊物的出版人，必须在刊物出版后五天内，命令送交或邮寄予下列实体各两份刊物：

a. 新闻局；

b. 澳门中央图书馆；

c. 澳门特别行政区检察院。

二、寄送上款所指刊物时免付邮费。

第十七条（广告）

一、任何人不得将任何文书或图像形式的广告强加在刊物内。

二、所有文书或图像形式的广告，如不能令人实时辨别其为广告时，应在其上端以显见字样标出“广告”一词或明确的简写，如仍不明显时，应列明广告客户名称。

第十八条（官方文告和必须刊登的信息）

一、周刊或刊期少于一周的定期刊物，不得拒绝刊登澳门特别行政区行政长官透过新闻局发出的官方文告，并应在接获后在刊物续后两期的任一期内为之。

二、根据诉讼法律规定由法院命令或根据法律规定要求刊登的信息、通告或公告，不论是否与透过出版作出的违法行为有关，均应刊登。

第三章　答辩、否认、更正权和澄清权

第十九条（答辩权）

一、如任何自然人或法人认为刊登在定期刊物的文书或图像直接冒犯或含有直接冒犯的内容，又或提及不真实或错误的情事，可能影响其名声或声誉，因而受到损害时，得行使答辩、否认或更正权。

二、答辩、否认或更正权与有关情事而引致的民事或刑事程序彼此无关，且不因自发改正有关文书或图像而受影响。

第二十条（答辩权的行使）

一、答辩、否认或更正权得由权利人、其代理人、或权利人的任何继承人行使，对于周刊或刊期少于一周的定期刊物，该等权利在文书或图像刊登日起或知悉事实之日起十天内行使；对于超逾上述刊期的定期刊物，则在文书或图像刊登日起或知悉事实之日起三十天内行使之。

二、答辩、否认或更正权的行使，应向刊物负责人提出请求为之，该请求应经任何适当方法证明已提出，在其内应客观地指明冒犯、不真实或错误的情事，并指出要求作出的答辩、否认或更正的内容。

三、具有正当性行使答辩、否认或更正权的人士，其签名应先经公证认证，但如权利人亲自将要求书交予刊物法人住所时，则不在此限。

四、答辩内容的责任只能要求由其作者负起。

第二十一条（对刊登答辩的决定）

一、社长得根据下列任一理由拒绝刊登答辩、否认或更正：

a. 没有冒犯、不真实或错误的情事；

b. 与引起答辩、否认或更正的文书或图像无直接关系或不产生作用的关系；

c. 答辩、否认或更正内含有不礼貌的、又或涉及民事或刑事责任的字句。

二、如无拒绝理由时，属日刊者应在接获答辩、否认或更正后，在刊物续后两期

的任一期内刊登之，若是其他情况，则在续后一期刊登。

第二十二条（答辩的刊登）

一、刊登答辩、否认或更正是免费的，刊出时应与引起事端的原文书或图像所处版面、显见程度一样，且仅刊登一次，及不得加插内容或断续刊出。

二、如引起事端的文书或图像不超逾一百五十个词或二百个中文字，答辩、否认或更正不能超逾此数，但若原文书或图像已超逾此限制时，则答辩、否认或更正应与原尺寸相等。

三、如答辩、否认或更正超逾上款所指限制时，超出部分以广告方式刊登，费用得预先要求支付。

四、社长得在答辩上附上简短而不突出的注释，目的专为指出任何不准确事宜、理解错误或其中载有的新内容，此注释亦可引起新的答辩、否认或更正。

五、刊登答辩、否认或更正时，应附带提及令其刊登的实体。

第二十三条（答辩权的司法实行）

一、如定期刊物在第二十一条第二款所定期间不刊登答辩、否认或更正时，关系人得向法院声请，使法院命令通知其社长刊登之，属日刊者应在两天内刊登，若是其他情况，则在通知后续后一期内刊登。

二、声请应附同一份答辩所指的刊物。

三、在第一款所指情况下，法官应命令听取定期刊物社长在两天内作出其最初不满足请求的解释。

四、只有书证方被采纳，而所有文件均应附同最初作出的声请和上款所指的解释。

五、在提出解释后、或提出期间告满后，卷宗应送交检察院，以便其在两天内进行检阅。

六、法官应在两天内作出裁判。

七、当裁判认为拒绝系无依据时，应科第四十一条第一款 g 项所指的罚款。

八、对法官关于第一款所指事宜的裁判不得上诉，但对所科的罚款得按一般规定提起抗告。

九、上数款的规定经必需的配合后，适用于与第二十二条第一款所定者不同的刊登答辩方式。

十、如社长不遵守法院裁判，不刊登或以他种方式刊登时，应受第三十条所指的处罚。

第二十四条（澄清权）

一、在定期刊物内有引喻、暗示或隐晦语句，可对某人造成诽谤或侮辱时，认为被针对者得向法院声请通知社长及如已知悉的著作人，使其明确地以书面声明该等引喻、暗示或隐晦语句是否针对该人士，并使其对此予以澄清。

二、声明和澄清应在定期刊物内的同样版面、以同等显见程度刊登，属日刊者应在续后两期的任一期刊登，若是其他情况，则在通知后续后一期刊登。

三、由发表日起五天内，被通知者应将第一款所指声明和澄清的副本附入有关卷宗内。

四、在听取声请人所述后，法官对于被通知者是否已经以被信纳的方式给付被声请的声明和澄清，应作出裁判。

五、如被通知者明确澄清和声明该等引喻、暗示或语句与声请人无关，亦无任何侮辱或诽谤的意图时，声请人不得提起有关民事和刑事诉讼。

六、如被通知者不作出有关声明或澄清、又或刊登方式被认为不可信纳或与第一、二款规定不同时，法官应命令公布声明和澄清，且科处第四十一条 h 项所指的处罚。

七、不遵守上款所指命令，将使著作人受第三十条所指处罚，但不影响法官根据情况的严重性而将刊物停刊不超过三个月，处罚且与该情事引致的其他司法程序彼此无关。

八、第一款所赋权能的行使，不影响民事或刑事程序。

第四章　出版委员会

第二十五条（职责）

设立出版委员会，其职责为保障：

a. 出版的独立性，特别是处于政治和经济力量以外；

b. 出版多元化和思想表达的自由；

c. 公众的信息权。

第二十六条（权限）

出版委员会的权限为：

a. 主动或应澳门特别行政区行政长官、立法会主席或三名议员要求，对其职责范围内的事宜发表意见；

b. 审议由新闻工作者、刊物社长、出版人或所有人，又或任何人士就违反本法律的行为而提出的投诉；

c. 审议认为其权利受损者提出的投诉；

d. 以咨询性质对与其职责有关的规范案发表意见；

e. 在其职责范围内提出建议和劝告；

f. 对委员会应发表意见的事宜，要求报刊、编印或新闻通讯等企业的社长或所有人予以澄清；

g. 议决是否设立调查委员会，以便调查与其职责和权限有关的事实；

h. 每年制定关于澳门特别行政区出版状况的报告书；

i. 对职业道德和职业保密的遵守事宜发表意见。

第二十七条（不承担责任性）

出版委员会成员执行职务时作出的表决和意见，不负民事、刑事和纪律责任。

第五章　不法行为引致的责任

第二十八条（责任的形式）

一、透过出版品作出的刑事违法行为，受刑事一般法例和本法律的规定所规范。

二、透过出版媒介作出不法行为而产生的损害赔偿请求权，受本法律的规定所规范，并以民法一般规定作补充，但不影响相关的刑事责任。

第二十九条（滥用出版自由罪）

透过出版品发表或出版文书或图像，损害刑法保护的利益之行为，为滥用出版自由罪。

第三十条（加重违令罪）

违犯本法律第二十三条第十款、第二十四条第七款和第三十八条第二、三款的规定，以及出版已被法院命令停刊的定期刊物，均为加重违令罪。

第三十一条（对公共当局的冒犯或威胁）

透过出版品对公共当局作出侮辱、诽谤或威胁，概视为当场对公共当局作出。

第三十二条（正犯）

一、透过定期刊物犯滥用出版自由罪，应负罪责者顺次如下：

a. 文书或图像的著作人，但未经其同意被复制时则由促使复制者负责；以及刊物社长或其代替人，但其如能证明对文书或图像的发表不知情，又或不能阻止发表时，则不在此限；

b. 如文书或图像无署名，或著作人不能负起责任时，应由刊物社长或其代替人负起责任，但根据上项所指情况得免除时则不在此限；

c. 如文书或图像无署名，而社长或其代替人不知情或不能阻止发表时，则由负责刊登者负起责任。

二、对于不定期刊物，负刑事责任者为文书或图像的著作人和出版人，但如未经其同意被复制时则为促使复制者。

三、为着刑事责任效力，刊物社长或其代替人将被推定为无署名文书或图像的著作人，但如根据第一款所指方式免责时，则不在此限。

第三十三条（主刑）

科处于滥用出版自由罪的刑罚，为刑事一般法例的法定刑加重其最高度的三分之一，但如该法例对透过出品作出的违法行为有特别加重刑罚的规定时，则应科处该等刑罚。

第三十四条（以罚金代替监禁）

如违法者从未因滥用出版自由罪而被判有罪，得以罚金代替监禁。

第三十五条（事件真实性的证明）

一、在诽谤案中，被责难事件真实性的证明是可被采纳的。

二、在侮辱案中，必须经被害人或其代理人声请，方采纳文书或图像著作人因造成冒犯事件而提出的证明。

三、在下列情况不采纳事件真实性的证明：

a. 被针对者为中央或澳门特别行政区行政长官；

b. 被针对者为外国元首，而有对等待遇协定者；

c. 被责难事件如涉及被害人私人或家庭生活，且该项责难并非为谋求正当的公共利益时。

四、如冒犯行为人不为被责难事件提出可被采纳的证明时，应作为诋毁者而被处罚两年以下监禁，但绝不得少于三个月和以其他刑罚代之，并应缴付相应罚金；此外，法官应将损害赔偿定为一万元，被诋毁者毋需提出任何受损害的证据，如被诋毁者要求更高的赔偿金额时，法院得另定金额，但绝不得低于上述数目。

第三十六条（不罚）

下列者为不罚情况：

a. 对被责难事件能提出可被采纳的证明；

b. 宣示判决前，就被控的诽谤或侮辱罪向法院解释，而被害人或代表其告诉权的人士认为满意并接受时。

第三十七条（从刑）

对于滥用出版自由罪，法院在有罪判决内得处下列从刑：

a. 将有罪裁判公布；

b. 良好行为的担保；

c. 暂时禁止业务或职务。

第三十八条（将有罪裁判公布）

一、法院得在有罪裁判内命令于指定期间内免费在有关定期刊物上将判决公布。

二、上款所指公布是以摘要方式作出，内容包括经证明的事实、被害人和被判罪者的身份、所科处的处罚以及所定的损害赔偿。

三、如刊物已停刊，有罪裁判应在澳门特别行政区发行较广的一份定期刊物上刊登，费用由承担责任者支付。

四、如经被害人在判决确定前提出声请，在公布有罪裁判时得略去其姓名。

第三十九条（良好行为的担保）

一、判决得决定违法者给付良好行为的担保供法院处分，为期六个月至两年，金额不低于五千元和不高于二万五千元。

二、违法者如在所定期间内违犯本法律所指的任何罪行，该项担保将被宣告为澳门特别行政区所有。

第四十条（暂时禁止业务或职务）

一、刊物在四年内因散布文书或图像被判滥用出版自由罪五次，得被：

a. 如属日刊，停刊最长至一个月；

b. 如属周刊，停刊最长至三个月；

c. 如属月刊或刊期逾一个月者，停刊最长至一年；

d. 如刊期介于两者之间，停刊期最长至根据上数项所定期间按比例算出者。

二、刊物社长在五年内第五次被判滥用出版自由罪时，应被禁止从事新闻工作一年至五年。

第四十一条（违反秩序行为）

一、如无特别规定较重的其他处罚，违反本法律所定的行为将根据下列各项规定处罚之：

a. 违反第九条第二和三款规定的行为，对刊物所有人科六千五百元至一万六千元的罚款；

b. 违反第十条规定的行为，对刊物所有人科三千元至八千元的罚款；

c. 违反第十二条规定的行为，对刊物社长或出版人科四千元至一万元的罚款；

d. 违反第十四条和第十五条规定的行为，对刊物社长或出版人科三千元至八千元的罚款；

e. 违反第十六条第一款规定的行为，对刊物社长或出版人科八百元至三千元的罚款；

f. 违反第十七条第二款和第十八条规定的行为，对刊物社长或出版人科一千五百元至五千元的罚款；

g. 违反第二十一条第二款和第二十二条第一款规定的行为，对刊物社长科三千元至八千元的罚款；

h. 违反第二十四条第六款规定的行为，对刊物社长和文书或图像的著作人各科二千五百元至五千元的罚款。

二、罚款的缴付并不免除违法者因违法行为所可能引致的民事责任。

三、罚款成为本区的收入。

第四十二条（连带责任）

一、对违反本法律者所科的罚款或损害赔偿的支付，拥有用作违法行为的刊物所有权之企业，应负连带责任。

二、支付上款所指罚款或损害赔偿的企业，对违法者有已实际支付款项的求偿权。

三、上款的规定适用于不当设立的公司和无法律人格的社团。

第六章　司法诉讼程序

第四十三条（审判权和管辖权）

一、第五章所指刑罚必须由具有一般审判权的普通法院科处。

二、如被害人或刊物所有人的住所在本法区，或刊物在澳门特别行政区出版或发布时，澳门法院具有审判滥用出版自由罪的管辖权。

第四十四条（诉讼程序的方式）

一、对滥用出版自由罪的刑事诉讼，应根据刑事诉讼法的规定和轻刑诉讼程序的补充法例、连同下数条所载的特别规定实行。

二、在不抵触上款规定情况下，如当事人声明不舍弃上诉，或请求损害赔偿的金额超逾中级法院的法定上诉利益限额时，经作出起诉批示或同类批示后，应适用控告诉讼程序。

三、声明保留上诉权能，应在为该目的而作出通知后五天内，以书录或声请书为之。

第四十五条（检举）

如属告诉乃论之罪，检举时应以引证所有重要事实的、有充分依据的请求书为之，并应附同刊有有关文书或图像的印件，被害人亦得声请任何证据方法。

第四十六条（初步侦查）

一、不论滥用出版自由罪的情况和严重性，概以初步侦查方式调查，但不影响预审法官所有涉及可能羁押嫌犯和实行其他审判行为的权限。

二、初步侦查应在三十天内终结，但得以具充分依据的批示，延长相等期间。

三、在初步侦查期间，得使用电话进行有关措施的通知，但如不致拖延侦查的进行，亦得使用刑事诉讼法例所定的其他方法；刑事诉讼法第八十五条所指的征用，应立即以书面确定之。

四、当有充分依据怀疑嫌犯规避受领通知，或已通知但不到场时，应命令强押其到场；到场命令的执行只能根据刑事诉讼法第三百零四条的规定方得延迟，此时立即记录嫌犯的声明，而嫌犯则免赴监狱。

五、在初步侦查期间，不允许发出法院对本国机关嘱托书或对外国机关嘱托书，但为讯问居住在本法区以外的嫌犯则不在此限，而履行嘱托的期间不得超逾三十天，逾期则诉讼程序如常进行。

第四十七条（审判的声请）

一、初步侦查终结或上条第二款所指期间告满后，如卷宗有足够迹象显示存在可处罚的事实时，检察院应在五天内提出起诉和声请审判。

二、具有正当性以辅助人身份参与的人士，得在通知被害人后五天内声请审判。

三、在提出控诉期间内，被害人得对嫌犯、刊物社长和所有人请求损害赔偿。

四、应通知被请求损害赔偿者，使其可在五天内提出答辩，如不答辩时，将不会产生民事诉讼法第四百八十四和七百八十四条所指效力。

五、损害赔偿的请求和答辩应以分条缕述方式连同所有证据一并提交。

六、因损害赔偿的请求而应缴付的司法税，应定为相应于同等利益值的民事诉讼内应缴者的六分一与二分一之间，且作为犯罪司法税论。

七、预付金毋需缴付。

八、经接收起诉、且存在损害赔偿的请求，而该项请求不逾越中级法院的法定上诉利益限额时，应命令作出第四十四条第三款所指的通知。

第四十八条（事件真实性的证明）

嫌犯得在法律不禁止的情况下，遵守刑事诉讼法第五百九十条和续后各条的规定，声请提出被责难事件真实性的证明。

第四十九条（听证）

一、在通知被告时，应明确说明其到场受审的义务，但如其居住在法区以外，和法院免其出席时则不在此限。

二、审判只能因被告、不可免除的证人或声明人缺席而押后一次。

三、因被告缺席而押后听证时，应以刑事诉讼法第五百六十六条第一段所指警告通知被告。

第五十条（上诉）

一、如当事人根据第四十四条第二款规定未舍弃上诉、请求损害赔偿的金额逾越中级法院的法定上诉利益限额、或被告被判处监禁时，得对有罪或无罪的终局裁判提起上诉。

二、接收或不接收上诉，和进行办事处行为的期间为四十八小时，如批示未另定期间时，实行通知的期间为三天。

三、对不理会主要无效的争辩之批示而提起的抗告，应立即分别上呈。

四、仅首个立即及在本身卷宗内上呈的上诉方予上呈，其余上诉应保留之。

第五十一条（法院的扣押）

一、仅法院得命令扣押载有被视为冒犯的文书或图像的刊物，并得定出适当处分阻止其散布，以作为准备行为或有关诉讼程序的附随事项。

二、法院得应检察院或被害人的声请，命令暂时扣押载有被视为冒犯的文书或图像的刊物，或当认为有关散布可引起无法补救或难以补救的损害时，得采取必需的方法阻止刊物散布。

三、上数款所指的扣押或方法，取决于有充分依据的要求，其显示存在着刑事不法行为和无法补救或难以补救损害的可能性。

四、如法官认为必须进行迹象证据的收集时，应予进行之，以决定批准或拒绝所要求的方法。

五、上款所指的证据毋需以书面作出。

六、如本条所指措施的声请人恶意作出有关行为，对于由此造成的损害应按一般规定负起民事责任。

七、对有关附随事项的裁判之上诉，仅具有移审的效力。

第五十二条（违例）

关于第四十一条所指的违反秩序行为的诉讼程序，应遵守刑事诉讼法就违例诉讼程序的规定为之，但本法律另有规定者不在此限。

第五十三条（诉讼的快捷性）

一、滥用出版自由罪的诉讼具紧急性，毋需经辩论预审。

二、期间应减至一般法所定者之半，但不应少于四十八小时。

三、刑事诉讼法第五十五至五十八条、第六十条均不适用，但违例诉讼程序则除外。

四、如在审判阶段有需要询问证人、或录取居住在本法区以外的被害人或其他人士的声明时，为此目的应发出法院对本国机关嘱托书或对外国机关嘱托书、公函或电报，以便在指定审判期日前听取之；不论在任何情况下，履行该等嘱托书、公函或电报的期间不得超逾三十天，但如该等嘱托书在审判听证终结前发还，则仍将被考虑之。

五、如有声请上款所指任何一项措施的情况，指定审判期日的批示即视为无效。

六、第四款所指期间届满后，应指定审判期日，而诉讼程序即如常进行。

第五十四条（司法税）

一、因辅助人的设定而应缴付的司法税，和规限上诉受理的司法税，得在有关声请书被接获后四十八小时内，亲往诉讼程序科缴付。

二、受领上款所指款项的公务员，应在四十八小时内在卷宗内注释，并将款项存放。

三、不行使第一款所指权能的声请人或上诉人，应等待诉讼程序科根据诉讼费用法例的规定而发出的凭单。

第七章　最后及过渡规定

第五十五条（过渡诉讼程序规定）

一、对于自本法律生效日仍待决的诉讼程序，第四十四条第三款所指的通知实时进行。

二、如作出第四十四条第三款所指的声明，卷宗应立即被送予检阅。

三、保留根据刑事诉讼法第五十五至五十八条、第六十条所命令的附合。

第五十六条（新闻工作者通则）

澳门特别行政区行政长官在听取有关界别的专业人士及如有的有关社团之意见后，应在本法律生效日起一百八十天内公布新闻工作者通则。

第五十七条（出版登记的执行规章）

第十五条所指的出版登记，应由本法律生效日起六十天内公布的训令规范之。

第五十八条（官方补助）

一、本法律生效日起九十天内，澳门特别行政区行政长官应透过公布的批示，订定补助定期刊物的适当处分。

二、上款所指处分的目的，是为加强信息权的独立性，特别是处于政治和经济力量以外。

第五十九条（已设立的企业）

已设立的报刊、编印和新闻通讯等企业，应在本法律生效日起九十天内履行本法律规定的要求。

第六十条（出版委员会的组成和运作）

一、出版委员会的组成和运作，应在下款所指期间届满前由法律订定并公布之。

二、第四章第二十五至二十七条应于本法律开始生效一年后生效。

第六十一条（撤销）

撤销下列法规：

a. 一九三七年一月二十七日第二七四九五号命令；

b. 一九四六年三月九日第三三〇一五号法令；

c. 一九六六年二月五日第四六八三三号法令；

d. 一九六九年七月五日第四九〇六四号命令。

Chapter 12 第十二章

台湾简介

一、地理环境

台湾省位于中国大陆东南沿海的大陆架上，地质学上处于欧亚板块和菲律宾板块的交界处，地处东经119°18′03″至124°34′30″、北纬20°45′25″至25°56′30″之间。台湾东临太平洋，东北邻琉球群岛，相隔约600千米；南界巴士海峡，与菲律宾之间相隔约300千米；西边隔着台湾海峡与福建省相望，海峡最窄处为130千米。台湾扼西太平洋航道的中心，又位处东亚岛弧的中心位置，是太平洋地区各国海上联系的重要交通枢纽，在地理、战略和经济上均有较重要的地位。

台湾海峡呈东北—西南走向，北通东海，南接南海，长约200海里，宽70～221海里，平均宽度约108海里，是国际海上交通要道，中国东海和南海之间往返的船只能从这里通过。从欧洲、非洲、南亚和大洋洲到中国东部沿海的船只，以及从大西洋、地中海、波斯湾和印度洋到日本海的船只一般也经过台湾海峡，其重要性可见一斑。

目前所称的台湾地区，总面积约为3.6万平方千米，其中包括台湾本岛（面积3.58万平方千米）和周边的绿岛、兰屿等21个附属岛屿，加上澎湖群岛64个岛屿，以及邻近福建沿海的金门、马祖等小岛。台湾全省共划分为7市16县。由于台湾是菲律宾板块和欧亚板块挤压、隆起而生成的，因此全岛多山，高山和丘陵面积占全部面积的三分之二以上。台湾山系与台湾岛的东北—西南走向平行，竖卧于台湾岛中部偏东位置，形成本岛东部多山脉、中部多丘陵、西部多平原的地形特征。台湾岛有五大山脉、四大平原、三大盆地，分别是中央山脉、雪山山脉、玉山山脉、阿里山山脉和台东山脉（又称海岸山脉），宜兰平原、嘉南平原、屏东平原和台东纵谷平原，台北盆地、台中盆地和埔里盆地。中央山脉纵贯南北，玉山海拔3 952米，是我国东部最高峰，也是西太平洋沿岸地区的第一高峰。台湾岛位于环太平洋地震带和火山带上，地壳不稳，是一个多震的地区，1935年的大地震和1999年的南投“9·21大地震”均曾造成重大的生命和财产损失。

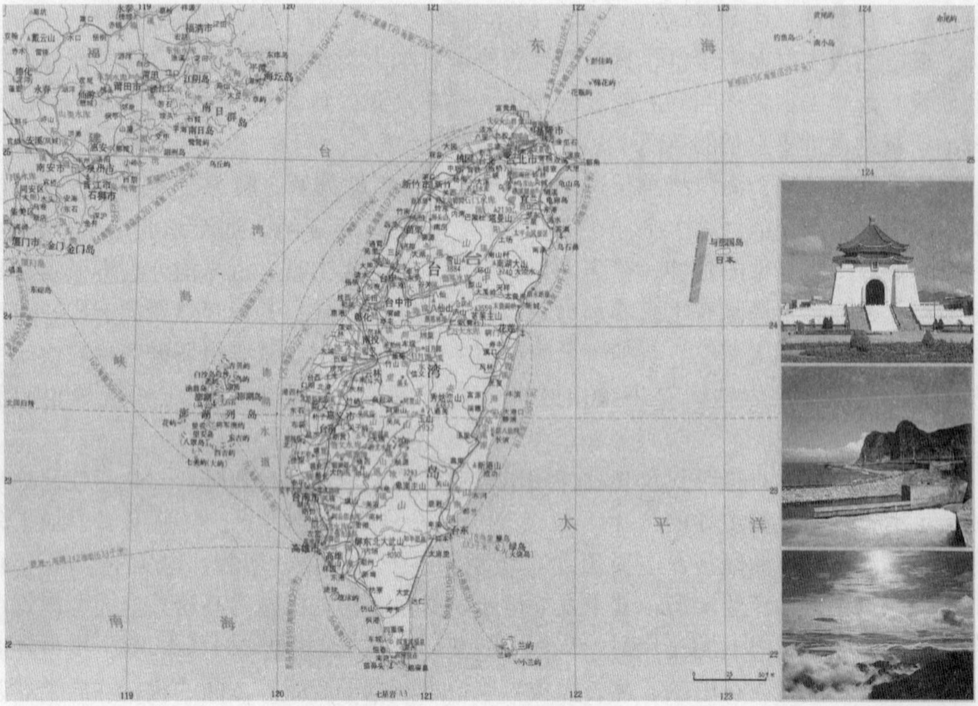

图 12－1　台湾省地图

台湾气候冬季温暖，夏季炎热，雨量充沛，夏、秋季间多台风暴雨，台风是除地震之外，对台湾人民造成最大困扰的天灾。北回归线穿过台湾岛中部，其北为亚热带气候，南边则为热带气候，年平均气温（高山除外）约为 22 摄氏度，年降水量多在 2 000 毫米以上。充沛的雨量给岛上的河流发育创造了良好的条件，独流入海的大小河川达 608 条，且水势湍急，多瀑布，水力资源极为丰富。其中长度超过 100 千米以上的河流有浊水溪（186. 4 千米）、高屏溪（170. 9 千米）、淡水河（158. 7 千米），大甲溪（140. 3 千米）、曾文溪（138. 5 千米）、乌溪（116. 8 千米）。

二、产业与经济

台湾农耕面积约占土地面积的四分之一，嘉南平原是台湾最大的产粮区，盛产稻米，一年有两至三熟；主要经济作物是蔗糖和茶，茶叶以乌龙茶为主，“北包种（文山包种茶），南冻顶（冻顶乌龙茶）”是台湾最负盛名的两大名茶。蔬菜品种超过 90 种，栽种面积仅次于稻谷。台湾素有“水果王国”美称，水果种类繁多。花卉产值也相当可观。

台湾森林面积约占全境面积的 52%，由于地形复杂、海拔落差大，树种和其他植物的种类均极为丰富。台北的太平山、台中的八仙山和嘉义的阿里山是著名的三大林区，木材储量高达3.26亿立方米，树木种类近4 000种，其中尤以台湾杉、红桧、樟、楠等名贵木材闻名于世，日据时代曾经被日本人当作重要林场，众多珍贵木材遭到砍伐，近年来在台湾当局的着意保护下，林业资源得到恢复。此外，台湾的樟脑和樟油产量约占世界总量的70%。

台湾四面环海，海岸线总长达1 600千米，加上地处寒、暖流交界，渔业资源丰富。其中，台湾东部濒临太平洋，岸峻水深，渔期终年不绝，远洋渔业也十分发达；西部海底则为大陆架的延伸，较为平坦，底栖鱼和贝类丰富，近海渔业、养殖业都比较兴盛。然而，台湾除有丰富的水力、森林、渔业资源外，其他自然资源有限；自产能源只有少量煤和天然气，石油则全赖进口，金、银、铜、铁等金属矿产也较少，主要储藏于北部火山岩地区及中央山脉，台湾东部的大理石和其他玉石资源也尚算丰富。

在经济方面，日据时代及光复初期以农业为主，但台湾自20世纪60年代起注重发展工业，在蒋经国主导的“十大建设”等一系列措施推动下，逐渐形成以加工外销为主的海岛型工商经济，主要工业有纺织、电子、制糖、塑胶、电力等。80年代起台湾当局更推动产业转型，着重发展电子、材料、精密机械等高科技产业，出现了台积电、联电、鸿海（富士康）、广达、宏基、明基、宏达电（HTC）等一批世界级的大企业，目前台湾在电脑芯片、面板、笔记本、电子产品等方面的代工均居全球领先地位。2002年，台湾“行政院”又提出“两兆双星”计划，即集中发展两个产值突破1兆新台币的产业（半导体和影像显示）与两个新兴产业（生物技术和数字内容），但到目前“双星”产业的发展仍不如预期。

三、人口与行政区域

据台湾有关方面统计，截至2010年底，台湾总人口约为2 316万人。人口主要集中在西部平原，东部人口仅占全部人口的4%。人口密度平均每平方千米为639.68人，台湾的政治、经济、文化中心兼第一大城市台北市的人口密度已达每平方千米1万人。

台湾居民中，汉族约占总人口的98%；少数民族占2%，人数约为50万。根据语言、风俗的不同，目前台湾当局所承认的少数民族可分为泰雅族、阿美族、布农族、卑南族、达悟族、排湾族、鲁凯族、邹族、邵族、赛夏族、噶玛兰族、太鲁阁族、撒奇莱雅族、赛德克族等14族，分居全台各地。另外，就定居台湾的先后顺序和所用的语言来分，台湾人口又可分为四大族群，即最早来台的原住民（少数民族）、明清期间来台的闽南人（主要来自漳州和泉州）与客家人，以及第二次世界大战后随国民党撤台的大陆各地人民（外省人）。从比例来看，闽南人占台湾总人口75%左右，是第一大族群，其后是外省人（12.5%）和客家人（10%）。当然，经过数十年来的通婚和融合，如今族群之分早已不再重要。

在行政区划上，台湾省原辖基隆、新竹、台中、嘉义、台南5个省辖市，台北、宜兰、桃园、新竹、苗栗、台中、彰化、南投、云林、嘉义、台南、高雄、屏东、台东、花莲、澎湖等16个县。后台湾当局于1967年将台北市、于1979年将高雄市定为“直辖市”，2010年起则把原台北市、台北县、台中县市、台南县市、高雄县市加以整并，分设台北市、新北市、大台中市、大台南市、大高雄市五个直辖市。

四、历史

远古时代，台湾与大陆相连，后来因地壳运动，相连接的部分沉入海中，形成海峡，出现台湾岛。台湾早期住民中，大部分是从中国大陆直接或间接移居而来的。1971年和1974年，两次在台南县左镇乡发现了迄今为止台湾最早的人类化石，被命名为“左镇人”。考古学家认为，“左镇人”是在3万年前从大陆到台湾的，与福建考古发现的“清流人”、“东山人”同属中国旧石器时代南部地区的晚期智人，有着共同的起源，都继承了中国直立人的一些特性。台湾早期住民中，还有少部属于尼格利陀人种的矮黑人和属于琉球人种的琅峤人。上述台湾早期住民是现今台湾少数民族的祖先。

台湾有文字记载的历史可以追溯到230年。当时三国吴王孙权派1万官兵到达“夷洲”，也就是今天的台湾岛，吴人沈莹的《临海水土志》中留下了世界上对台湾最早的记述。隋唐时期（581—907年）称台湾为“流求”，隋王朝曾三次出师台湾。据史籍记载，610年（隋大业六年）汉族人民开始移居澎湖地区。到宋元时期（960—1368年），汉族人民在澎湖地区已有相当数量。汉人开拓澎湖以后，开始向台湾发展，带去了当时先进的生产技术，12世纪中叶，宋朝将澎湖划归福建泉州晋江县管辖，并派兵戍守。元朝也曾派兵前往台湾。元、明两朝政府在澎湖设巡检司，负责巡逻、查缉罪犯，并兼办盐课。明朝后期开拓的规模越来越大。在战乱和灾荒的年代，明朝政府的福建当局和海盗郑芝龙集团曾经有组织地移民台湾。

图12-2　曾为荷兰人据台统治中心的台南古迹——安平古堡

16世纪，西班牙、荷兰等西方殖民势力迅速发展，开始把触角伸向东方。17世纪初，荷兰殖民者乘明末农民起义和东北满族势力日益强大，明政府处境艰难之时，开始侵入台湾。不久，西班牙人侵占了台湾北部和东部的一些地区，形成了西班牙人占据台湾北部（以今天的淡水为中心）、荷兰人占据南部（以今天的台南为中心）的局面；1642年西班牙人被荷兰人赶走，至此台湾全境沦为荷兰的殖民地。荷兰殖民者在台湾派驻军队，实行强制统治，把土地据为己有，强迫人民缴纳各种租税，掠夺台湾的米、糖，并把其从中国收购的生丝、糖和瓷器经台湾转口运往各国，牟取高额利润。荷兰殖民者的高压统治，激起了台湾人民的反抗。1652年9月，农民领袖郭怀一领导了一次较大规模的武装起义。这次起义虽然最后遭到镇压而失败，但它表明了荷兰的殖民统治已经出现危机。

1644年，清军入关，在北京建立清朝政权。1661年4月，郑芝龙之子郑成功以南明王朝招讨大将军的名义，率2.5万将士及数百艘战舰，由金门进军台湾。郑成功在进军台湾时，向荷兰殖民者表示，台湾"一向属于中国"，台湾和澎湖这两个"岛屿的居民都是中国人，他们自古以来占有和耕种这一土地"，荷兰人"自应把它归还原主"。经过激烈的战斗攻防，郑成功军队最终围困住荷兰人的主要据点热兰遮城（位于今台南安平），1662年2月，郑成功迫使荷兰总督揆一签字投降，从荷兰殖民者手中收复了台湾。作为光复台湾的民族英雄，郑成功受到台湾人民的敬仰和爱戴，至今两岸仍有纪念郑成功的延平郡王庙，香火不绝。

郑成功原想利用台湾作为反清复明的基地，然而他本人于收复台湾当年即因病早逝，其子郑经继续统治台湾，重视土地开发和兴修水利，并发展对外贸易，促进了台湾经济的发展。到郑氏政权末期，台湾的汉族人口已达12万。然而清朝在平定三藩、完全控制住大陆地区后，开始谋划进攻台湾。1683年7月，清政府派福建水师提督施琅率水陆官兵2万余人、战船200余艘，从铜山向澎湖、台湾进发，郑军溃败，郑成功之孙郑克塽率众归顺清政府。

图12-3　位于台南的延平郡王庙（郑成功庙）

1684年台湾正式纳入清朝版图，清政府设置分巡台厦兵备道及台湾府，隶属福建省。至1811年，台湾人口已达190万，其中多数是来自福建、广东的移民，尤以来自闽南地区的人数最多。移民大量开垦荒地，使台湾成为一个新兴的农业区域，向大陆提供大量稻米和蔗糖，并由大陆输入日用消费品和建筑材料等，使台湾的经济得到相当程度的发展。这个时期，台湾与福建、广东的来往十分密切，中华文化更加全面地传入台湾。

然而，由于西方列强向中国边疆侵逼，清政府对边疆地区的掌控逐渐出现危机。1884—1885年中法战争期间，法军进攻台湾，遭刘铭传率军重创，到1885年6月《中法新约》签订，法军被迫撤出台湾。中法战争以后，清政府为了加强海防，于1885年将台湾划为单一行省，台湾成为中国第20个行省。首任台湾省巡抚刘铭传积极推行自强新政，他清理田赋、购买轮船、架设电报线、设立邮电总局、建造铁路；并购买军舰、增设炮台、设立机器局自造武器；成立煤务局、安装新式采煤机器；创立西学堂、电报学堂，培养建设人才等。刘铭传把众多新式事业集中于一省，使台湾成为当时中国的先进省份之一，为台湾后来的发展奠定了良好的基础。

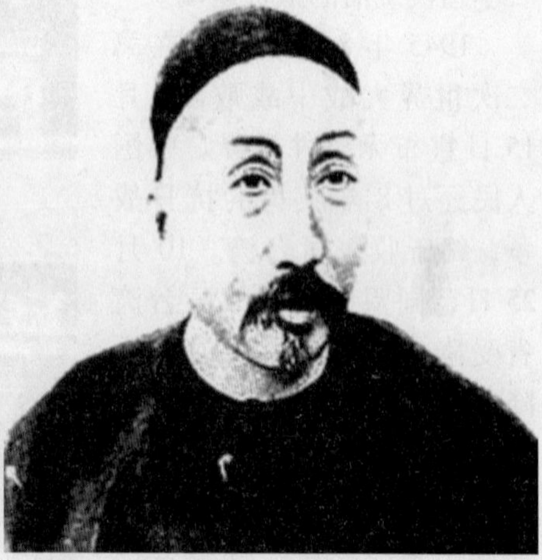

图12-4　首任台湾省巡抚刘铭传

1894年日本发动甲午战争，翌年清政府战败，于4月17日被迫签订丧权辱国的《马关条约》，把台湾割让给日本。消息传出后，举国同愤，反对割台；台湾全省“哭声震天”，鸣锣罢市。协理台湾军务的清军将领刘永福等率军民反抗日本的侵占，坚持了5个多月的战斗，历经大小百余仗，使日本侵略者付出了惨重的代价，但由于兵力悬殊，终遭失败。从此，台湾沦为日本的殖民地达50年之久。

日本在台湾实行总督专制的统治体制，建立严密的警察制度，并且利用保甲制度作为警察政治的辅助工具；1937年日本发动全面侵华战争后，更在台湾推行“皇民化运动”，灌输忠“君”（天皇）爱“国”（日本）的思想，力图把台湾人民变成日本的忠臣良民。在经济上，初期实行“农业台湾、工业日本”的政策，由台湾向日本提供稻米、蔗糖、香蕉、茶叶、木材等资源；后期则配合日本的南进政策，在台湾发展与军需有关的工业，把台湾当作日军的补给地。

尽管日本据台期间基于战略需要，在台湾兴建公路、铁路、工厂、学校、医院等，对台湾的产业和经济发展有所贡献，但终究只是把台湾当作日本的殖民地，对台湾人民的不平等对待和镇压从未间断。而另一方面，台湾人民也从未完全屈服于日本的殖民统治，在日据初期，以农民为主体的抗日武装进行了长达20年的斗争，台湾原住民也发动过多次抗日运动，他们占据地理优势，曾给日本军队造成惨重的损失。后来，文化协会、民众党、共产党等也组织领导过反抗日本殖民统治的抵抗运动。

1945 年 8 月，日本在第二次世界大战中战败，8 月 15 日宣布无条件投降。中国人民经过 8 年英勇的抗日战争，终于收复了台湾。10 月 25 日，同盟国中国战区台湾省受降仪式于台北举行，受降主官代表中国政府宣告：自即日起，台湾及澎湖列岛已正式重入中国版图，所有一切土地、人民、政事皆已置于中国主权之下。至此，台湾、澎湖重归中国主权管辖之下。

图 12－5　1945 年 10 月 25 日在台北举行的台湾省受降仪式

Chapter 13 第十三章

台湾报业简史

第一节 早期新闻活动

台湾真正的新闻传播事业始于日据时期，但其实在日本占领台湾之前，台湾地区已经有了一些类似报纸形态的印刷刊物。

明朝天启二年（1622 年），荷兰人占据台湾，天启四年荷兰人即把在印度尼西亚发行的《巴达维亚日记》传至台湾，为台湾最早的定期刊物，其内容刊载当年荷兰人在台南赤坎召开会议的相关内容，该刊原件至今仍保存在荷兰海牙国立图书馆内。(该报刊后来传到日本，日本幕府译为日文出版，称《官版巴达维亚新闻》，也是日本第一张近代报纸)①

图 13－1 1880 年由巴克莱牧师运抵台湾的首部印刷机

清康熙二十二年（1683 年），清朝收复台湾，从中国大陆渡海赴台的移民渐多，而中国沿海发行的报刊也开始进入台湾境内。特别是 19 世纪中叶以后，中国东南部沿海地区发行的报刊有不少进入台湾发行，如今尚可查证的有 1872 年创立于上海的《申报》、1881 年创立于宁波的《甬报》和 1884 年于广州发行的《述报》等②。其中广州《述报》对台湾的报道较多，该报在台湾还设有专属人员，如“本馆昨接获淡水访事人递来信息云”、“9 月朔日，打狗（即今天高雄）递来信息云”等，现有史料说明当年《述报》可能在台湾的台北、淡水、台南、高雄等地均设有通信员。③

以上皆为由外地引进台湾的刊物，至于首家真正在台湾印刷发行的刊物则为《台湾府城教会报》，于清光绪十一年（1885 年）7 月 12 日创刊，属月刊性质，该报并非中文报纸，而是采用闽南语罗马拼音编写。《台湾府城教会报》创始人为英国长老会牧师巴克莱，其办报基本目的是传教，由于当时台湾人民文盲甚多，因此被迫采

① 李瞻．三十年来的大众传播事业．台湾光复三十年．台中：台湾省政府新闻处，1975.

② 李瞻．三十年来的大众传播事业．台湾光复三十年．台中：台湾省政府新闻处，1975.

③ 朱传誉．纪述报，一张不载报史的重要报纸．报学．台北：新闻编辑人协会，1963.

用罗马拼音方式发行。1880 年巴克莱从英国运来首部印刷机，并于 1884 年在台南新楼前门附近兴建印刷厂房“聚珍堂”，这是台湾第一家新式印刷厂。①

《台湾府城教会报》虽以传教为主要目的，但也不乏记录当时台湾社会百态和重大事件的文章以及文艺创作类的作品，犹如今天的新闻报道和副刊一般。该报长 25 厘米，宽 18 厘米，创刊号为 4 页，第 2 期增加至 8 页，是台湾最早同时也是延续最久的报刊，后改称《台湾教会公报》，至今仍在发行。值得一提的是，该报在 1970 年以前均采用闽南语罗马拼音（也称“白话字”）发行，是目前保存最完整的闽南语书面出版资料，弥足珍贵。②

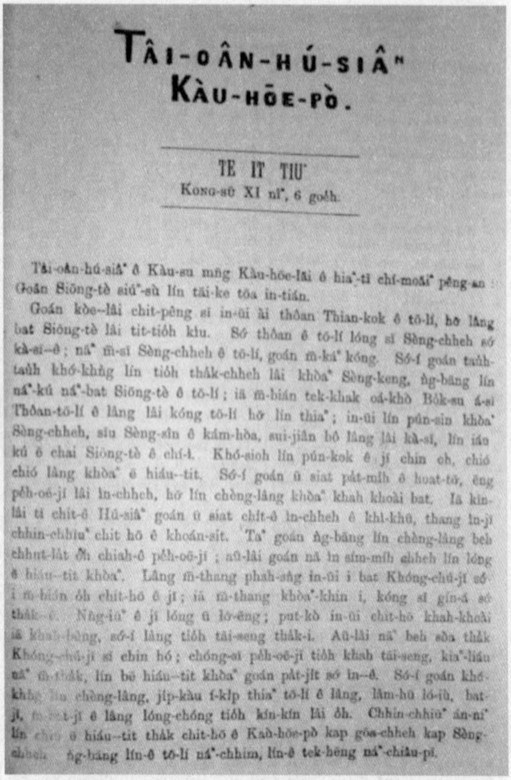
TÂI-OÂN-HÚ-SIÂ^{n}
KÀU-HŌE-PÒ.

TE IT TIU^{n}
Kong-sū XI nî^{n}, 6 goe̍h.

Tâi-oân-hú-siâ^{n} ê Kàu-su mn̄g Kàu-hōe-lāi ê hia^{n}-tī chí-moāi^{n} pêng-an: Goán Siōng-tè siú^{n}-sù lín tāi-ke tōa in-tián.

Goán kòe--lâi chit-pêng sī in-ūi ài thôan Thian-kok ê tō-lí, hō͘ lâng bat Siōng-tè lâi tit-tio̍h kìu. Só͘ thôan ê tō-lí lóng sī Sèng-chheh só͘ kà-sī--ê; nā^{n} m̄-sī Sèng-chheh ê tō-lí, goán m̄-ká^{n} kóng. Só͘-í goán ta̍uh-ta̍uh khó͘-khǹg lín tio̍h tha̍k-chheh lâi khòa^{n} Sèng-keng, ǹg-bāng lín ná^{n}-kú ná^{n}-bat Siōng-tè ê tō-lí; iā m̄-bián tek-khak oá-khò Bo̍k-su á-sī Thôan-tō-lí ê lâng lâi kóng tō-lí hō͘ lín thia^{n}; in-ūi lín pún-sin khòa^{n} Sèng-chheh, siu Sèng-sîn ê kám-hòa, sui-jiân bô lâng lâi kà-sī, lín iáu kú ē chai Siōng-tè ê chí-ì. Khó-sioh lín pún-kok ê jī chin oh, chió chió lâng khòa^{n} ē hiáu--tit. Só͘-í goán ū siat pát-mih ê hoat-tō͘, ēng pe̍h-oē-jī lâi ìn-chheh, hō͘ lín chèng-lâng khòa^{n} khah khoài bat. Iā kin-lâi tī chit-ê Hú-siâ^{n} goán ū siat chit-ê ìn-chheh ê khì-khū, thang ìn-jī chhin-chhiu^{n} chit hō ê khoán-sit. Ta^{n} goán ǹg-bāng lín chèng-lâng be̍h chhut-la̍t o̍h chiah-ê pe̍h-oē-jī; āu-lâi goán nā ìn sím-mih chheh lín lóng ē hiáu--tit khòa^{n}. Lâng m̄-thang phah-sǹg in-ūi i bat Khóng-chú-jī só͘-í m̄-bián o̍h chit-hō ê jī; iā m̄-thang khòa^{n}-khin i, kóng sī gín-á só͘ tha̍k--ê. Nn̄g-iū^{n} ê jī lóng ū lō͘-ēng; put-kò in-ūi chit-hō khah-khoài iā khah-bêng, só͘-í lâng tio̍h tāi-seng tha̍k-i. Āu-lâi nā^{n} be̍h sòa tha̍k Khóng-chú-jī sī chin hó; chóng-sī pe̍h-oē-jī tio̍h khah tāi-seng, kia^{n}-liáu nā^{n} m̄-tha̍k, lín bē hiáu--tit khòa^{n} goán pa̍t-jit só͘ ìn--ê. Só͘-í goán khó͘-khǹg lín chèng-lâng, ji̍p-kàu í-ki̍p thia^{n} tō-lí ê lâng, lâm-hū ló-iù, bat-jī, m̄-bat-jī ê lâng lóng-chóng tio̍h kín-kín lâi o̍h. Chhin-chhiū^{n} án-ni lín chiū ē hiáu--tit tha̍k chit-hō ê Kàu-hōe-pò kap góa-chheh kap Sèng-chheh. ǹg-bāng lín-ê tō-lí ná^{n}-chhim, lín-ê tek-hēng ná^{n}-chiâu-pī.

图 13－2　《台湾府城教会报》创刊号（内容采用闽南语罗马拼音）

此外，在 1886 年，刘铭传主政台湾时，曾仿北京《京报》，在台湾发行《邸抄》，采用木刻，主要抄录各种法令规章、官员调遣等官方新闻，仅在各官僚部门间发送，一般大众难以取得。但尽管《邸抄》与目前的报刊差距甚大，仍可算是台湾最早发行的中文报纸。③

第二节　日据时期的新闻活动

1895 年，在《马关条约》签订后，日本占据台湾。日本据台期间，对于台湾言论自由和新闻事业的控管十分严格，生怕民族意识崛起影响日本的统治。因此日本政府除了通过保证金和许可证方式施行管制外，由警察部门直接干预新闻出版的现象更是屡见不鲜。不管是日本人还是台湾人发行的报刊，只要被认为内容不符合日本政府利益，即予以没收、取缔或禁止发行，甚至强迫解散报社等。到了第二次世界大战末期，管制手段愈来愈严峻，甚至采用“六合一”手法，即强迫把六家报社合并为一

① 潘贤模．台湾初期的新闻事业．报学．台北：新闻编辑人协会，1959.
② 王天滨．台湾新闻传播史．台北：亚太图书出版社，2002.
③ 洪桂己．台湾报业史的研究．政治大学新闻研究所硕士学位论文，1957.

家，以方便政府管理。

日据时期台湾的第一份报纸为《台湾新报》，由曾任日本大阪府警部长的山下秀实于1896年创办，由于他并非报人，对报纸完全外行，故创办后邀请日本《邮便报知新闻》记者田川太吉担任社长兼总主笔。① 由于山下秀实同时也是首任台湾总督桦山资纪的同乡，与总督府关系密切，因此很快台湾总督府便将《台湾新报》纳为总督府的公报，接受总督府的津贴。同年10月该报改为日报，但发行量一直很差，根据史料，这份台湾最早的近代化报纸，发行量仅有4 811份。②

1897年，日本人河村隆实在台北创立《台湾日报》，是为台湾第二家报纸。③ 该报原本想学习《台湾新报》的路线，成为总督府的公报并领取津贴，但由于补助金额存在差异，导致两报不断发生摩擦，从笔战发展到员工之间的打斗。最后在1898年，第四任台湾总督儿玉太郎为了加强对报业的控制，协助日本人守屋善兵卫出面收购这两家报纸，合并为《台湾日日新报》，结束了这两份报纸短暂的生命。

臺灣日日新報

图 13－3　《台湾日日新报》

《台湾日日新报》是总督府的公办报纸，也是日本政府控制言论的最重要的工具。直到1944年与另外五家报纸合并为《台湾新报》为止，《台湾日日新报》共发行47年之久，可说是日据时期台湾最重要的报纸。④

1900年，《台湾日日新报》改制为株式会社（股份有限公司），台湾总督府则以爱国妇人会的名义直接投资，从此该报彻底沦为日本政府控制言论的工具。该报原本仅有日文版，但由于大多数台湾民众不懂日文，因此于1905年发行汉文版，并招集许多台湾籍人士担任记者和编辑。

由于当时《台湾日日新报》汉文版是台湾籍知识分子唯一的中文精神食粮，因此影响力颇大，发行状况也良好。但到了1911年，中国大陆革命运动风起云涌，日本政府唯恐台湾人受到中国大陆革命的刺激，对日本殖民统治带来不良影响，因此在1911年11月勒令汉文版《台湾日日新报》停刊。此后汉文新闻仅保留每天2版的形式，刊登在日文版《台湾日日新报》中。

---

① 洪桂己．台湾报业史的研究．政治大学新闻研究所硕士学位论文，1957.

② 王天滨．台湾新闻传播史．台北：亚太图书出版社，2002.

③ 吴纯嘉．人民导报研究——兼论其反映出的战后初期台湾政治、经济与社会文化变迁．中央大学历史研究所硕士学位论文，1999.

④ 王天滨．台湾新闻传播史．台北：亚太图书出版社，2002.

除了前述官方或半官方报纸外，日本据台后，许多日本人眼见台湾并无新闻事业，是值得开发的处女地，于是从1897年开始，陆续有日本人前来台湾创办各式各样的报纸，如《台澎日报》、《台湾新闻》、《台南新报》等，但由于殖民政府对台湾地区的言论控制极度严格，动辄勒令停业甚至解散，多数报纸的寿命均不长。①

图13－4　位于今台北市衡阳路的《台湾日日新报》总部

到了第一次世界大战时期，日本政党控制国会，对台湾的政策逐渐由军人统治转为文人统治，加上民主思潮的冲击，台湾新闻事业得到了进一步发展的契机。1920年废除台湾总督武官制，派遣第一任文官总督田健次郎赴台。

在日本政府治理方式改变和民主思潮东渐的影响下，台湾报业开始由纯粹的官方报纸慢慢向真正的大众化报纸转变。1921年，《台湾日日新报》为了吸收先进国家的办报经验，先后派遣社长赤石定藏、顾问井村大吉、经理石原幸作等人前往欧美国家考察。② 此后，《台湾日日新报》内容从严肃的政治、社会新闻，逐渐开始关注软性新闻体裁，报道更加多元化、通俗化，出现了副刊、杂栏、地方新闻等版面。这种趋势也影响了其他报纸，不仅报道取向更加多元，原本不分类的版面也逐渐转变为分类式的版面。整体而言，这个时期的台湾报业开始慢慢向现代意义上的报纸转变，而读者也不再只限于少数的官僚和社会精英，而是扩及一般的社会大众。

上述的《台湾日日新报》、《台湾新闻》、《台南新报》等均为日本人在台创办的报纸。日本政府为了杜绝台湾人民的反抗，一直不允许台湾人创办自己的报刊。然而，利用报刊来抒发情绪以及反对日本政府的残暴统治，一直是台湾籍知识分子的心愿。经过艰苦的奋斗，第一份台湾人自己创立的日报《台湾新民报》终于在1932年问世。

《台湾新民报》的创办可谓百经周折，由于日本政府禁止台湾人创办自己报纸的立场十分强硬，台湾知识分子只得采取迂回策略，先在日本创办杂志，慢慢将发行范围扩及台湾，最后再把杂志社迁回台湾，并一步步改成日报。

---

① 吴纯嘉．人民导报研究——兼论其反映出的战后初期台湾政治、经济与社会文化变迁．中央大学历史研究所硕士学位论文，1999.

② 洪桂己．台湾报业史的研究．政治大学新闻研究所硕士学位论文，1957.

《台湾新民报》的前身是1920年创办于东京的《台湾青年》月刊，内容中、日文各半，编辑兼发行人为蔡培火，为该杂志工作或撰稿过的还包括吴三连、王敏川、郭国基、林献堂、连雅堂等，均为在日留学生或台湾知识分子。由于撰稿人汇聚了当时台湾各方面的社会精英，该刊内容富有人文素养，品位高超，俨然是当时台湾知识分子思想交流的大舞台。①

图13－5　《台湾青年》杂志

1922年，从第三卷第一期起，《台湾青年》改名《台湾》杂志，仍为月刊，但内容逐渐由抽象的理论转向更为实际的台湾问题。由于原本《台湾青年》无固定资金来源，全靠台湾民众自发捐助，因此经常面临资金短缺问题；在改名《台湾》后，派蔡培火回台筹募资金，1923年6月成立台湾杂志社股份有限公司，资金问题大为改善。②

鉴于《台湾》杂志每月仅发行一次，宣传时效性有限，故杂志社于1923年4月又创办《台湾民报》半月刊，全中文发行，该刊除了严肃的新闻题材外，还开设了文艺栏，并邀请胡适撰写喜剧小说《终身大事》在该刊连载，大受欢迎。《台湾民报》还在台南市设立白话文研究会，后来台湾新文学运动的兴起，可说与这份刊物不无关系。1923年10月，《台湾民报》改为旬刊，由于另一份《台湾》月刊内容多有批评日本殖民统治，经常遭到日本官方禁售，因此杂志社决定把《台湾》日文版与《台湾民报》合并，《台湾民报》成为中日文夹杂的刊物。中文版《台湾》杂志则在1924年停刊。③

当时《台湾民报》可说是属于台湾汉人的唯一报刊，尽管在千里之外的日本东京编印，经过重重审查后才能渡海进入台湾，但在艰难的环境下，该刊始终未曾丧失中华民族的气节和坚持，并时常转载章太炎、梁启超、蔡元培等名家的作品，受到台湾人民的追捧，销量曾突破一万大关。1925年7月，该刊再次改为周刊，每期出版四开12页，台湾杂志社股份有限公司也更名为“台湾民报社股份有限公司”。

在多年打压始终未能使《台湾民报》屈服的情况下，日本政府采取怀柔政策，该刊终于在1926年获准迁往台湾发行。回台后《台湾民报》不改其言论立场，通过

① 吴三连，蔡培火，叶荣钟，陈逢源，林柏寿．台湾民族运动史．台北：自立晚报文化出版社，1993.
② 吴三连，蔡培火，叶荣钟，陈逢源，林柏寿．台湾民族运动史．台北：自立晚报文化出版社，1993.
③ 吴三连，蔡培火，叶荣钟，陈逢源，林柏寿．台湾民族运动史．台北：自立晚报文化出版社，1993

文字与日本殖民政府持续争斗，也经常对当时的官方报纸《台湾日日新报》、《台南新报》等加以批评，这让台湾读者感到大快人心，《台湾民报》发行量不断上升，大有压过官报的趋势。据统计，同一时期《台湾日日新报》发行量约 1.8 万份，《台南新报》1.5 万份，《台湾民报》约 1 万份，超过日本人创办的其他报纸。[①]

由于周刊性质的《台湾民报》时效性仍较为欠缺，1929 年该刊又向台湾民众募捐，成立另一家报社《台湾新民报》，后两家报社合并，并不断试图改制为日报。1932 年 1 月，《台湾新民报》终于获得台湾总督府同意，得以发行日报，于当年 4 月 15 日正式创刊，林献堂任社长，林焕青为发行人兼编辑。[②] 除台北总社外，还在台湾许多大城市以及中国大陆、日本等地设立分社，版面也从四开改为对开，内容以中文为主，兼杂三分之一的日文。值得一提的是，当时《台湾新民报》的人员几乎都是台湾各界的顶尖人才，其记者和编辑有 90% 以上为大学毕业生。1934 年，《台湾新民报》获准发行晚刊，其内容以轻松的题材为主，娱乐、文化、科学、体育等新闻都有涵盖，亦开始刊登漫画、照片等。1935 年，《台湾新民报》发行量突破 5 万份，已经和《台湾日日新报》分庭抗礼。

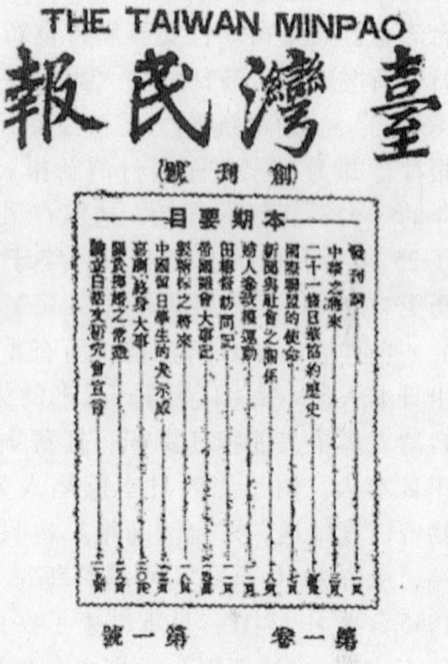

图 13－6　《台湾民报》创刊号

然而到了第二次世界大战时期，在战争的压力下，日本政府对台湾报业的管制变得更加严酷，各种手段层出不穷，包括情报机关加强对报业言论的监控、减少报业物资供应，以及逐步减少甚至取消报纸中文版面等，使得在战前逐渐欣欣向荣起来的台湾新闻事业，重新陷入困顿的局面。

1937 年日本加强“皇民化运动”，除要求台湾民众改日本姓名、使用日语外，更在当年 4 月要求台湾所有报纸废除中文版面。《台湾新民报》最后也不得不在当年 6 月份正式停止发行中文版。[③]

随着战事激烈化，日本政府对言论的掌控更加严格，由台湾民众创办、经常与官方持反对意见的《台湾新民报》成为第一个被压制的对象，日本政府计划将它与其

① 王天滨. 台湾新闻传播史. 台北：亚太图书出版社，2002.
② 洪桂己. 台湾报业史的研究. 政治大学新闻研究所硕士学位论文，1957.
③ 王天滨. 台湾新闻传播史. 台北：亚太图书出版社，2002.

他报刊合并以方便管理。《台湾新民报》为了避免厄运，在 1941 年 2 月改名《兴南新闻》。[①]

然而最终《兴南新闻》也未能摆脱被合并的命运。在日本投降前一年的1944 年3 月，台湾总督兼军司令官安藤利吉宣布将《台湾日日新报》、《台湾日报》、《兴南新闻》、《台湾新闻》、《高雄新报》、《东台湾新报》六家报社合并为一家，称《台湾新报》。从 1920 年的《台湾青年》开始，这家在风雨中坚持了25 年的台湾人自有报刊，终于正式成为历史。

臺灣新民報
社告
本報的日刊
四月十五日起發行
臺灣新民報社
歐清石

图 13－7　台湾人民自己的日报——《台湾新民报》

合并后的《台湾新报》所有重要职位均由日本大阪《每日新闻》派来的人员充任，台湾人多半只能担任副职，且薪酬待遇远低于日本人。由于当时日本已陷入穷途末路，物资极度缺乏，《台湾新报》也只是苟延残喘，从每天 10 页或 8 页最终缩减为 4 页。[②] 1945 年 8 月 15 日，日本结束了在台湾 50 年的统治，《台湾新报》随即由台湾籍人员接收，日据时期的台湾新闻事业也画上了句号。

第三节　光复初期的新闻活动

国民党政府收复台湾后，接收了日本人留下的新闻事业。其中《台湾新报》台北本社与花莲港分社由台湾省行政长官公署聘请李万居为社长，自 1945 年改制为《台湾新生报》；台南、台中两分社则自 1946 年合组为《中华日报》，均为官办报纸。[③]

除了政府出面介入的新闻事业外，台湾光复初期对新闻的管制相当宽松，废除了新闻许可检查制度，办报几乎没有任何限制，以至于民间创办的报纸如雨后春笋般涌现，从1945 年11 月到1946 年11 月，短短一年间，新登记的报纸和通讯社多达 23

① 杨肇嘉．杨肇嘉回忆录．台北：三民书局，1968.

② 洪桂己．台湾报业史的研究．政治大学新闻研究所硕士学位论文，1957.

③ 王大滨．台湾新闻传播史．台北：亚太图书出版社，2002.

家，其中较知名的有《民报》、《兴台新报》、《人民导报》等。

然而到了1947年2月，“二二八事件”爆发，波及新闻事业及相关从业人员，十余家报社遭到查封，民报社社长林茂生、人民导报社社长宋斐如、台湾新生报社总经理阮朝日等多名新闻从业人员遇害或被捕，且不只民营报纸，《中华日报》、《民报》、《和平日报》等三大官办报纸也未能幸免。[①]

“二二八事件”后新闻检查开始趋于严厉，许多报纸在事变后就此一蹶不振。但此时期仍然出现了不少颇有名气的报纸，其中创办于1947年的《自立晚报》和1948年创刊的《国语日报》均在台湾近现代最重要的报纸之列。

图13－8　日据时期的台湾总督府，光复后仍为台湾最高权力中心（现台湾“总统府”）

國語日報

图13－9　1948年10月25日的《国语日报》创刊号

1949年，国民党政府迁台后，实施戒严（“戒严”意指由于战争等原因，国家处于紧急状态，因此政府可以国家安全的名义，在一定程度上剥夺个人的自由），其中言论和出版是重点管制对象。1951年6月颁布报业从严限制登记令，不再核发新的报业登记证，想办报者只能购买旧报的登记证重新发行。此后一直到1988年“报禁”解除为止，台湾的报纸数量一直是31家。此后又陆续颁布“限印”（报纸不得在报社登记地以外的地区印刷）、“限纸”（限制报社用纸数量）和“限张”（每天发

① 吴纯嘉．人民导报研究——兼论其反映出的战后初期台湾政治、经济与社会文化变迁．中央大学历史研究所硕士学位论文，1999．

行的报纸篇幅不得超过一大张半，后经各报社努力争取，增加到三大张）等，其中限证、限印、限张三项规定即为有名的“三禁”。

尽管有报禁的存在，但此时期也是台湾报业快速发展的时期，因为国民党迁台带来大量军民，其中包含许多专业报人以及对新闻事业有高度兴趣的知识分子，他们把中国大陆先进的办报理念、技术和手法带到台湾，许多先进的印刷器材也跟着被运到了台湾，使得台湾的报业从过去半专业的、地方性质的报刊，出现了质的飞跃，逐渐转变成现代化的大众报纸。

直到20世纪60年代以前，台湾报业都是公营报纸占据强势地位，《中央日报》和《台湾新生报》是此时的两大龙头，其中《台湾新生报》网罗了从上海《申报》去到台湾的大部分人才，而《中央日报》也是英才辈出，无论是人才、资源还是技术方面，这两报都要胜过当时的民营报纸。根据1952年1月至6月的统计，当时公营报纸用纸量占82.7%，民营报纸仅占17.3%。不过此时民营报中也有佼佼者，其中1951年成立的《联合报》是当时最有实力的民营报，甚至超越了《中华日报》而成为发行量第三大的报纸，而《公论报》和《征信新闻》（后更名为《中国时报》）也具备一定影响力。

第四节　20世纪60至80年代的新闻活动

从1960年开始的三十年可以说是台湾新闻事业的腾飞期。这个时期也是台湾经济快速崛起，由以农业和轻工业为主的社会转向高科技工业社会的黄金期。特别是在20世纪70年代推动的核电厂、高速公路、国际机场、石化工业等“十大建设”后，整个社会和产业加速发展，台湾成为东亚地区不可忽视的“四小龙”之一。

尽管这个时期台湾仍然处于戒严时期，“报禁”依然限制着新闻事业的发展，但在整个社会人口增长、经济起飞、教育普及、国民购买力不断提升的大背景下，新闻事业仍然有了突飞猛进的发展。根据台湾“行政院新闻局”每年颁布的《出版年鉴》，1951年全台湾报纸发行量每天只有20余万份，到1961年成长为56万份，1970年是125万份，1980年已经猛增到350万份，到了1987年“报禁”解除前，每天发行量已经达到390万份的高峰，几乎是1951年的20倍。①

广告方面，1960年全台湾报纸广告总收入为1.023亿元台币，1970年增加到5.108亿元台币，1980年更达到44.262亿元台币，20年间增长了40倍以上。②

这个时期的一大特色，是《台湾新生报》、《中央日报》、《中华日报》这三大公营报纸的发行量和影响力不断下滑，而以《联合报》和《中国时报》（原《征信新

① 王天滨．台湾新闻传播史．台北：亚太图书出版社，2002.

② 王天滨．台湾新闻传播史．台北：亚太图书出版社，2002.

闻》）为首的民营报纸则突飞猛进，凭借灵活的经营手法、丰富的新闻和评论内容，吸引了众多读者和广告客户，成为共同引领风骚数十年的台湾两大报。

这个时期的台湾报业不断出现革新，例如，20 世纪 60 年代开始，《联合报》、《中央日报》等报引进先进的电讯设施，并与美联社、合众国际社等国际通讯社合作，报道、转载国际新闻的速度和质量大为提高；此外，《联合报》在 1964 年委托日本东京机械所制造出一部中文全自动铸字排版机，排版速度比人工检字排版快了四倍，取代了已沿用一百多年的人工排版。① 这是世界中文报纸史上第一部全自动铸字排版机器，可以说是革命性的创新。而《征信新闻》则在 1968 年从美国高斯公司购入一部彩色高速轮转印刷机，此后陆续购入相关的照相排版设备，成为台湾第一家可进行彩色印刷的报社。②

此外，早期的台湾报纸多为综合性报纸，随着社会和经济的发展，综合性报纸市场逐渐饱和，而许多读者开始渴求更为专业化、深度化的新闻内容，因此催生了这个时期专业化报纸的发展。1967 年联合报社创办《经济日报》，是台湾第一家经济类专业报纸，而中国时报社则于 1978 年创办《工商时报》，往后的数十年，这两报始终是台湾最重要的经济、财经类报刊，对台湾的经济成长和转型有着不可磨灭的贡献。

另外，联合报社还于 1978 年创立《民生报》，这是一家专门报道有关生活、体育、时尚、医药、儿童等“软新闻”的报纸，曾被台湾新闻学者汪琪称为“没有新闻的新闻报纸”③；在当时台湾经济已经起飞，人民生活较为富裕，开始更加关注精神生活和娱乐信息的环境下，《民生报》很好地满足了台湾人这方面的需求，因此一度成为联合报集团中成长最快的报纸，直到 2006 年结束经营为

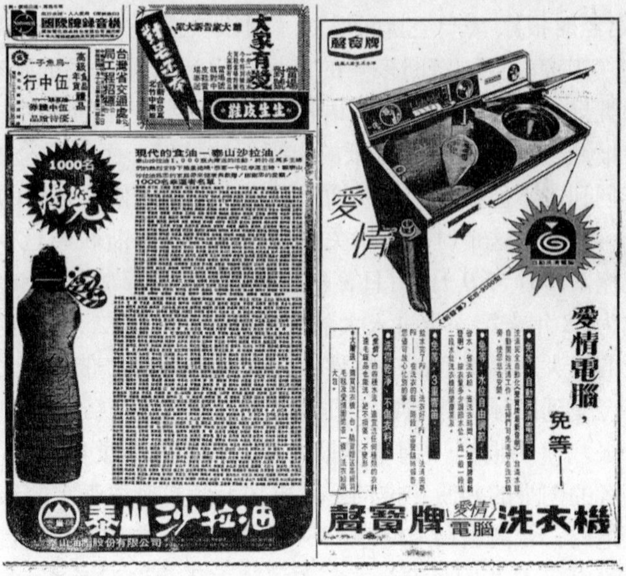

图 13－10　20 世纪 70 年代台湾的报纸广告（《联合报》1971 年 1 月 18 日头版）

---

① 于衡．联合报三十年．台北：联合报社，1971.

② 《中国时报》四十年编辑委员会．中国时报四十年．台北：中国时报社，1990.

③ 徐佳士．假使家中只订一份报纸．蔡格森．民生报二十年．台北：民生报社，1998.

止，《民生报》一直是台湾最重要的生活娱乐类报刊。

进入20世纪80年代，最显著的改变是，制约了台湾新闻事业长达近四十年的“报禁”终于随着戒严时代的结束而在1988年1月1日正式落下帷幕。限证、限印、限张等管制措施一解除，台湾新闻事业顿时进入了真正的市场化时代，发展达到高峰的同时，也为后来的巨变埋下了伏笔。

报禁开放之初，原本被限证令所局限而无法办报的各界文人、商人，纷纷提出申请办报，传统的报业集团也着手创办新报，使得各类报纸如雨后春笋般快速出现。报禁开放前全台湾只有31家报纸，到1988年底核准登记发行的报纸已达96家，到1990年底更多达300余家。然而许多人申请办报只是一时头热，并没有完整的规划和充足的资金，许多新办报纸根本无法按期出刊，甚至还有不少在筹备期就夭折的新报纸，最后能够真正上轨道、每日出刊的报纸也只有五六十家。

这个时期《联合报》和《中国时报》仍然是台湾报业的两大龙头，在1990年的统计中，两报分别占据台湾报业市场31%和30%的份额，而排名第三、第四的《民生报》和《经济日报》都是联合报集团的成员，可见其他报纸还无法撼动两大报的地位。[①]

由于办报限令解除，这个时期也是专业报纸和晚报兴起的时代，经济类报纸有《财经时报》、《产经新闻报》、《财讯快报》等一批报纸出现，开始瓜分《经济日报》和《工商时报》垄断多年的市场；生活娱乐类报纸则有《大成报》出现。甚至在儿童类报纸方面，原本《国语日报》独霸数十年的局面，也随着《儿童日报》、《国语时报》、《小鹰报》等报纸的出现而被打破。而《联合晚报》和《中时晚报》在1988年创刊，不但为两大报系增添了生力军，也使得台湾的晚报市场更加丰富多元。

此外，这个时期两岸关系开始缓和，中断联系近40年的两岸新闻界也开始有了交流。1987年9月11日，《自立晚报》记者李永得和徐璐以探亲名义前往大陆采访，成为38年来第一批进入大陆的台湾记者。第二天《自立晚报》在头版上以五分之三版的巨大篇幅报道此一事件，并强调这将是“带动历史向前进的一大步”。这一创举甚至受到国际媒体瞩目，日本《朝日新闻》、《产经新闻》，香港《东方日报》、《大公报》、《明报》、《南华早报》等报纸都在重要版面上刊登这条新闻。正是在这两位记者的创举的刺激和推动下，再加上两岸血浓于水的亲情并非任何政治力量所能长期阻绝的，台湾当局最终于1987年10月正式宣布开放台湾民众赴大陆“探亲”。而在1989年7月，国务院台办宣布了“关于台湾记者来大陆采访注意事项”，正式开放台湾记者在大陆的采访活动。

在报纸编排技术方面，英文《中国邮报》在1981年开始正式启用平版转轮印刷

① 赖光临．检验70年代报业的发展　台湾新闻年鉴80年版．台北：台北市新闻记者公会，1991.

机和电脑排版系统[①]，而《联合报》则于1982年9月首度在中文报纸中采用电脑排版[②]，《民众日报》和《中央日报》随后跟进，从此，台湾的报业进入了全自动排版的新时代。

最后，这个时期也是台湾报业民意调查这一潮流的发端期。其实早在1950年，当时的《经济时报》（后来该报与《全民日报》、《民族报》合并为《联合报》）就举办过“台北市第一任民选市长预测”，在该报头版上刊载“市长预测表”，由读者圈选自己认为最可能当选的候选人后，剪下寄回报社。当时共收回了8 794份有效的“预测表”。此后，《台湾新生报》、《联合报》等单位也曾进行过类似的民意调查，但以现在的眼光来看，当时的民调无论是问卷设计、抽样过程还是统计方法，都较为粗糙。[③]

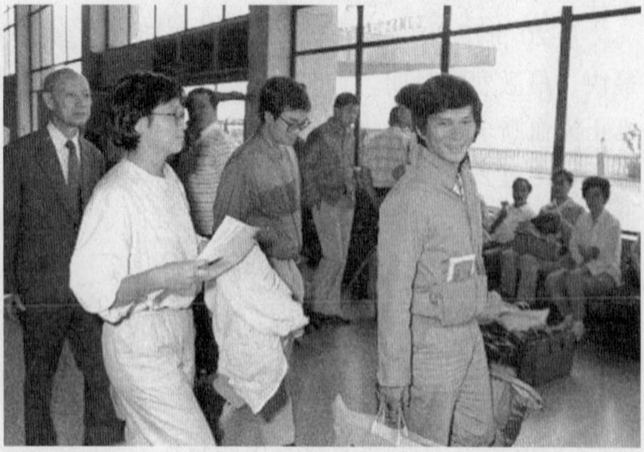

图13－11　1987年首次抵达北京采访的《自立晚报》记者李永得和徐璐

真正符合现代社会科学研究方法的民意调查，直到1983年才出现。《联合报》于1983年8月成立“海内外新闻供应中心”，每当遇到重大新闻议题时，该中心即进行民意调查，并将结果写成新闻发布在《联合报》上。[④] 1988年更升级为“联合报系民意调查中心”，该中心的调研方法基本上符合科学研究的要求，到1991年6月为止，共进行过714次调查，访问人次达58万人之多。[⑤] 此外，《中国时报》也于1987年在专栏组内成立民意调查小组，与《联合报》的海内外新闻供应中心分庭抗礼。两大报的民调均采用先进的电脑辅助电话访问系统（CATI）[⑥]，调查的效率和严谨程度相当高。

---

① 任念祖．当前报纸电脑化的发展概况．报学．台北：新闻编辑人协会，1981.
② 郑逸之．联合报电脑排版系统的发展．报学．台北：新闻编辑人协会，1985.
③ 王天滨．台湾新闻传播史．台北：亚太图书出版社，2002.
④ 张青菁．国内报道民意测验的初探．民意月刊，1987（125），（126）.
⑤ 黄年．联合报四十年．台北：联经出版事业公司，1991.
⑥ 罗文辉．无冕王的神话世界．台北：天下文化出版公司，1994.

第五节 20世纪90年代以后的新闻活动

从20世纪80年代末到21世纪初期这十多来年，无疑是台湾新闻事业史上变化最快、最激烈的时期。首先在1988年开放报禁，使得报业市场由半管制阶段进入了真正流血厮杀的市场化阶段；短短几年后，1992年台湾开始有线电视合法化，电视市场也由过去三台（台湾电视公司、中国电视公司、中华电视公司）垄断的时代迅速进入群雄并起的混乱局面。而毫无疑问，从90年代开始日益普及的互联网，对所有传统媒介都形成了巨大的冲击。

在报业方面，90年代的第一大事件，毫无疑问是继《联合报》和《中国时报》之后的第三大报——《自由时报》崛起。《自由时报》最早的前身是1946年创办的《台东导报》，几经转手，1980年被联邦建设集团创办人林荣三收购，改名《自由日报》，1987年正式更名为《自由时报》。

原本《自由时报》只是发行量微不足道的小报，但由于背后有联邦建设集团的雄厚资金，完全采用市场化、商业化的办报和促销模式，硬生生用钱堆出了现在的地位。首先在1992年，《自由时报》举办“12周年回馈读者、6 000两黄金大赠奖”活动，只要读者预付报费即可参加抽奖，奖品包含特等奖黄金2 000两、奔驰轿车、吉普车等，总值高达1.6亿元台币。此后《自由时报》又陆续推出两亿黄金大抽奖（1993年）、五亿现金抽奖（1994年）等活动，这些活动具有极大的话题性，既提升了社会关注度，又吸引了许多读者的注意，相当程度上提升了订报量。

此外，在雄厚资金的支持下，《自由时报》为了冲高发行量，从1995年开始不惜采取大量赠报的方式，在商家、公司、学校、医院等人流量较大的地方直接摆放报纸赠阅，据说其赠报数量占发行量的比例一度高达30%以上。①

这些金钱攻势，加上《自由时报》对发行渠道商给予较高的回扣，同时在发行价格和广告价格方面都采取低价策略（1996年由于纸价上涨，《联合报》和《中国时报》均把零售价从台币10元调高至15元，但《自由时报》仍维持10元），使得它的发行量节节高升，从20世纪90年代末起，《自由时报》自称已经超越两大报而成为台湾发行量最大的报纸。虽然当时台湾尚没有权威的发行量稽核机构，各报的发行量数据并不完全可信，但《自由时报》已经与《联合报》、《中国时报》形成三足鼎立的局面，这是千真万确的。

除了传统的付费报纸外，90年代末台湾还出现了免费报。台湾的所有免费报几乎都是依托“捷运”（即地铁）而出现的。90年代中期，台北市建成了台湾第一条捷运

---

① 刁曼蓬，游常山．“第一”人报，金子打造——三大报经营争霸战．天下杂志，1997（194）．

线路，通过捷运通勤的上班族、学生等人数逐年递增，很快变成了一个不容小觑的群体。《台北捷运报》、《中晚捷运报》、《风报》三家依托捷运的免费报应运而生。①

随着互联网的兴起，许多报纸在90年代便开始设立网站，把一部分新闻内容放在网络上供人免费阅读。然而第一家“网络原生报”——《明日报》的出现却是在2000年。《明日报》强调读者可以随时阅读，每天“出报”多达12次，每小时更新在线内容；为了维持高效率的内容生产，《明日报》聘请了多达200名记者，100多名编辑、制作人和后勤团队，每天提供1 000则新闻。《明日报》在网络上免费发行，营收完全依靠广告。②

《明日报》的创刊曾经震撼了台湾的新闻界和学术界，成为网络经济的代表，订户最多时达到36万人；它还创立了“个人新闻台”模式，让用户拥有自己的新闻和互动空间，类似后来的博客，最多时有15 000家“个人新闻台”。然而它创办不久就遇上了席卷全球的网络泡沫化，加上广告收益远远不如预期，创刊第一年就亏损了3亿元台币，最后在2001年被迫停刊，寿命刚好一年。③

图13－12　《明日报》停刊

进入21世纪后，台湾的新闻市场更加诡谲多变。香港壹传媒集团的强势来袭是这个时期最重要的事件，先是《壹周刊》在2001年进军台湾，随后壹传媒旗下的《苹果日报》于2003年登陆台湾市场。壹传媒集团采用完全市场化的运作，强调“读者想看什么，我们就给什么”，以丰富的图片、夸张的报道，加上更加切合一般民众欲望的内容，辅以低价和强势的渠道、促销策略，迅速占领了台湾市场，依据2008年台湾报纸发行量稽核机构（ABC）的分析，《苹果日报》稳居台湾第一大报的位置，第二名是《自由时报》，而过去独领风骚数十年的两大报——《联合报》和《中国时报》则屈居第三、四位，且销量和广告量不断下滑。

受到有线电视和网络的双重夹击，加上《苹果日报》独霸市场，许多传统报纸都面临利润日益微薄甚至亏损的局面，《自立晚报》和《中时晚报》两家重要的晚报

① 王天滨．台湾新闻传播史．台北：亚太图书出版社，2002.
② 王天滨．台湾新闻传播史．台北：亚太图书出版社，2002.
③ 侯吉谅．明日报留下的启示．民生报，2001－02－24.

分别于2002年和2005年停刊；2006年更是台湾报业的黑暗年，众多报纸在这一年结束发行，包含台湾最重要的公营报纸《中央日报》，以及生活娱乐类的两大知名报纸《民生报》和《大成报》。到了2008年，《中国时报》由于不堪亏损，整个集团被台湾知名食品公司——旺旺集团收购，改称“旺旺中时媒体集团”。

图13－13　《苹果日报》上市前的大幅夸张广告

整体而言，台湾的报业已经远离了20世纪80—90年代的黄金时期。在21世纪，由于电子媒体和网络媒体的夹击，整个平面媒体市场呈现下滑的局面，而台湾的所有报业中，除了《苹果日报》仍能维持增长外，其他报纸都面临着读者和广告客户流失的局面，许多报纸因此而停刊，仍然生存的报纸也多半不复过往的荣景。未来该如何在网络时代继续维持报业的竞争力，适应新时代的环境，让报纸永续经营下去，是台湾所有报业经营者和从业人员所面临的问题。

Chapter 14 第十四章

台湾地区主要报业介绍

第一节　《联合报》

联合报系（United Daily News Group）是台湾主要的中文报业集团之一，以《联合报》为核心事业，诞生于1951年9月16日。

《联合报》事实上是三家报纸合并而成的，故称“联合”。1949年12月，由原《台湾经济快报》改组而成的《经济时报》复刊，由于感到当时台湾公营报纸独大，民营报纸在人力、资金等方面均十分缺乏，单打独斗极为不易，故于1951年9月16日，该报联合《全民日报》和《民族报》，发行了《全民日报、民族报、经济时报联合版》，采编工作由原本三报共同出人出力完成，社务由原《民族报》负责人王惕吾、《经济时报》负责人范鹤言和《全民日报》负责人林顶立共同主持，但实质的领导者是王惕吾。这份奇特的联合版报纸发行量蒸蒸日上，1953年9月16日更名为《全民日报、民族报、经济时报联合报》。直到1957年6月20日才简化为如今的名字《联合报》。

1959年，《联合报》搬入位于台北市康定路的新社址，同年对外宣称其年发行量突破7.5万份，取代公营的《中央日报》，成为当时台湾第一大报纸。这也是台湾公营报纸和民营报纸之间，势力此消彼长的关键转折点。

20世纪60年代是台湾经济起飞的时期，也是台湾报业快速发展的年代。以《联合报》为首的民营报纸因为经营灵活加上言论相对开放，逐渐把公营报纸抛在后面。其年发行量在1961年突破10万份，1964年突破15万份，至1970年，《联合报》发行量已突破40万份，足足比创刊时的1.2万份增加了30倍以上；而《联合报》的员工也增加到1 000多人，广告收入在1971年达到7 800万害元台币，执台湾报业之牛耳。[①]

聯合報
越共夜襲金邊
滲入機場破壞空軍設施
並炮擊市區與海軍基地
金邊情勢嚴重
龍諾召集將領會商
美機協助射擊市郊共軍
西貢美軍專家分析
共軍發動突襲
顯係對美報復
美對高棉軍事行動
提供更大空中支援
八國特種部隊會議
將在台北舉行
動動腦筋！
一首歌
5萬元
歌林牌
影音製品
生生禮券
生生皮鞋
麥可
malcoa
新東陽食品
新東陽肉鬆
新東陽猪肉乾
新東陽牛肉乾
提神解勞！
強力
硫克肝
強肝
消除宿醉
增強體力
硫克肝D
大型口服液
空手道
全省第一家
男性美容室！
歌唱比賽
中國電視週刊

图14－1　1971年的《联合报》

在自身业务快速增长的背景下，《联合

① 王天滨．台湾新闻传播史．台北：亚太图书出版社，2002．

报》开始积极开拓多元化市场。由于当时台湾报纸仍在“报禁”之下，每天报纸篇幅不得超过两大张（后增为三大张），信息量极为有限；为了更好地发挥传播效果，《联合报》在王惕吾主导下，先后于1961年创立《现代知识》（后改名《联合周刊》），于1964年创办《联合报》国外航空版。1967年买下《公论报》，将其改组更名为《经济日报》，成为台湾销量最大的经济类专业报纸。

1971年，《联合报》迁入在台北市忠孝东路新建的十层报社大楼。1972年，两位合伙人范鹤言、林顶立决定出售所持股份，由台湾“经营之神”——台塑集团创办人王永庆接手。然而王永庆仅半年后就决定退出，把所有股权转让给王惕吾；1974年，《联合报》结束长达二十多年的合伙制经营，改组为股份有限公司，王惕吾任董事长。

改组后的《联合报》发展依然迅猛，1974年创立联经出版事业公司和中国经济通讯社，1976年在北美成立《世界日报》，1978年创办台湾第一份生活娱乐报纸《民生报》，1981年创立《联合月刊》（1988年改名《历史月刊》），1982年在法国创办《欧洲日报》，成为跨足报纸、杂志、出版、通讯社的综合性传媒集团。其中《世界日报》和《欧洲日报》以美国和欧洲的侨胞和华人为目标读者，是海外最重要的中文报纸之一。1980年，《联合报》对外宣布发行量突破百万份。[①]

1987年12月1日，台湾“行政院”新闻局正式宣告，台湾于1988年1月1日解除报禁，报业进入百家争鸣的时期。近年来台湾报业竞争空前激烈，在有线电视、互联网等媒介的冲击下，民众整体阅报率下降，加上来自《自由时报》、《苹果日报》等强大对手的竞争，《民生报》、《欧洲日报》先后停刊，而《联合报》的发行量和阅报率也受到打击，目前其发行量次于《苹果日报》和《自由时报》，已不复过去第二大报的地位。由于利润逐年下滑，2009年12月，《联合报》总部搬迁至新北市汐止市的联经出版事业公司总部，原位于忠孝东路的大楼则拆除，进行商业开发。

图14-2　联合报系位于台北市忠孝东路的大楼（现已拆除）

1999年，因应互联网时代的趋势，《联合报》成立联合线上股份有限公司，主要包括“联合新闻网”和“联合知识库”两事业体，其他并有网络城邦、数位阅读网、

① 王天滨．台湾新闻传播史．台北：亚太图书出版社，2002.

数位版权网等事业。联合新闻网为联合报集团线上的电子媒体，包括联合报系统除《世界日报》外的新闻，其每日网民阅读数量占台湾前三，目前占中文网络电子报的大宗。联合知识库则为新闻数据库，完整收录联合报系五十年来的 1 000 万则新闻和资料照片，并支持大英百科、商业周刊等数据库的查询。

目前联合报集团仍拥有《联合报》、《经济日报》、《联合晚报》、《世界日报》等报纸以及联经出版社事业公司、联合文学出版社、中国经济通讯社等事业体。现任发行人为王惕吾之女王效兰。

聯合晚報
卸任後 首度出庭大混亂
扁遭人踹屁股
拉案被控誹謗
強調和解共生
馬撤回選舉官司
獵鷹敲響 台股跳空漲回七千

图 14－3　联合报系旗下的《联合晚报》

世界日報
東協與中國簽署自貿協定

图 14－4　联合报系旗下的《泰国世界日报》

在政治立场方面，《联合报》有偏向保守派的情形，一般被认为是中间偏蓝（国民党）的报纸。因此，《联合报》在政治报道上往往被归类为统派媒体，偏向宣扬大中国立场，在李登辉执政之前，其社论直言批判中国国民党的情况较少。

当然，作为文人办报的典型，《联合报》仍然发挥了很好的“第四权”作用。例如 1954 年台湾“内政部”颁布“战时出版品禁止或限制登载事项”九条，对新闻媒体的报道内容加以严格管制，被称为“九条禁令”。《联合报》遂发表“史无前例的新闻禁令”等三篇社论反对限制新闻自由，在《联合报》和其他报纸的同声反对下，仅仅五天后台湾“行政院”便宣布此案“暂缓实施”。1958 年，台湾当局有意循修正《出版法》的途径，赋予行政机关对报纸及杂志行政处分权，《联合报》又陆续发表九篇反对违宪修法之社论，并联合其他报纸向立法院提交万言陈情书，希望废止《出版法》。但最后第五次《出版法》修正案仍然被台湾“立法院”强行通过。[①]

《联合报》虽为民营媒体，却在李登辉执政期间，以反李立场建立在野形象，反对淡化大陆与台湾关联，所以立场较接近其他泛蓝政党如新党和亲民党，而非泛绿的

① 王天滨．台湾新闻传播史．台北：亚太图书出版社，2002.

民进党。

2000年民进党执政、李登辉脱离国民党后，《联合报》对民进党政府加以批评，评论偏向深蓝立场更加明显；《联合报》在政党轮替前就受民进党恶评，而在政党轮替后，几乎已经完全失去泛绿读者的市场，这也是其发行量下滑的原因之一。

目前，尽管《联合报》的发行量和阅报率均远不如全盛期，但其影响力和社会重视度仍不容小觑。台湾最大门户网站 Yahoo！奇摩公布的2010“理想新闻媒体大调查”中，《联合报》的每日阅读率为14.5%，仅次于《苹果日报》和《自由时报》。此外，虽未能夺下“最理想报纸”宝座，但《联合报》却获得“最佳政治新闻”、“最佳财经新闻”和“最佳国际新闻”三大分类新闻奖项，同时在“专业度”、“正确性”、“公信力”、“教育功能”、“深度”、“社会关怀”、“国际观”七大指标中排名第一，显见《联合报》仍然拥有相当高的民众支持度。

第二节 《中国时报》

《中国时报》曾是与《联合报》齐名的台湾两大报业龙头之一。它的前身是《征信新闻》，由报人余纪忠创办于1950年10月，由台湾省物资调节委员会出资，属于该会的研究刊物，余纪忠时任该会研究室主任。

《征信新闻》创刊时只是四开版面的小型报纸，内容偏重战后重要商品价格的行情报道，主要读者是工商界人士。事实上，当时的《征信新闻》更像是一份物价公告而非真正的报纸，由于它对鸭蛋、鸡蛋等商品行情报道最为迅速、准确，曾被戏称为“鸭蛋报”。[①]

1951年4月，物资调节委员会因无力负担，决定让《征信新闻》独立出去自办经营，余纪忠于是多方筹资，于当年8月成立“中国征信所股份有限公司”。当时《征信新闻》主要仍偏重于经济和商情类报道，但到了1954年，该报认为随着社会安定、教育普及，纯经济类新闻已不能满足多数读者需求，故开始转向综合性报纸。1960年，改名《征信新闻报》，篇幅也由原先的一大张增为两大张；尽管转为综合性报纸，《征信新闻报》仍然极为关注工商界读者的需求，始终保持较大版面的经济类新闻。

1968年该报正式更名为《中国时报》，并在同年引进全台湾第一台照相制版彩色轮转印刷机，成为全亚洲第一家装备这种先进设备的报社。到了20世纪70年代，《中国时报》已经成长为仅次于《联合报》的台湾报业巨头。1972年发行量超过43万份，同年该报每日版面增为三大张，并继续添购最先进的设备。1972年收购《大

① 《中国时报》四十年编辑委员会．中国时报四十年．台北：中国时报社，1990.

众日报》，1978 年改为《工商时报》发行，是台湾继《经济日报》后的第二份经济类专业报纸。1979 年，《中国时报》发行量突破百万份。[①]

与《联合报》相似，《中国时报》在本业发展势头良好的基础上，也开始进行多元化的经营。除了《工商时报》外，于 1975 年成立时报文化出版企业股份有限公司，后来成为台湾第一家股票公开发行的出版社。1978 年创办《时报周刊》。报禁开放后，于 1988 年创立《中时晚报》。

除了媒体本业外，中国时报社早期一直以日本的《读卖新闻》为学习对象，关注公益、社会发展、文化和体育活动等，跨足许多相关领域，如设立“时报文教基金会”、“时报文化基金会”、“华英基金会”等公益性机构；其举办的时报广告奖，是华文广告业界历史最悠久的广告奖。中国时报社还曾在 1991 年赞助台湾职业棒球队“时报鹰队”，后来因涉入职棒签赌案，成军七年后解散，随后又在 2004 年 10 月 23 日，以“时报鹰棒球教练队”名义成立。“时报旅行社”与日本读卖旅行社合作，主要经营高价位旅游产品。中国时报社在 20 世纪 90 年代起也开始举办大型艺文展览，如 1997 年“国立”历史博物馆的“黄金印象展”等。

图 14－5　《中国时报》报系大楼

2000 年后，在台湾无线电视公司改组、“党政军退出电视”的趋势下，中国时报社于 2002 年并购了中天电视公司，并于 2005 年通过持股的香港荣丽投资公司，收购原由中国国民党所有的中国电视公司，正式成为跨足平面、电子、网络媒体的综合性传媒集团。

然而，随着台湾阅报人口的减少，加上《苹果日报》于 2003 年强势来袭，中国时报集团的境地每况愈下。先是《中时晚报》于 2005 年停刊，接着在 2008 年 6 月 18 日，中国时报社社长林圣芬表示，因媒体环境改变、广告市场衰退而影响经营，《中国时报》风格将转型成“精英报”，采取裁员、减张等节省成本的措施。

2008 年 11 月 5 日，《中国时报》刊登一则声明：“中时媒体集团基于对社会的责任与使命，在经营环境日益艰困之际，为期永续经营发展，决定邀请旺旺集团蔡衍明先生接棒经营。”旺旺集团一次买下中时、中天、中视三媒体。旺旺集团老板以 204

① 王天滨．台湾新闻传播史．台北：亚太图书出版社，2002.

亿元新台币的金额，取得中时集团所有媒体的经营权。结果从2008年11月起，旺旺集团总裁蔡衍明以个人名义入主经营中国时报集团，原中时集团董事长余建新转任荣誉董事长。2009年，中时集团与旺旺集团正式整合为“旺旺中时媒体集团”，成为一个横跨食品、媒体等产业的企业集团。

中時晚報
燦爛17年 獻給台灣

图14－6 《中时晚报》停刊号

《中国时报》在台湾同样被归类为中间偏蓝，在过去半个世纪中，也多次因为新闻报道而与当局关系紧张。《美洲中国时报》因“江南案”等事件停刊，大篇幅刊载美丽岛事件军法大审，更几乎让具国民党中常委身份的创办人余纪忠与掌权的蒋经国政府决裂。民主进步党于1986年9月28日成立时，《中国时报》也是唯一于头版刊载消息的平面媒体。

《中国时报》对台湾文艺界也有较大的贡献。1975年设立《人间》副刊，呈现与传统报纸副刊大相径庭的崭新面貌，内容不仅限于文学，而是扩展到文化层面，开辟“海外专栏”，延揽海外学人执笔，并举办“小说大展”、“散文大展”、“时报文学奖”等多项活动，几乎凝聚了当时台湾所有主流的文人与知识分子，成为海内外华人作家著作荟萃的中心。副刊在报纸上的地位，能够从附庸晋升为各大报均重视的主要版面，《中国时报》当居首功。1978年创立的“时报文学奖”至今仍是华人界最重要的文学奖项之一。

此外，《中国时报》还是最早开始关注中国大陆新闻的台湾报纸之一。在报禁解除之前，由于两岸隔绝，台湾报业对大陆的新闻关注甚少，大陆消息几乎全属于转载外国媒体的“二手传播”，且篇幅、深度根本不足以满足台湾民众的需求。因此，《中国时报》于1979年在报社内设置大陆研究室，成为台湾第一家设立大陆研究室的单位。后来因为形势与需要，1989年4月22日，将大陆研究室改制为以大陆新闻采访为主轴的大陆新闻中心。

旺旺集团接手中国时报集团后，对大陆新闻更为关注，并创办了台湾第一份以报道大陆及两岸新闻为宗旨的报纸《旺报》。2009年8月4日至8月10日随中国时报集团旗下的《工商时报》发行试刊号，2009年8月11日《旺报》正式发行。同时中国时报集团下属的网络媒体《中时电子报》也开设了《旺报》首页。《旺报》锁定的读者群是想到大陆旅游的台湾人士，或想去大陆求学、工作、经商的人，由于两岸交流日益密切，在大陆长期居住的台湾人粗估就有100万人以上，还有更多台湾人有意向到大陆发展，继而需要增进对大陆的整体认识和了解，因此成为《旺报》所针对的市场区隔。

《旺报》平日发行五大张，星期日发行四大张，内容涵盖大陆的财经要闻、政策解读、趋势观察、理财投资、教育职场和文艺旅游等方面。为了尽可能全面地提供大陆消息，《旺报》与大陆多家媒体合作，进行新闻的转载和汇整。2010年8月13日《旺报》与福建《海峡经济》杂志缔约合作，两刊交换刊登区域财经资讯。同日，《日本经济新闻》与《旺报》结盟，由《旺报》提供英文版中国新闻给《日本经济新闻》用户。同时，《旺报》还与香港《文汇报》签订合作协议，由《文汇报》定期提供财经、旅游等新闻给《旺报》。目前，《旺报》还与新华社、《中国青年报》、《财经杂志》、新浪网、《上海商报》、《第一财经日报》、南方报业传媒集团等大陆媒体合作，大量转载这些大陆媒体的新闻和评论。2010年10月2日，以“台湾精神、华人观点、全球视野”为宗旨的英文版《旺报》（*Want China Times*）以电子报形式正式创刊。

图14－7　《旺报》创刊

第三节　《自由时报》

《自由时报》创立于1980年4月17日，原名《自由日报》，于1987年改为现名。创办人为联邦建设集团董事长林荣三，现任发行人为吴阿明，社址位于台北市内湖区，公司全名为“自由时报企业股份有限公司”。其报纸理念为“台湾优先，自由第一”，具有很强烈的本土色彩，内容及评论被认为偏向泛绿（民进党）立场。

《自由时报》前身为1946年12月12日创刊的《台东导报》，当时正值台湾光复，新报如雨后春笋般出现，许多草率办起的报纸质量不佳，加上竞争激烈，该报经营情况每况愈下。1948年12月12日，在台东县国大代表陈振宗等地方人士支持下，申请改为《台东新报》，陈振宗出任发行人。然而此举并未扭转该报的命运，由于亏损过多，1950年10月11日宣布停刊，直到1952年7月12日，经中国国民党台东县党部主任委员吴若萍出面主持，才得以复刊。但因该报销售范围仅限于花莲与台东两县，属于台湾经济发展较为缓慢、缺乏大型企业的地区，因此缺乏广告收入，经营困难，勉强维持到1961年1月1日，终于宣告停刊。①

在"报禁"时期，由于不能办新报，这类经营不善的报纸很容易就能找到愿意接手的下家。《台东新报》停刊后迅速转手，买主易名为《远东日报》重新发刊。1978年初经营权再转移，改名为《自强日报》，发行地也从台东迁往彰化。

1980年4月17日，《自强日报》以新台币4 000万元的代价，转卖给林荣三的联邦建设集团，1981年1月1日改名《自由日报》，正式成为台湾中部地区的地方报纸。1986年9月15日，该报获准迁至台北县新庄市发行，1987年9月再度更名为《自由时报》，并开始积极往全岛性报纸之规模发展，1989年报社总部自新庄迁至台北市南京东路。此后，在经营者的努力及背后财团的资金支持之下，《自由时报》成功发展为继《联合报》和《中国时报》之后的台湾第三大报。

事实上，《自由时报》的崛起，被认为是台湾报业由"文人办报"转向"商人办报"的一个转折点。林荣三及联邦建设集团挟庞大资金，不计成本地撒钱大做营销，硬是把《自由时报》从默默无闻的台湾地方报纸，堆砌成了与《联合报》和《中国时报》比肩的台湾三大报之一。

《自由时报》的真正崛起，发生在1992年。当年，该报举办了"12周年回馈读者，6 000两黄金大赠奖"活动，强调让读者"看好报，中大奖"，只要读者预付报费即可参加抽奖，而特等奖是"创业基金"黄金2 000两，以当时的市价来看，价值超过台币2 000万元；头奖为黄金1 000两，其余奖项还包括"购物基金"100两黄金、奔驰轿车、吉普车、摩托车等，总计1 152个奖项，总值超过台币1.6亿元。当年10月20日，在12位律师、6位会计师见证下，进行公开抽奖活动，全程还通过中视（中国电视公司）直播，一举打响了《自由时报》的知名度和话题性。

该项活动结束后，《自由时报》仍未停止这种高金额的订报抽奖手段，先后推出"订报抽两亿黄金"（1993年）和"每日对股市现金抽奖，5亿连环大赠奖"（1994年）等，奖额一次比一次高。以1994年的抽奖活动为例，读者只要订阅《自由时报》一年，预缴报费2 040元台币，即可获得两张收据，从1994年5月2日至8月27日，依收据上的号码与台湾股票加权收盘指数进行比对，连续100天，只要对中者即可获得台币2万元（名额5 000人）、20万元（名额330人）、50万元（名额170人）不等的现金。这还只是第一阶段，另外两个阶段是"刮刮乐"和"统一发票号码比对"，前者可获得小轿车、金币、手表等奖品；而收据号码与当年7月份统一发票特奖号码6位数完全相同者，可获得价值3 000万元台币的别墅一栋（由联邦

① 王天滨. 台湾新闻传播史. 台北：亚太图书出版社，2002.

建设集团兴建)，其余奖品还包括 7 辆保时捷跑车等。①

从“订报送黄金”、“订报送轿车”到“订报送别墅”，一系列史无前例的抽奖活动，使得《自由时报》的知名度几乎压倒了传统的两大报。

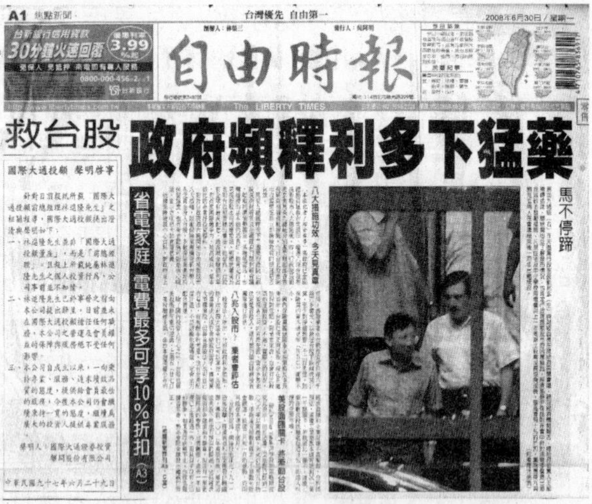
台灣優先 自由第一
2008年6月30日／星期一
自由時報
THE LIBERTY TIMES
救台股 政府頻釋利多下猛藥
國際大通投顧 聲明啓事
省電家庭 電費最多可享10%折扣 A3
馬不停蹄

图 14－8 《自由时报》

然而《自由时报》发行量的真正突破是发生在 1995 年，当时台湾联亚行销研究公司(SRT)的媒体阅读率大调查，是台湾广告界唯一的媒体接触率参考指标。而 SRT 的调查并未区分付费发行和免费发行，这就成了《自由时报》突破的关键所在——利用大量赠报来冲高发行量。其实当时台湾许多报纸都有赠报的行为，但规模极小，一般只占发行量的 1%～5%，《自由时报》却完全把赠报当作常规发行手段之一，传闻其赠报数量有时可占到发行量的 30%以上。

《自由时报》的赠报主要锁定都会区，以改变过去“《自由时报》只有乡下人看”的印象。人员来往众多、传阅率高的一般商家是主要赠报对象，公司行号、医院、出租车停靠点也在赠报的范围内。在最高峰期，几乎是只要有门牌号码就可以看到《自由时报》赠报的身影。1999 年 8 月末，《自由时报》开始固定在每周一至周五的清晨，向台北市各高中、高职院校供应大量完整版的报纸，免费供应给各校师生，由班级干部于晨间拿教学日志时带回各教室，同时期还有同属“三重帮”宏国集团的《大成报》也搭上顺风车进入校园，这也是“免费报”第一次以校园为派发重点。其后《中国时报》及《联合报》也不得不采用类似手法，通过在捷运站外或学校赠送报纸提高阅报率。

此外，由于当时两大报已经占据台湾主要都会区的渠道网络，《自由时报》为此发动了抢夺渠道的战争，除了建立自由送报系统外，还以利益侵蚀两大报的经销网。当时报纸发行一般是七三分账，报社占七成，渠道商占三成，《自由时报》却开出六四成的拆账比例，硬生生抢占了不少派报渠道。另外在台湾中部地区，《自由时报》还采取免费发行的手法，也就是读者每订阅一份《联合报》或《中国时报》，就免费赠送一份《自由时报》，直接依附在两大报发行渠道上拓展自身。抽大奖、大量赠报

① 刁曼蓬，游常山．“第一”大报，金了打造——三大报经营争霸战．天下杂志，1997 (194)．

加上低价发行，产生了极大的效果，在SRT的调查中，《自由时报》很快超越了传统的两大报。①

1995年4月，《自由时报》在美国大纽约地区发行的华文姐妹报《美东自由时报》创刊，与《自由时报》是代理关系，创办人是江蕙美。2007年1月，民进党人士与美国"亲绿"台湾侨民领袖共50多人筹措捐助12万美元给当时已面临财务危机的《美东自由时报》。2008年6月14日，由于不敌财务危机、无法拓展读者群和广告主，《美东自由时报》宣布停刊。

图14－9 《自由时报》大楼

2007年，《自由时报》在"传统三大报"（《联合报》、《中国时报》、《自由时报》）中首先加入发行公信会（ABC）进行有费报发行量稽核（ABC在稽核发行量时不列计"免费报"，即免费供不特定人士自由取阅的报纸），结果稽核报告证明《自由时报》于2007年3月期间每日平均实销量超过72万份，大幅领先于同时期的《苹果日报》（约21.5万份），并由发行公信会正式认证为"稽核期内"全岛第一大报。对此结果，《联合报》表示正在评估是否加入，《苹果日报》及未加入之《中国时报》则不予回应。

在台湾的主要报纸中，《联合报》和《中国时报》政治立场均为偏蓝，而一般认为《自由时报》现今的政治倾向为深绿。在李登辉时代，《自由时报》原本偏向国民党内的本土派，力挺李登辉。只要李登辉欣赏的人选，无不全力力捧或护航。一般认为此乃社长林荣三向来支持李登辉之故。

2000年政党轮替后，《自由时报》在立场上由支持李登辉转为较支持陈水扁与民主进步党，而予外界"《自由时报》支持陈水扁"的印象。而于各项选举中，《自由时报》则以"报道较多好消息"、"较多赞赏"、"塑造正面形象"或"刻意淡化或不报道负面消息"等方式，来偏向民进党候选人，如2006年台北市长选举便是如此。

《自由时报》在取得市场占有率后，开始扩展其事业版图。1999年6月1日，英文报纸《台北时报》（*Taipei Times*）创刊。2006年申请筹设三个电视频道——自由新闻台、自由电视台及自由news频道，并获台湾通讯传播委员会（NCC）核发执照，但因未在期限前开播，执照已失效。此外，《自由时报》亦推出自己的人力银行网站——Yes123求职网。

① 刁曼蓬，游常山．"第一大"报，金子打造——三大报经营争霸战．天下杂志，1997（194）．

第四节 《民生报》

《民生报》前身是《华报》，由《联合报》创办人王惕吾以台币 1 300 万元的代价买下，改头换面后，于 1978 年 2 月 18 日重新发行（当时台湾仍处于“报禁”之下，原则上禁止办新报，因此想办新报的人通常会买下经营不善的报纸，改名后重新出刊）。《民生报》是继《联合报》和《经济日报》后，联合报系的第三份报纸，也是台湾报业史上第一份以民众日常生活信息、影视娱乐、体育等“软新闻”为主的专业报纸。[①]

《民生报》问世的原因，是当时王惕吾有鉴于《联合报》在三大张的篇幅限制下，必须优先满足政治、经济、社会类新闻的报道需求，因而无法深入完整地报道和民众物质及精神生活切身相关的衣、食、住、行、育、乐等新闻，而偏偏这些信息又是民众所需要的。于是他决定再创办一份以提高民众生活素质为目标的新报，命名为《民生报》，宗旨为“实践民生主义，促进大众福利、提高生活素质、创造健康生活”[②]。

图 14－10 台湾第一份生活娱乐类报纸《民生报》

《民生报》的主要内容分为生活信息、体育、文化艺术、家庭、医药卫生、电视影剧、儿童等方面，王惕吾希望这份报纸“以知识性、实用性、娱乐性及趣味性并重的做法，并以严肃的立场、活泼的态度来报道及详述衣、食、住、行、育、乐的大事”。这种题材取向在当时的台湾是史无前例的，是一项革命性的创举。为了使员工和民众能迅速接受，王惕吾曾指出，《民生报》的定位是“家庭的第二份报纸”，以此和传统的综合性、严肃性报纸明显区隔。[③]

《民生报》的发行受到王惕吾的极度重视，除了由《联合报》发行人即王惕吾长子王必成兼任《民生报》发行人外，还特别找

① 王天滨．台湾新闻传播史．台北：亚太图书出版社，2002.
② 胡幼伟．一份崭新报纸的诞生．民生报十年．台北：民生报社，1988.
③ 胡幼伟．一份崭新报纸的诞生．民生报十年．台北．民生报社，1988.

回已旅居国外多年的长女王效兰回国担任社长，可以说是在《联合报》和《经济日报》的全力支持下，投注了整个集团的资源和心血，才打造出了这份台湾第一家生活娱乐类的专业报纸。到1981年，《民生报》推出彩色版，每日发行对开一大张，发行量已经突破12万份。

具体而言，《民生报》的特色与定位有以下几点：

(1) 关注民生与娱乐。报道内容以生活、体育、影剧消息、家庭、医药卫生为主，俗称“吃喝玩乐”报。这种题材和定位在当时的台湾可说是独一无二的。

(2) 注重自采新闻和言论。《民生报》90%以上的新闻都是自己的记者采写出来的，转载新闻的比例很低。该报有五六人专门从事言论、社评工作，非常注重对民生类新闻的分析和评论，这也和一般报纸的政治、社会取向社论不同，显得独树一帜。同时，该报还十分注重大陆新闻，是台湾第一批设立大陆新闻专门板块的报纸之一。

(3) 属于传统的办报风格，走的是“正派办报”的传统路子。虽然关注民生新闻，但《民生报》仍延续着《联合报》“文人办报”的传统，即注重正经的新闻采访、写作和查证工作，编辑方式也中规中矩，很少有八卦或猎奇式的新闻。这是《民生报》的优点，但也是它后来被迫停刊的原因之一。因为在20世纪90年代后期，八卦式的新闻已经开始充斥台湾报业市场，这些报刊以揭丑、猎奇、煽情为己任，大量运用夸张的图片、漫画等，提高新闻的冲击力，满足许多读者嗜血、猎奇的心态。这种八卦式风格，并非台湾报刊本土生产，而是源于外报如香港报刊抢滩而成，最先影响到杂志，后来对日报也产生了冲击。尤其是2003年的《苹果日报》入台，更加剧了这种八卦式新闻对传统报刊的挑战。

(4)《民生报》早就开始了其跨媒体操作的项目，主要有：20世纪80年代末期至90年代末期，《民生报》与电视媒体合作制播儿童节目“儿童天地”；90年代，《民生报》与电子媒体合作举办“金曲龙虎榜”；2000年以后，每年的春节假期，《民生报》又合作制播出“欢乐民生”系列特别节目。

《民生报》作为台湾第一张生活、娱乐、体育方面的专业大报，曾经是联合报系中最耀眼的新星，在台湾经济起飞、人民生活富足，对精神和娱乐生活日益渴求的背景下，可说是前途看好的。然而恰恰是这份着眼“民生”的报纸，

图14－11 《民生报》停刊号

却成为联合报系当中第一个倒下的大将，于2006年12月1日停刊。《民生报》停刊的背后有三个主要原因：一是近年台湾经济不景气，广告收益下滑；二是网络等新媒体冲击日甚，导致传统平面媒体读者数量日益减少；三是传统的纸质媒体间竞争也十分激烈，外报、免费报挑战传统报纸，特别是香港媒体大举登陆台湾，迫使部分传统报纸生存艰难。正是这些导致《民生报》连连亏损，最终无法支撑，在年末加入了台湾停刊报纸的行列。不管如何，《民生报》也曾叱咤风云，它的停刊，说明台湾岛内传统媒体生存之不易。

首先，台湾报业解禁前的20世纪80年代，只有报纸31家，其中国民党党营、官方及军方办的有15家，占了将近一半，民营16家。1987年"解严"后，台湾媒体迅猛发展，进入21世纪以后更是竞争激烈，据统计，2001年台湾共有451种报纸、7 220种杂志、7 816家出版社、2 606家有声出版企业、267家通讯社、146家广播电台、37家有线电视台、5家无线电视台。而台湾岛面积仅3.6万平方千米，受众仅2 300万人，媒体密度如此之大，其竞争激烈程度也可想而知。

从只有31家报纸到多达数百家报纸，竞争加剧的结果就是报纸的利润愈来愈微薄。其中最明显的一种媒体现象，就是媒介分流导致报刊发行量下跌。例如《联合报》在20世纪80年代发行量突破百万份，后来《自由时报》崛起后，发行量剩下70万份，如今只能勉强维持在40万份左右，其他报刊发行量也有不同程度的下滑。报刊的发行量下滑，主要是因读者分流，即读者流向多媒体，以致平面媒体阅读率下降。而来自香港的《苹果日报》虽然强势冲击了台湾的报业市场，目前在台湾发行量号称第一，但其发行量也出现了下降趋势，阅报率已由原先的15.2%下滑至13.5%。发行量锐减，阅报率下滑，加上由台湾经济整体不景气导致的广告市场缩水，许多报纸的经营都出现困难，《民生报》只是其中之一。

其次，从90年代初开始，台湾出现了外报抢滩的现象，更增加了台湾岛内媒体竞争的激烈程度。香港《壹周刊》在2001年进入台湾，同属壹传媒旗下的《苹果日报》则在2003年大举登陆台湾，由此打破岛内媒体平衡。《壹周刊》和《苹果日报》的办报方式与台湾本地媒体迥然不同，这两家媒体市场化程度更高，以服务民众为宗旨，强调的不是"提供读者所需要的信息"而是"读者想要什么，我们就提供什么"。它们的办报方式，常以社会新闻作头条，辅以冲击力很强的照片，直接抓住读者的眼球。《苹果日报》还大量使用以漫画、3D绘图等方式还原现场的手段，直接挑战台湾传统报刊。在内容上，入台的香港报纸专事揭露名人隐私，低俗猎奇，十分煽情，风格与传统的三大报迥异。尤其是《苹果日报》对政治议题报道更加详细，且评论尖锐，更为吸引人。虽然进入台湾至今才短短几年，但该报发行量已占台湾第一。外报登陆，给台湾本土报纸以严峻的挑战，台湾几大报系的报纸不得不全力应对，甚至模仿《苹果日报》的做法，强调社会新闻，突出对图片和色彩的运用等，这更加剧了岛内报刊的竞争强度。

偏偏《苹果日报》主打的也是民生新闻，而且采用大篇幅、色彩丰富的报道方式，提供生活、美食、服装、交通、住房、娱乐等方面的便利信息，相对于《民生报》中规中矩的报道风格，《苹果日报》更贴近一般民众所需，而且具备极高的工具性；当民众想知道哪里有美食、该如何搭配衣服时，《苹果日报》总能提供最令人满意的答案。因此，在《联合报》、《中国时报》等综合大报尚能勉力维持时，《民生报》却受到《苹果日报》的直接冲击，发行量和广告份额迅速下滑，最后成为港媒进军台湾的第一个牺牲品。

不管怎么说，《民生报》的停刊有着广泛的媒体发展背景。它的停刊，只是台湾接二连三的报纸停刊中的一例，但这家曾经的生活娱乐类第一大报，最终走向衰亡，折射了台湾媒介时代的变迁，乃至于整个传媒产业的兴衰。

第五节　《苹果日报》

《苹果日报》为香港上市公司壹传媒集团在台湾地区发行的繁体中文报纸，以香港《苹果日报》为蓝本，其负责人兼发行人为叶一坚，总经理为曾孟卓，社长为杜念中，总编辑是马维敏，总主笔是卜大中，顾问是笔名司马文武的江春男。

《苹果日报》的报纸名称是壹传媒集团创办人黎智英所想出来的，他认为："若当初亚当和夏娃没有咬下苹果，世界上就不会有善恶，也没有新闻的存在。"因此将报纸命名为《苹果日报》。

图 14－12　《苹果日报》上市前的钟丽缇煽情广告

2001 年，《壹周刊》率先登陆台湾，以八卦风格的报道、无孔不入的"狗仔队"作风，加上夸张而丰富的图像呈现，震撼了台湾的杂志市场乃至整个传媒业。2003 年，壹传媒的另一大将《苹果日报》宣布将进入台湾市场，台湾报界为之震动。事实上早在《苹果日报》正式发行前，其采用的营销手法就已十分耸人听闻，当时邀请港星钟丽缇，以近乎全裸的方式入镜，仅以苹果遮掩私密部位，辅以煽情的广告词"一咬上瘾"，一系列极度吸引眼球的广告占满了台湾的电视台、户外广告牌以及公交车，可谓未演先轰动。

2003年5月2日《苹果日报》台湾版创刊当天，其他报纸不约而同地主动降价以应对其冲击，如《联合报》和《中国时报》原本定价15元台币，当天都降价为10元，但《苹果日报》却以更低的5元价格促销，加上全彩印刷，分量又超越当时市面上其他台湾报纸，因而快速抢下大量台湾市场。

《苹果日报》的最大特色是着重图片以及可视化的图表，并采用一般报纸所无的全彩印刷（包括分类广告在内），印纸量和周末版的《纽约时报》相若。由于《苹果日报》由香港壹传媒管理，故带有非常浓厚的壹传媒风格，也就是以图片为主、文字为辅的报道方式，其文字记者均被要求随身携带数码相机，图片随文字一起传回报社，且更加重视图片的作用。《苹果日报》常以大版面的图或照片置于头版，吸引读者；另外，《苹果日报》亦相当重视八卦和绯闻类新闻，常以头版或大篇幅报道之，此一特色常引起台湾社会对该报纸的争议。由于法令和社会风俗所限，无法像香港报纸那样直接把暴力、血腥的照片刊载于报纸上，台湾《苹果日报》在这方面别出心裁，利用立体绘图的方式来“还原现场”，在报纸上重塑谋杀、强奸、盗窃等案件的现场画面，既规避了法令的约束，又满足了许多读者八卦、猎奇的心理。

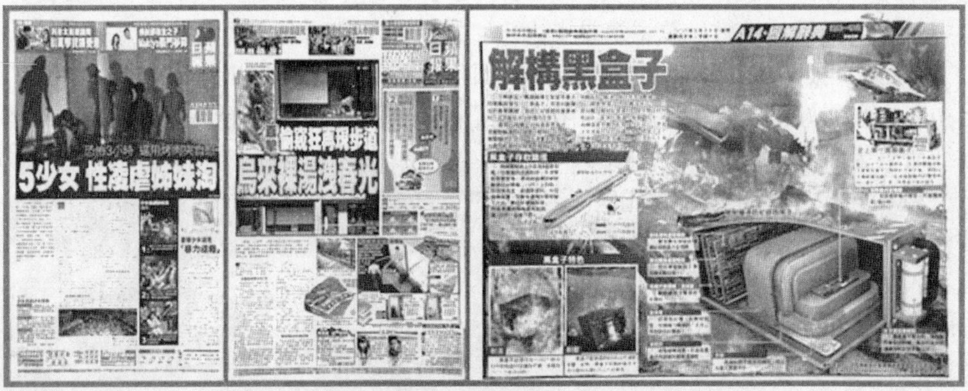
5少女 性凌虐姊妹淘
偷窺狂再現步道
烏來裸湯洩春光
解構黑盒子

图14－13 《苹果日报》的图像化新闻

目前于《苹果日报》“论坛”版中，泛蓝及泛绿人士均有为其撰写政论文章，例如赵少康的“赵少康传真”专栏和林浊水的“非典型论述”专栏。另有陈文茜的“我的陈文茜”专栏、殷乃平等经济学研究者轮流执笔的“经济人语”专栏、柯翰默（Charles Krauthammer，《华盛顿邮报》专栏作家）的“美国与世界”专栏（内文经过翻译）等。此外还有该报顾问江春男（司马文武）撰写“司马观点”专栏，该报社长杜念中撰写“Google地球”专栏等。

一般的报纸多以政治、经济、国际等议题作为头版新闻，但是《苹果日报》的头版则以本地的八卦新闻、社会新闻为主，且往往以大篇幅、耸动人心的标题加上巨幅图片来报道此类新闻。此特色使许多公众人物对《苹果日报》抱持反感态度，也使该报多次与被报道人进行法律诉讼。有民众和学者认为，《苹果日报》的内容有过多无关紧要的花边、八卦新闻，不但与公众利益不相符，也可能助长社会跟拍风气，引进类似香港的恶质“狗仔文化”。

然而《苹果日报》的成功却并非完全基于八卦新闻，它对民生新闻的重视也是它迅速被台湾民众接受的主因。《苹果日报》每天有大量的版面用于刊载衣、食、住、行、育、乐等相关实用信息，举凡购物资讯、折价信息、美食博览、穿衣搭配、出行窍门等，五花八门的信息都可以在《苹果日报》找到。这正好切中了一般市民的需求，过去台湾通勤上班、上学的族群，在火车、客车上多半阅读《时报周刊》等杂志，现在则几乎人手一份《苹果日报》。这也使得台湾原有的生活类报纸《大成报》和《民生报》首先受到冲击，于2006年先后停刊。

網頁客服電話
免付費 快又省
3C小百科
網頁電話分2大類
使用超簡單 點就對了
SIP協定
SkypeMe

图 14－14　《苹果日报》提供丰富的生活实用信息

《苹果日报》在发行方面也有独到之处，台湾一般报纸的订户与零售比例大致为6：4，由于台湾多数家庭都已经订阅了报纸，《苹果日报》这份新进报纸想打入订阅市场殊为不易，因此它采用零售为主、订阅为辅的方案。台湾大多数的报纸都会推出订阅优惠，长期订购会比零售价格便宜；但《苹果日报》是第一家订阅费用比零售价格高的报纸，之前每份售价为新台币10元时，订阅却是每份15元，多出的5元是送报到府的费用。《苹果日报》对发行渠道的掌控极为精准，能够以电脑即时监控全台湾各地零售点的派报和销售情况，出现缺报或过剩的时候可以随时调度。

此外，台湾其他全岛性报纸，在农历新年期间大多会暂停出刊或派送报纸，或是在春节前就编撰好内容出刊。《苹果日报》为台湾首创的全年365日皆出刊的报纸。

《苹果日报》为台湾首家接受发行公信会（ABC）稽核发行量的报社（其最大竞争对手《自由时报》亦于2007年加入）。过去台湾各大报社的发行量都是自行宣布，多少存在不实之处，几十年来对于要不要成立类似美国发行公信会类型的机构，始终反反复复，莫衷一是。而《苹果日报》率先接受第三方机构调查发行量的做法，显示出其强烈的自信心和企图心。

由于ABC在稽核发行量时不列计免费报，所以台湾各大报纸之中过去仅有《苹果日报》在其报头强调“本报为发行公信会唯一报纸稽核会员”（已在《自由时报》接受稽核发行量之后去除“唯一”二字），暗讽台湾其他报社只敢宣称其阅报率、发行量有多高，却不敢接受ABC的发行量稽核。《苹果日报》、《壹周刊》发行部商务总监陈贵明曾指出：“台湾报纸杂志的灌水发行量，大部分来自赠阅的公关行为；但赠阅的读者不会深入阅读，广告效益自然差。”《苹果日报》在便利商店的销售量非常高，基本远超另外三大报；但另一方面，《自由时报》、《联合报》、《中国时报》三报订阅市场比《苹果日报》大很多。因此，台湾报纸的占有率统计数据是：《苹果日报》第一，《自由时报》稍稍落后，而《联合报》、《中国时报》在第三、四名间竞争。

2008年10月，台湾世新大学新闻传播学院进行的“媒体风云排行榜”结果显示，民众最常阅读的报纸是《苹果日报》，其中《苹果日报》在报道详细、内容丰富多样等方面居领先地位；另外在对个人影响力最大的报纸调查中，《苹果日报》以18.5%居首位；对社会影响力最大的报纸也是《苹果日报》。而台湾铭传大学2009年针对大学生所做的调查，也显示《苹果日报》是学生族群的最爱。

第六节　《自立晚报》

《自立晚报》是台湾光复后成立的第一份晚报，在台湾新闻界具有相当的历史地位，也曾经是很有影响力的一份报纸。

《自立晚报》创刊于1947年10月10日，创办人是顾培根，浙江温州人。1946年，顾培根在台湾基隆创办《自强日报》，自任总编辑，但“二二八事件”后，该报因“持论荒谬”这一理由遭到查封。顾培根随即到台北创立《自立晚报》，取其“自立自强，自力更生”之意。顾培根仍自任总编辑，且实际主持社务，发行人为周庄伯，总经理为徐立。当时编辑部只有四个人，经理部二人。

由于战后百废待举，且当时尚无阅读晚报的习惯，故《自立晚报》经营举步维艰。限于财力，当时每天仅出刊四开一张；由于人手不足，该报新闻版面多为通讯社提供的电讯以及台湾各政府机关供稿，为了克服稿源不足的问题，《自立晚报》还在头版上以“编辑部启事”方式征求各界投稿，与今天的“报料”新闻有相似之处，也是当时台湾新闻界的一项创举。

到了1949年，由于经营成本节节攀升，顾培根个人积蓄几乎耗尽，只能寻求改组。同年郑邦昆、娄子匡以高价买下该报发行权接办；1950年，该报扩张为对开一大张。此后《自立晚报》多次转手，五次搬迁，甚至因政治因素被迫停刊三次，1950年11月17日，《自立晚报》副刊“万家灯火”刊载香港报纸剪稿“草山一衰翁”，遭当局指涉对时任总统蒋中正有不敬之意而遭停刊，并被处以“永不复刊”的处分。1951 年 9 月 21 日，在李玉阶的努力下，正式复刊。①

1959 年 6 月，《自立晚报》邀台湾“台南帮”领袖吴三连任发行人、叶明勋为社长，资金由台南帮所支持，才有了后来的长期发展。吴三连提出“无党无派、独立经营”的办报方针，以党外形式发展出不同于当时报业环境的报道风格。该报在 1953 年 2 月和 10 月间，又分别被处以停刊处分。但是《自立晚报》坚持立场，在反对《出版法》修正、彭明敏“台湾自救运动宣言”事件、“中坜事件”、“高雄事件”、“中正国际机场事件”等事件上都有翔实报道。1993 年 6 月，台湾“行政院国家科学委员会”专题研究报告指出，《自立晚报》是岛内最受读者信赖的晚报。

燒烤街的傳奇——從福樓小館開始
蔡進家靈機一動 烤出一片天
府城小吃
自立晚報

图 14 - 15 《自立晚报》

《自立晚报》是台湾除《自由时报》外的另一本土派报纸代表，政治立场偏绿，一向自诩为见证台湾民主发展历程的本土报纸，也曾被称为“党外报刊”。《自立晚报》培养出了许多台湾知名的媒体工作者，包括前“行政院新闻局”局长苏正平、台湾电视公司总经理胡元辉、《台湾日报》发行人颜文闩、公共电视公司总经理李永得、中时晚报社社长陈国祥、中天电视台总编辑吴戈卿、中华电视公司总经理徐璐等人，其中大多倾向党外与支持民进党。

《自立晚报》也是报道大陆新闻的先行者。1987 年 9 月 11 日，《自立晚报》突破两岸隔绝的现状，派遣记者李永得、徐璐，以探亲名义至中国大陆采访，成为近四十年来首次赴大陆采访的台湾记者，震撼了整个台湾新闻界。这项创举还受到日本、中国香港等地媒体的争相报道。②

值得一提的是，该新闻见报后，台湾内政部门宣称《自立晚报》的行为违反规定，将依“动员戡乱时期国家安全法施行细则”加以处置。9 月 27 日，李永得和徐璐返回台湾，随即台湾“新闻局”宣布将以伪造文书罪把自立晚报社社长吴丰山及

① 王天滨．台湾新闻传播史．台北：亚太图书出版社，2002.
② 《自立晚报》报史编纂小组．自立晚报四十年．台北：自立晚报文化出版社，1989.

李、徐两人移送法办。

但当时两岸和平交流的趋势已不可阻挡，到了同年 10 月，台湾当局宣布开放民间赴大陆探亲。1988 年 3 月，台北地方法院宣判吴丰山、李永得、徐璐三人无罪。受到《自立晚报》的鼓舞，此后更陆续有多位记者以探亲名义前往大陆。可以说，是《自立晚报》的创举激发了台湾其他媒介前往大陆采访的行动，同时也间接促成了两岸之间新闻交流的重新开启，《自立晚报》两位记者的勇敢行动可说具有划时代的意义。

1988 年 1 月，报禁开放后，《自立晚报》的关系报《自立早报》创刊，同样秉持公正、客观的立场，发行人为吴树民，社长吴丰山，每天出报五大张，发行量在 20 世纪 90 年代突破 30 万份，发行地区以大台北地区为主。

图 14－16　停刊后在员工自救下复刊的《自立晚报》

然而报禁开放后的媒体市场竞争格外激烈，吴三连 1988 年过世后，《自立晚报》随即遭遇财务危机，此后多次转手。1990 年，统一集团负责人高清愿入主《自立晚报》；1992 年，“全国饭店”董事长，该报发行人吴丰山的兄长吴和田出资 2 亿多元新台币取得《自立晚报》经营权；1994 年，“三重帮”宏福建设集团董事长陈政忠与其兄长陈宏昌又以 10 亿元新台币取得《自立晚报》的经营权。

然而到了 2000 年，台湾“9 · 21 大地震”导致房地产价格暴跌，许多建设公司陷入财务危机，宏福建设集团因缺乏现金，被迫将《自立晚报》出售给张庆中夫妇。虽几经转手，但《自立晚报》仍不断发生财务危机。民进党执政后，民进党籍台北市议员王世坚以不到 5 亿元新台币收购《自立晚报》，并出任董事长。随后，王世坚又将经营权转让给张福泰等人，但终因经营困难，《自立晚报》于 2001 年 10 月被迫停刊。

随后《自立晚报》员工八十余人决定继续出报以维持《自立晚报》命脉，并推选谢志鹏为社长，组成“自立多媒体股份有限公司”（玉骐文化事业有限公司）。为能生存与发展，《自立晚报》不得不向民进党高层求援，于是绿色企业与人士如诚泰银行董事长林诚一、台湾机械运输公司董事长彭荣次、义美食品公司总经理高志明以及奇美、国泰等企业纷纷支持。《自立晚报》负责人对此支持并不避讳。但维持半年后于 2002 年 5 月 20 日停刊。

第七节 《中央日报》

《中央日报》为中国国民党所创办的中文报纸，属于中国国民党的党营媒体，后迁至台湾，也是台湾光复早期的主流报纸之一。由何浩若于1928年2月创刊于上海，彭学沛为首任总编辑。1949年，迁至台湾。2006年《中央日报》实体报停刊，改为网络报形式继续发行。实体报总计发行了28 356期，除香港《大公报》、马来西亚《光华日报》等少数报纸外，《中央日报》可说是持续发行时间最长的中文报纸。

《中央日报》创办初期的情况异常复杂。1927年3月22日，武汉国民政府在汉口创办《中央日报》，社长由国民党“中央宣传部”部长顾孟余兼任，总编辑为陈启修。陈启修为中国共产党党员，所以有一批共产党员和左翼人士参加编辑，如沈雁冰、孙伏园等。武汉《中央日报》到1927年9月15日停刊，共出版176号。但台湾新闻史学界在阐述《中央日报》历史时，一般并不计入此段时期的《中央日报》。

1927年4月，南京国民政府成立时，就有设立机关报的筹议。正逢当时上海《商报》停刊，国民党接收了其设备，并利用这些设备，于1928年2月1日在上海创办了《中央日报》，由孙科任董事长，国民党“中央宣传部”部长丁惟汾任社长，国民党东路军前敌总指挥部政治部主任潘宜之兼任总经理，彭学沛任总编辑。编辑委员会由各方代表人物组成，如胡汉民、邵子力、罗家伦、傅斯年、邵元冲、唐有壬、马寅初、王云五、潘公展、郑伯奇等。2月10日，《中央日报》发刊词中公开表示：“本报为代表本党之言论机关报，一切言论，自以本党之主义政策为依据。”

《中央日报》于1929年2月1日迁址南京，迁址后由国民党“中央宣传部”党报委员会领导，“中宣部”部长叶楚伧兼任该委员会主席，下设经理部、编辑部。总编辑为严慎于，后由鲁荡平、赖琏相继接任。南京《中央日报》特别强调以“拥护中央，消除反侧。巩固党基，维护国本”为职责。

“九·一八事件”之后，面对新局势，国民党在第四次全国代表大会举行前夕，特地召开中央执行委员会临时会议，通过关于《改进宣传方略案》和《改进中央党部组织案》的决议，对改进和加强新闻宣传提出了很多意见。由此，《中央日报》率先改组。1932年3月，《中央日报》改为社长制，37岁的程沧波为首任社长，言论报道上直接对国民党中央负责，行政上独立。内部管理实行社长领导下的总编、总经理负责制。同年先后增出《中央夜报》、《中央时事周报》。对日抗战爆发后，《中央日报》先迁至长沙，后到重庆，于1938年9月在重庆复刊，此后又增设长沙版、昆明版、成都版、西康版、贵阳版、屯溪版、桂林版、福建版等。

1949年，国民党政府撤退到台湾，《中央日报》也跟着迁台，虽然身为党报的《中央日报》享有一定的资源优势，但抵台后百废待举，整体条件仍然十分艰苦。1949年10月20日，《中央日报》位于台北市中正西路的办公室遭到火灾，社长室、编辑部、铜模房、照相制版房等全部付之一炬，特别是从大陆携带至台湾的历年各报合订本、图书、照片等全部化为灰烬，损失达42.5万元台币，是当年度盈余的两倍以上。这对处境本就十分艰难的《中央日报》来说，无疑是雪上加霜。[①]

然而《中央日报》并未从此衰落，反而在所有员工的共同奋斗以及来自官方和民间的拨款、援助之下，很快重新焕发活力。1950年，新印刷厂落成，从大陆运来的高速新式印报机启用，《中央日报》出报能力更上一层楼。

由大陆迁台的《中央日报》几乎云集了当时最优秀的新闻人才，社长为著名报人马星野（曾任国民党中央政治学校新闻系首任系主任），采访主任王洪钧（后任台湾政治大学新闻系主任），副主任龚选舞，总主笔陶希圣，采访和编辑人员也多是原在上海《新闻报》等报纸从业多年的精英。后任政治大学新闻系教授的徐佳士当年也在《中央日报》采访组和编译组工作过，对《中央日报》用人唯才的做法十分激赏，称该报是“不颁文凭的学府”[②]。

相对充裕的资源以及优良的人才团队，使得《中央日报》在台湾光复初期成为最具实力的报纸，它的很多做法都被后来的其他报纸所效仿。可以说，虽然后来《联合报》等民营报纸成为台湾报业的主流，但整个台湾报业市场的运作模式和市场惯例，却是《中央日报》所定下的。具体而言，《中央日报》对台湾报业的影响有如下几点：[③]

（1）提早出报时间。在《中央日报》于台湾复刊之前，《台湾新生报》是唯一的大报，此时的日报出报时间多半在早上9点以后，给许多读者造成不便。《中央日报》则把出报时间提前到早上五六点，因此颇受好评，发行量与日俱增；《台湾新生报》和其他报纸为了维持竞争力，也逐渐跟进，出报时间不断推前。所以，台湾读者能有名副其实的“早报”可看，必须归功于《中央日报》的复刊。

（2）副刊、专刊受到重视。《中央日报》在大陆时期，即十分重视副刊。迁台后为适应环境需要，重新设计了副刊的内容和版面，除每天固定的“副刊”版之外，还另外设立了三种周刊：“儿童”周刊、“地图”周刊、“国际”周刊；以及四种专刊：“妇女与家庭”专刊、“经济”专刊、“青年”专刊以及“图画”专刊，每周七天轮流刊登。“妇女与家庭”后改为“家庭”专刊，随后又增加“报学”周刊。《中央日报》对副刊的重视，带动了其他报纸起而效仿，到20世纪50年代，许多报纸都设有与儿童、妇女或家庭有关的副刊，这都是由于《中央日报》的影响。在报禁开放以前，《中央日报》的“中央”副刊与《中国时报》的“人间”副刊和《联合报》的“联合”副刊同为台湾主要的文学创作平台，成就了无数的作家。由于《中央日

---

① 叶明勋．光复以来的台湾报业．台北：中央日报社，1957.
② 徐佳士．不颁文凭的学府．六十年来的中央日报．台北：中央日报社，1988.
③ 叶明勋．光复以来的台湾报业．台北：中央日报社，1957.

报》有发行航空海外版，因此也成为海外留学生发表中文作品的渠道。

（3）创新版面形式。《中央日报》从主管、经理人员、采编人员到印务工人全部来自大陆，带来了当时远较台湾先进的报纸内容和编排方式，对台湾报业产生了立竿见影的影响。例如早期的台湾报纸，第一页全部是广告，没有任何新闻；而《中央日报》在台湾复刊后重新设计版面形式，第一版与第四版以一半或过半篇幅刊登新闻，剩下的版面才刊登广告。这种版面形态很快影响了其他报纸，仅仅一年半后就成为最普遍的报纸版面形态。

（4）创新广告形式。《中央日报》在台发行后，推出了每行 11 个字的小广告，广告所占空间小、信息紧凑，大大方便了读者的阅读，每日刊登广告的客户达 300 家以上。这种广告随即成为当时最流行的报纸广告形式，也是后来分类广告的雏形。

（5）强化印刷设备。《中央日报》从大陆运来购自美国的新式轮转印刷机，每小时可印报 12 万份，远远超过了当时台湾其他报纸。为了竞争，《台湾新生报》随即向日本订购了 7 套同样每小时 12 万份印量的高速印刷机；《联合报》则通过委托制造方式，在 1960 年启用台中宜昌公司出品的德国式高速轮转印报机。此后，其他报纸也都逐步跟进采购最新的机器，使得台湾新闻事业印刷设备的技术含量大大提高。

（6）扩展发行范围。台湾报纸本来大多抱持据守本岛的想法，发行范围很少超出台湾岛之外，显得较为保守。《中央日报》则在 1950 年发行香港航空版，带动了其他报纸发行海外版的观念，《台湾新生报》、《联合报》等随之效仿，使得台湾的报纸得以走出去，面向海外市场发行。

（7）提升运报技巧。早期位于台北的报社，报纸印好后多半通过汽车、火车运往中南部地区，所需时间较长，对中南部业务的推广造成障碍。《中央日报》则在 1955 年实施专机运报，以飞机将报纸运往嘉义以南的地区，发行速度明显加快；其他各报也纷纷跟进，大大造福了台湾南部的读者。

（8）推出地方版。1954 年阮毅成接任中央日报社社长后，鉴于农村地区读者逐渐增加，为了提升都市以外地区的发行量，势必要加强地方性新闻的报道，特别是东部地区，因此将《中央日报》第五版原先整版的电影广告抽去，换成地方新闻，分为南、北二版，以应不同地区读者的需求，这是台北报纸发行地方分版的起源。1956 年又增加中部分版，为地方读者带来很大的便利。

（9）出版丛书。当时《中央日报》荟萃了众多新闻精英，其副刊又是台湾文人发表作品的主要平台，许多文章无论是文艺小说、科学新知、医药卫生等方面，都有很高的水平。但毕竟报纸上的文章具有时效性，一般读者不易保存，因此社长马星野决定把报纸上发表过的有价值的文章加以收集、汇编成书，方便读者阅读和收藏，丛书的总目就叫做“我们的书”。1951 年出版第一批，包含《我们的身体》、《我们的家庭》、《我们的儿童》、《我们的国家》等，出版后大受欢迎，也为《中央日报》创造了额外的收益。此后该报每年发行丛书，最多时一年出版 200 多本，其他报纸也纷纷效仿，蔚为风潮。

1959 年，《联合报》发行量超过《中央日报》，宣告了公营报纸独大的时代已经终结。然而直到报禁解除之前，《中央日报》作为公营报纸的代表，在台湾仍有一定的影响力和知名度，由于所有政府机关、学校均必须订阅《中央日报》，故其发行量也相当可观。1984 年 10 月 8 日，《中央日报》在台北市八德路二段 256 号举行总社新厦“中央日报社大楼”落成大典，共有地上 11 层楼与地下 3 层楼，基地 1 700 余平方米，总楼地板面积 8 000 余平方米。1988 年 11 月 1 日，《中央日报》成为台湾第一家启用全页电脑组版系统的报纸（《联合报》和《民众日报》虽然更早进行编排电脑化，但只停留在文字输入、单篇稿件输出阶段，组版仍然靠手工完成；而《中央日报》是第一家从头到尾用电脑完成整个组版工作的），到 1991 年，该报的周刊、书籍也全部采用电脑排版。

图 14－17　原中央日报社大楼

不过到了报禁解除后，报业市场一夕间百家争鸣，竞争激烈。《中央日报》也进行了民营化，以国民党为最大股东，实际编辑团队亦以国民党干部为主。与同业一样，《中央日报》每日出刊的总张数也由三大张增加为六大张。但《中央日报》因传统官营色彩十分浓厚，编辑版面较为保守，不及其他报纸灵活生动，导致发行量每况愈下。到了 20 世纪 90 年代网络媒体开始盛行时，读者阅读习惯有所改变，实体报纸发行量普遍下滑，各报均进入衰退期，《中央日报》亦无法幸免。

而过去作为《中央日报》稳定发行量来源的政府部门和学校，也开始出现变化。1996 年 6 月底，时任台北市市长的陈水扁在市政会议中指示，禁止台北市政府所属机关学校在《中央日报》刊登广告，亦取消统一订阅《中央日报》的做法，理由是不满意《中央日报》报道台北市政的方式以及《中央日报》强迫学校订阅的做法。2000 年之后，由于《中央日报》政治新闻过多、内容缺乏变化且与民众需求脱节，除传统国民党员外，一般民众甚少阅读，订阅量更微乎其微，零售据点也大量减少。《中央日报》开始出现赤字，累计亏损达新台币 8 亿余元。

随后在“党政军退出媒体”的舆论浪潮下，特定政党持股过重或由政治人物经营的媒体，如《中央日报》、《自由时报》、中国电视公司、民间全民电视公司等，均饱受抨击。2002年4月，国民党主席连战指示推动《中央日报》人事精简案，《中央日报》编制由326人调整为90人；到马英九接任国民党主席后，更积极寻求买家接手《中央日报》。在2005年国民党有意出售两大党报《中央日报》及《中华日报》时，因《中央日报》的负债大于资产，无人有意承接；此时又提出《中央日报》“转赠连战”一案（当时连战已经转任国民党荣誉主席），但始终悬而未决。同时有媒体报道，国民党大老陈立夫的家属有意接手《中央日报》，但由于国民党中央对《中央日报》的态度暧昧不明，导致最后该案无疾而终。

由于始终找不到买家，2006年5月24日，国民党中央执行委员会常务委员会（中常会）通过《中央日报社股份有限公司股权处分案》，停止提供《中央日报》每年新台币9 000万元的补助经费，避免实体报纸的出刊继续造成《中央日报》财政负担。

2006年6月1日，《中央日报》宣布停刊。由于《中央日报》停刊的消息相当突然，并未依《劳动基准法》向员工预告停业，所有员工突然一起失业，曾引起《中央日报》产业工会激烈反弹及抗争。2006年9月，《中央日报》以网络报的形式复刊，不再发行实体报纸。这家台湾光复初期的第一大报、在台湾报业史上拥有无可替代的影响力的公营报纸，终于成为历史。

第八节　《国语日报》

《国语日报》是台湾一份以推行国语、普及教育为宗旨的专业性报纸，也是目前全球唯一全文标注注音符号的中文报纸，报头题字者为胡适。《国语日报》是具有公益性质的财团法人，不以营利为目的，现任董事长为黄启方，社长为冯季眉。

《国语日报》的前身是“教育部”于1947年1月5日在北平所创办的《国语小报》，主要筹办人是魏建功（曾任北京大学副校长，后留在大陆）和王寿康。

图14－18　《中央日报》停刊

由于长期接受日本殖民统治，1945年台湾光复后，大多数台湾人对于中国语文几乎忘得一干二净。为了推广中国文化，并逐步消除日本的影响，台湾省行政长官公署成立时，即设立“台湾省国语推行委员会”，聘请国语专家何容、齐铁恨等人主持，利用注音符号（1913 年由中国读音统一会制定，1918 年由北洋政府“教育部”发布的汉字拼音符号，至今仍是台湾小学生学习拼音的主要工具）来推行国语，绩效十分显著。

1948 年 3 月，当时的“教育部”部长朱家骅赴台湾视察，对于台湾的国语教育成就表示满意，并决定把北平发行的《国语小报》迁至台湾发行，并改为日刊以强化教育和宣传效果，此即《国语日报》创刊的由来。同年，正在台湾进行推行国语实验的魏建功请王寿康将《国语小报》搬到台湾，1948 年 10 月，《国语日报》在台湾创刊。

当时“教育部”在准备开办《国语日报》时，承诺将提供 76.01 亿元国币的开办资金保障，并以《国语小报》的员工名额作为《国语日报》的编制。然而后来大陆局势紧张，交通中断，“教育部”忙于应变，无暇顾及《国语日报》的前途，只发了金圆券 1 万元。“教育部”次长田培林告诉负责主持《国语日报》的何容：“你们必须做自给自足的打算，千万不要仰赖‘教育部’给钱。”而北平《国语小报》此时也不肯把所有器材运往台湾，只提供了一台破旧的四开印刷机，由王寿康带到台湾。而“教育部”给的 1 万元金圆券又恰逢货币贬值，买到一间厂房后便所剩无几。

图 14 - 19　《国语日报》最早设于台北市植物园内的社址

结果，《国语日报》员工只好向“台湾省国语推行委员会”求助，从“教育部”借到一副残缺不全的五号注音国字铜模，和从北平搬来的那台旧印刷机拼凑起来，勉强达成出版的要求。筹备时间长达三个月，于 1948 年 10 月 25 日（台湾“光复节”）发行创刊号后，因为器材和资金不足，直到 11 月 13 日才出版第二期。以后《国语日报》出出停停，勉力支撑着。后来因为经费毫无着落，又打不开销路，《国语日报》只好卖掉厂房，遣散大部分人员，最后直接依托“台湾省国语推行委员会”，成为该会推行国语的刊物。

1949 年，正在《国语日报》陷入经营困境之时，国语运动元老吴稚晖正好来台，在他的牵头下，会同“教育部”国语推行委员会在台委员陈颂平、汪怡、胡适、傅斯年、何容等人，联名邀请热心国语运动的台湾籍人士黄纯青、杜聪明、游弥坚、李万居等，连同“台湾省国语推行委员会”的委员，对《国语日报》进行改组，通过了《国语日报社董事会组织章程》，1949 年 3 月成立董事会，傅斯年任董事长，洪炎秋为社长，吴稚晖担任名誉董事长。

在众多社会贤达人士的支持下，《国语日报》的经营终于逐渐好转。初期每天下午出报，1965 年 1 月 1 日起每天出报由四开一张增为两张，改为早上发行。1980 年，彩色版问世；1988 年报禁开放，《国语日报》每天出报增为四张。另外，1962 年国语日报社在台北市福州街自建的六层大楼，也是中国报业史上第一栋专为办报而建的大楼。

图 14－20　位于台北市福州街的国语日报社大楼

1960 年 2 月，国语日报社改组为"财团法人国语日报社"，确定了公益服务的属性，经营所得全部作为扩充本身事业、推广国语教育、服务读者和社会之用。

国语日报社是公益性质的财团法人，但其行政组织结构与普通报社大致相似，在董事长、发行人、社长之下，设有总编辑、总经理，分别负责采编和发行、广告业务。另外设有出版中心，编印儿童读物；还有国语服务部、语文中心，协助台湾政府推行国语文教育。1985 年成立文化中心，推动社会教育活动。目前《国语日报》约有专任员工 300 人。

目前《国语日报》每天发行四开四张，共 16 个版面。内容有焦点新闻、文教新闻、生活、青春、少年文艺、漫画、科学教室、语文教室、教育、地方新闻、儿童新闻等。相较于一般报纸，《国语日报》以教育和推广国语文为目的，因此内容方面有如下特色：

（1）文字简洁，完全口语，做到"怎么说，就怎么写"。即使是电讯稿，也是这样改写精编。而且所有文字均标注有注音符号，以方便儿童阅读。

（2）在新闻处理方面，以"教育意义重于新闻价值"为准则，凡是违反教育原则的新闻，不管如何轰动社会，也都只字不提。对文教新闻的报道，有独到的地方。

（3）副刊的编辑大都符合学习国语和辅导教学要求，深入浅出。其中尤其以"古今文选"、"书和人"双周刊，供应中学和大专程度的学生以及一般人士有关国语文教材，增加自修的便利性和教学的效率，成为目前台湾大中学校最普遍采用的国语文教材。

《国语日报》长期坚持教育意义重于新闻价值、不懈地以国语文素养的提升为己任，使它的影响力与日俱增，其读者原以中、小学生为主，后来逐渐从学校推行到家庭和社会各阶层。发行的区域也日趋广泛，海外侨校也有一部分读者。若干外国著名大学，如美国哈佛大学、日本东京大学，也都采用《国语日报》作为研究资料。1960 年、1970 年、1987 年、1988 年、1990 年，《国语日报》多次被表扬为“推行社会教育有功人士”。新加坡前总理李光耀也对台湾《国语日报》推崇备至，1991 年 2 月推动创办华文《星期五周报》，就是受到《国语日报》启迪的结果。

图 14－21　1980 年起发行的《国语日报》彩色版

《国语日报》在台湾报业史上是一个突出的例子，它完全以教育为目的，台湾多数小学都有订阅《国语日报》给学生阅读；在台湾长大的人，几乎都曾受到《国语日报》以及它所出版的儿童丛书的影响，在台湾的儿童语文、科学、艺术等知识的推广方面，《国语日报》起到非常大的作用。虽然它并不是大众化报纸，发行量和收益远不能和《苹果日报》、《自由时报》等大报相比，但在谈论台湾新闻事业时，《国语日报》绝对是不可忽略的一份报纸。

第九节　《青年日报》

《青年日报》为在台湾发行的军事专业中文报纸。其前身为只在军事单位发行的小型报《青年战士报》，于 1957 年开放社会大众订阅，于 1984 年改为现名《青年日报》，开放报禁后扩版为四大张报纸。由于《青年日报》为具有军方背景的报纸，除报道一般性新闻之外，还负有向部队官兵宣教的任务。现任社长为台湾政治作战学校毕业的朱泰荣。

在激烈的市场竞争下，2007 年，《青年日报》由综合性报纸转型为专注于军事领域的专业报纸，为社会大众与军队提供各类军事信息。目前在台湾地区，该报被誉为极具权威性的军事专业类报纸，在党政军退出媒介的风潮后，它也是目前台湾唯一官营的报纸。

1952 年，台湾“国防部”总政治部（1963 年 8 月改名为“总政治作战部”，2002 年 3 月 1 日改名为“总政治作战局”）为了加强军队官兵的精神思想、鼓舞军心与提振士气，经半年的准备与筹划，于该年 10 月 10 日创办《青年战士报》；当时《青年战士报》篇幅仅为四开一张的小型报纸。1955 年 7 月 7 日，《青年战士报》印刷厂落成。

1957 年 1 月 1 日，《青年战士报》首次扩版为对开一张的大型报纸，并且开始对社会大众正式发刊。1958 年 3 月 11 日，再度扩版为一大张半，同时也开设地方分社。1967 年 1 月 1 日第三度扩版，将一大张半扩版为两大张。1971 年 10 月 10 日，《青年战士报》创刊 19 周年及新厦落成，总社由台北市重庆南路迁入台北市信义路一段“国防部文化营区”大楼（简称“文化大楼”），并启用新购的美国高斯彩色印刷机。1973 年 1 月起，《青年战士报》除每日发行报纸两大张外，并于每周六随报附送《星期杂志》。1975 年 2 月 16 日，《青年战士报》第四度扩版，扩版为三大张。

1984 年 10 月 10 日，《青年战士报》改名为《青年日报》，并且扩大服务至社会及学校的青年。1988 年 1 月 1 日，报禁解除，《青年日报》再次扩版为四大张。1997 年 7 月 1 日，青年日报社纳编“新闻局”下属单位“新中国出版社”，成为同时具有发行报纸及出版书籍刊物能力的军方文宣单位。1998 年 7 月，配合台湾军方的“精实案”（军队人力精简方案），新中国出版社被青年日报社合并且改制为青年日报社出版部，继续发行《吾爱吾家》、《奋斗》、《胜利之光》等期刊。2001 年 1 月 1 日，配合政府推动军队施政公开化及透明化，《青年日报》开辟军事专刊。2003 年 3 月，青年日报社旗下新闻网站“军事新闻网”开站，提供《青年日报》新闻供读者浏览。2007 年，《青年日报》将内容大幅改版，由原本各类新闻兼容并蓄的综合报纸形态全面转型为“军事专业报”，转为专注军事安全及军事专业领域相关报道，以提供给部队官兵、社会大众各类军事信息，并全力推展军事宣教工作。

《青年日报》主要报道军事、青年、艺文教育等方面新闻，以“严守中立”为特色，并配合台湾官方政令相关宣传及军队施政文宣，对于正面性与光明面方面的新闻会大篇幅报道，并以“媒体的清流、军民的桥梁、青年的朋友”自诩。但也有评论认为其“报喜不报忧”的风格有损其公信力。

第十节 《台湾新生报》

《台湾新生报》，简称《新生报》，是在台湾发行的一份全岛性报纸，其前身是台湾日据时期由台湾总督府控制的《台湾新报》。

日据时代末期，日本殖民政府将六家报社合并为台湾新报社一家以方便控制。台湾光复后，《台湾新报》由台湾籍人员接收并继续发行。1945 年 10 月 10 日，《台湾新报》恢复中文栏。战后，1945 年 10 月 25 日，国民党政府来台湾举行受降大典，《台湾新报》被台湾省行政长官公署派遣李万居接收，改制并更名为《台湾新生报》，随即发行；报名采用于右任亲笔题字，隶属台湾省行政长官公署宣传委员会，《台湾新生报》因此成为光复后台湾第一家官营的报纸。台湾省行政长官公署宣传委员会指派李万居为社长兼发行人，副社长黎烈文，总经理阮朝日，印刷厂长林界，主编周自如，日文版总编辑吴金炼，编辑主任王白渊。其中阮朝日、吴金炼等人均为日据时代《台湾新民报》、《兴南新闻》、《台湾新报》等报纸的重要干部。

《台湾新生报》创刊时，每日出刊一大张，其中四分之三版面刊登中文，四分之一版面保留日文栏，另外还随报附赠日文版的《军民导报》，颇获好评；直到1946年10月25日台湾光复1周年才取消日文版。《台湾新生报》日发行量18万份，而当时台湾总人口不过600万，该报可说是当时的第一大报。为了与当时于台南创刊的《中华日报》争夺南部市场，《台湾新生报》从1946年8月起增印中南部版，提早编辑印刷，赶夜车送往南部。后于1949年6月在高雄另创《台湾新生报》南部版，以更好地满足台湾南部读者。该报还建立了自己的电台，直接接收国内外各地的电讯，新闻及时性得以加强。此外《台湾新生报》还利用附设的印刷厂发展副业，承印各机关团体的公文、书籍和刊物，另外也出版自己编印的丛书。

虽然《台湾新生报》在光复初期具备比其他报纸优良的条件，但随着战后新兴报纸不断出现，市场逐渐遭到瓜分。另外《台湾新生报》原有不少日籍读者，在他们被遣送回日本后，发行量也因此受挫。

1947年“二二八事件”发生时，《台湾新生报》总经理阮朝日和日文版总编辑吴金炼被台湾省行政长官公署派人强行押走，再无音讯。同年4月，台湾省政府成立并取代台湾省行政长官公署以后，《台湾新生报》隶属于台湾省政府新闻处。台湾省政府为了宣扬政令，特别编列经费，免费提供《台湾新生报》给村长、里长、邻长阅读。

新生報
向聯合國申請特別基金
發展本省經濟建設
省府提出七項計劃

图14－22 《台湾新生报》

1947年9月3日，“台湾新生报社”改组为“台湾新生报股份有限公司”，1949年6月再改组为“台湾新生报社股份有限公司”。当时台湾公营报纸约占报纸总发行量的90%，而《台湾新生报》则为当时公营报纸的龙头，享有良好的广告收益。1952年4月，《台湾新生报》召开股东大会，成立董事会，正式完成现代化的公司组织结构，谢东闵任董事长。由于谢东闵与日本政商界关系良好，故由他出面向日本订购最新的印刷设备。

1954年10月，《台湾新生报》启用向日本池贝厂订购的64寸高速多色轮转印报机、自动烧版机、修版机等当时最新设备，成为台湾第一份能进行彩色印刷的报纸。1961年6月，“台湾新生报社股份有限公司”改组为“台湾新生报业股份有限公司”，《台湾新生报》南部版改名为《台湾新闻报》。这段时期的《台湾新生报》仍在报业市场占有优势地位，有许多措施为台湾报业首创：

（1）成立读者服务部。1950 年 12 月成立读者服务部，下设四组，分别为读者办理文化、旅行、社会、康乐等活动，为台湾报业的先驱。

（2）采用精确新闻报道。1952 年 2 月 14 日，针对当时台湾民众关心的对日合约问题，《台湾新生报》进行问卷调查，随报发送，共发出了 28 万余份问卷，回收 5 万多份，经过统计后，结果刊登于 2 月 22 日该报头版上。这是继《经济时报》之后，台湾报业第二度运用问卷调查进行精确新闻的写作。

（3）设立民意测验部。该报在 1956 年 6 月设立民意测验部，是台湾地区第一个正式的民调机构。到 1962 年 6 月撤销为止，共进行过近百次的调查，对外公布结果的有 36 次。

（4）采编合一制度。在此之前，台湾的报纸都是采、编完全分离，记者把稿件发到报社后，编辑再从中挑选和进行编排工作，由于缺乏沟通和事先规划，对许多重大新闻的处理不够到位。《台湾新生报》1956 年 6 月起实施采编合一制，取消采访组、编辑组的名称，而依照新闻的类别，把采编人员合并为要闻组、省市新闻组、经济新闻组等，各组的记者和编辑在组长的调度下互相协调。然而这项制度也只是昙花一现，实施仅一年后，该报又恢复传统的采编分离制。

（5）彩印广告。1949 年开始担任台湾新生报社长的谢然之，曾多次赴日本和香港考察，与当地广告代理商洽谈，使得《台湾新生报》成为首先刊出港、日广告的台湾媒体，对于台湾广告市场的国际化功不可没。此外，1954 年《台湾新生报》添购了彩色印刷设备，也使之成为第一家刊登彩色广告的报纸。

（6）成立出版部。1956 年 6 月，《台湾新生报》成立出版部，以出版图书杂志为主，经常汇编该报所刊载过的漫画、社论、小说等，印刷单行本发售，此举也开创了台湾同类报纸的先河。

当时的《台湾新生报》由于历史悠久、言论庄重谨慎，受到岛内外媒体的重视，其社论经常为国外通讯社和报刊所引用，如纽约《每日新闻》、《前锋论坛报》，西班牙《ABC 日报》、《马德里晚报》等均曾多次引用该报的言论。《台湾新生报》还获得 1953 年台北市新闻记者工会新闻评论奖。

20 世纪 60 年代以后，以《联合报》、《中国时报》为首的民营报纸不断发展壮大，民营和公营报纸之间的势力对比反转过来，《台湾新生报》再不复过去的荣景。但在当局支持下，仍然保持着一定的影响力。1981 年 9 月，《台湾新生报》位于台北市西门町的大楼“新生报业广场”落成启用，并先后成立“新生超级书城”、“新生出版部”、“新生画廊”、“手工艺品展售中心”、“新生信息中心”等单位，从纯粹的新闻媒体逐渐转型为文化出版方面的综合集团。

1999 年 7 月 1 日，《台湾新生报》因“精省”而改隶于“新闻局”；2001 年 1 月

1日，《台湾新生报》奉令宣布民营化，转型为全球第一家以海峡两岸经贸及交通讯息为报道主轴的“两岸经贸专业媒体”，从此不再由官方控制。2004年，在当时董事长赵仁蓉的主导下，《台湾新生报》以原有的“船期版”为基础，发行《台湾新生报航运版》。2004年6月，《台湾新生报》推出《养生文化报》，服务老人。由于《中央日报》已于2006年6月1日停刊，2006年8月1日，中山学术文化基金会与《台湾新生报》签约继续刊行《中山学术论坛》。作为台湾光复后首家中文报纸、官营媒体时代的巨头，《台湾新生报》尽管在媒体环境变迁下早已不复当年的盛况，但仍然持续着自身的媒体和教育使命。

图14-23　台湾新生报社大楼

第十一节　《台湾立报》

《台湾立报》，简称《立报》，在台湾地区是一份十分特殊的报纸，由中国知名报人成舍我在台北市创办，1988年7月12日创刊，隶属于世新大学，目前由魏瀚担任社长（原社长成露茜于2010年1月27日辞世），每周一至周五发行，版式为四开小型日报，每日发行四张16版，每份零售价为新台币10元。

图14-24　《台湾立报》创办人——知名报人成舍我

成舍我为湖南湘乡人，出生于南京，一生从事新闻业长达77年，参与创办的报纸、刊物近20家，自己直接创办12家，包含北平创办的《世界晚报》、《世界日报》，上海创办的《立报》，南京《民生报》，香港《香港立报》等。随国民党迁往台湾后，于1955年创办世界新闻职业学校，后来升格为世新大学，是台湾唯一的新闻传播专业学校，也是最早成立的新闻教育机构之一，为台湾传媒界培育出无数人才，特别在广播电视界，“世新帮”有很大的势力。

1988 年台湾报禁解除时，成舍我以世新大学（当时仍称“世界新闻专科学校”）为基础，申请创办《台湾立报》。1988 年 7 月 12 日，台湾当局核准《台湾立报》创刊，当时高龄 91 岁且右眼失明的成舍我，依然亲自督导《台湾立报》每个环节，成为当时世界上最高龄的办报人。

《台湾立报》的社址位于台北市世新大学校区内，为世新大学的学生提供了良好的实践与学习平台。相较于台湾其他报纸，《台湾立报》特色如下：

（1）采用四开印刷的小型报。这是除了以儿童、少年为读者的《国语日报》外，台湾第一家走小型报路线的综合日报。相较于一般对开的大报，这种篇幅的报纸更适合社会大众在通勤或工作闲暇时阅读。

图 14－25　世新大学

（2）独立经营，无党无派。成舍我一生办报，都坚持不介入政治、党派利益的原则。《台湾立报》创刊时也延续此种精神，坚持新闻自由，为社会大众特别是弱势群体发声。他在发刊时订立两项原则：①创立“言论督导委员会”，由订阅《台湾立报》的读者选出公正的专家学者及各行业人士成立委员会，负责监督该报坚守独立、公正的立场；②开辟“人民论坛”专版，征集投稿，并且不预设立场，尊重社会大众抒发言论的自由。

《台湾立报》发行范围以大台北地区、台湾中部都会区与台湾南部都会区为主。目标读者为学生、家长、教育工作者、社运人士、官员等。《台湾立报》的内容有别于一般以政治、经济类新闻为大宗的综合性报纸，它以教育、弱势族群、社会运动等方面的报道为主，尤其常有同性恋报道。《台湾立报》认为，同性恋如同异性恋与双性恋，只是一种恋爱形式，应该受到公平对待。

目前，台湾立报社除了出版《台湾立报》之外，也出版以传播青年文化为主的周刊《破报》以及越南文和泰文的月刊《四方报》。《破报》与《四方报》自 2008 年起，由台湾《苹果日报》印刷厂承印。

1998 年 3 月 1 日，《台湾立报》发表时任发行人成露茜撰写的改版宣言“引爆多元对话　共营新新教育”，将该报定位为“全岛唯一教育专业报”。《台湾立报》对“教育专业报”的定义是：“以深入浅出的方式，剖析广义的教育；以报纸作为媒介，发扬教育社会的理想。”

2007 年 12 月 28 日，台湾少年权益与福利促进联盟（简称“台少盟”）在青辅会青年交流中心举办“第三届‘好媒人’优良平面儿少新闻报道奖颁奖典礼”，《台湾立报》摄影记者黄世麒获得“儿少新闻摄影奖”第一名。2008 年 1 月 30 日，《台湾立报》发表“台湾立报声明拒绝歧视广告”，《台湾立报》在该文称其广告刊登标准将比照《四方报》，除了与《破报》联卖的部分之外，在可以全权处理的范围之内，拒绝刊登歧视、扭曲或打压弱势族群的广告；另外，《台湾立报》所刊登的文章与报道，其主笔或写手如有歧视、扭曲或打压弱势族群的言论，则其编辑或讨论版版主将撰文申明弱势族群立场。

《台湾立报》在台湾新闻传播界是一个十分特殊的存在，它不同于主流大报，而着力在教育、公益、弱势群体等方面的相关报道和论述，尽管发行量不高，但在台湾的学生、教育界人士和社会工作人员中间，却有较高的知名度和影响力。此外，作为世新大学附属的刊物，它在协助培养台湾新闻传播人才方面，也是功不可没的。

第十二节　《民众日报》

《民众日报》创立于 1950 年，与《台湾时报》、《台湾新闻报》并称“南台湾三大报”，总社设在高雄市三民区。由于台湾绝大多数的传媒机构都位于北部，特别是集中于台北市，因此《民众日报》算是独树一帜。《民众日报》以“强调台湾本土化，鼓吹南北平衡”为办报宗旨。

其实，这份报纸并不是诞生在台湾南部地区的。《民众日报》1950 年由李瑞标创立于基隆市，然而当时台湾光复后资源紧缺，新报又不断涌现，竞争极为激烈；由于资金不稳，屡次易主。1953 年，《民众日报》受到基隆市政府控告，发生过经营权和发行权的争夺事件，之后由李哲朗出任董事长，并于 1978 年将报社总部迁往高雄市，成立“民众日报股份有限公司”。

图 14－26　《台湾立报》

《民众日报》报道的立场是担任民众与政府的桥梁；但是在台湾戒严时期，《民众日报》也常因报道有关党外、中共与乡土等当时被认为是敏感性的新闻，受到国民党文工会、警备总部等机关的新闻检查。1957 年，该报记者林振霆因报道“五二四事件”被判处无期徒刑，最后坐牢 27 年才出狱。

1985 年 6 月 7 日，《民众日报》由于报道“中共将继续走开放路线，反对超级强国欺侮小国”、“三十位旅美前国军将领建议政府：取消戒严令另订他法，正视省议员集体辞职”等新闻，被高雄市政府以《出版法》第四十条第一项规定勒令停刊：“贵报本（六）月七日所刊载的第一版头条新闻，因标题及内容显然违反国策，有为‘匪’张目之嫌，自本（六）月十日起裁处停刊七天。”由当时的高雄市市长苏南成具名，发出停刊 7 日处分的行政命令。

1997 年，《民众日报》总编辑李旺台因为处理宋楚瑜请辞台湾省长一事当中的立场问题，而被李哲朗解聘。台湾新闻记者协会对此次事件表示抗议，并要求该报勿受政治干预。李旺台对宋楚瑜的新闻处理，与当时的报社高层政策不合；李旺台自己则认为，此事应与宋辞职风波有关，所以先行辞职。这是李哲朗第一次开除与自己有意见冲突的员工。

进入 20 世纪 90 年代后，在报禁开放的大背景下，报业市场百家争鸣，利润日趋微薄，《民众日报》也因此开始面临亏损问题。2000 年 2 月，东森媒体集团开始投资入股《民众日报》。2001 年，《民众日报》经营权正式被转售给东森媒体集团，由蔡豪担任社长。

图 14－27　曾为民众日报社总部的台湾基隆“民众大楼”

东森为台湾知名的综合性媒体集团，前身是 1991 年成立的友联全线公司，主要提供录像带以及有线电视（当时尚未合法化）服务。在 1992 年有线电视合法化后，迅速崛起并占据极大的市场份额，1993 年更名为力霸友联公司；在提供有线电视服务的基础上，该公司又开始经营自己的电视台，实现纵向一体化，1997 年 9 月更名为“东森电视台”，从开始的 2 个频道，到现在共有包含东森新闻台、东森电影台、东森洋片台、东森戏剧台、东森综合台、东森幼幼台在内的 8 个节目频道，另有 5 个购物频道，是台湾有线电视体系中覆盖面最广、自制频道数量最多的集团。《民众日报》的加入，使得东森正式成为横跨平面媒体和电子媒体的全方位传媒集团。

在东森时期，《民众日报》发行量为 20 万份左右，读者大多数分布于台湾中南部地区，年龄层散布 30～50 岁的高消费力群体，遍及全省。《民众日报》也曾连续两年获得台湾当局颁发的“最佳净化新闻媒体奖”。

然而，2007 年 5 月 1 日，《民众日报》103 位员工遭资遣，等了两个月都领不到资遣费；《民众日报》员工因此将前董事长王世均（原名王亲雄）告上高雄市政府劳工局，并质疑王世均涉嫌掏空《民众日报》。2007 年 7 月 4 日，《民众日报》劳资双方首度召开协调会；王世均在会中承诺，会在 7 月 16 日及 7 月 30 日给付所有遭资遣员工总计新台币 1 631 万元的资遣费。

2007 年 5 月，继任董事长林文雄接掌《民众日报》，该报共有 36 个地方版，地方性版面的数量和比例居台湾各大平面媒体之首，除了区域性报道比重增加之外，同时也从只偏重中南部地区调整为全岛发行。2009 年 4 月 10 日，《民众日报》与厦门《海峡导报》以互换版面方式合作。初步以两岸的旅游介绍、风土民情为主要内容。2009 年底，《民众日报》开始发行免费周报，已发放地点为桃园、宜兰两地。

Chapter 15 第十五章

台湾知名报人

第一节　联合报系创办人王惕吾（1913—1996）

在台湾报业的黄金时代，由王惕吾创办的《联合报》与余纪忠创办的《中国时报》呈双峰并峙、互不相让的竞争局面。其中，《联合报》的销量首先突破一百万份，曾是华文报纸之翘楚。虽然，后来由于网络兴起以及媒体多元化的浪潮蔚为全球主流，相形之下，平面媒体的市场占有率逐渐下滑，台湾报业的生存环境渐趋艰难，《联合报》也不复往日雄风；然而，王惕吾毕生坚持的“正派办报”原则，迄今仍是该报系自上而下人人信守的金科玉律，由此可见作为联合报系精神领袖的王惕吾，确有其令人钦佩之处。

王惕吾，原名王瑞钟，生于1913年8月29日，浙江东阳人，18岁考入中央陆军军官学校第八期，卒业后参加抗战，立过不少战功，受到蒋介石的赏识，被拔擢为蒋的警卫团团长。1948年王惕吾随军赴台，次年申请退伍，接办当时因经营不善而急于出售的《民族报》，筚路蓝缕，辛苦维持。此为王惕吾首次主持一家报业，虽然其时台湾风雨飘摇，社会人心惶惶，报纸的销量难以打开，更遑论争取广告收益；但王惕吾发觉到新闻事业才是他真正的志趣所在，故而胼手胝足，全力以赴，终于将《民族报》撑住，成为他日后发迹的一个起点。①

图15－1　王惕吾

1951年9月，因应报业生存竞争，主持《民族报》的王惕吾邀主持《经济时报》的范鹤言、主持《全民日报》的林顶立共同合作，将三家合并为联合版来经营，当时报名为《全民日报、民族报、经济时报联合版》，至1953年9月改为《全民日报、民族报、经济时报联合报》，1957年6月即正式改名为《联合报》。由于王惕吾拥有多数股权，且系《联合报》的实际负责人，故社会上一般将他视为《联合报》的创始人。

后来，随着台湾经济的发展与新闻信息需求的递增，王惕吾待《联合报》在市场上站稳之后，进而逐步创办了《经济日报》、《美国世界日报》、《民生报》、《欧洲

① 王惕吾．我与新闻事业．台北：联经出版事业公司，1991．

日报》、《泰国世界日报》、《联合晚报》、《香港联合报》七报，并推动台湾本地制造中文轮转机、中文全自动铸版机、中文计算器检排系统的研究与生产，率先引领台湾报业迈向现代化与国际化。

蒋经国去世后，王惕吾领导下《联合报》揭橥鲜明的反“台独”立场，致其受到亲日的李登辉的打压，发起针对《联合报》的“退报运动”，使《联合报》的处境略见艰难，而1996年王惕吾逝世后，台湾报业的大环境也开始收缩，2000年民进党陈水扁上台，《联合报》遭到的打压更为严苛。既然市场前景并不乐观，联合报系为撙节资源，以因应政治上及市场上纷至沓来的考验，先后将旗下的《香港联合报》、《民生报》、《欧洲日报》停刊；但整个报系仍拥有五份报纸，其中三份在台湾上市，另北美及东南亚亦各有该报系旗下的《世界日报》出刊，故以规模而论，仍为台湾最大的报业集团。

王惕吾虽然出身军旅，但自从投入新闻事业后，能够礼贤下士，对于有才华、文笔佳，且具宏观视野的知识分子十分尊重，往往设法延揽进报系，或约聘为兼差的主笔、专栏作家，使联合报系的人才库不断扩增。同样难得的是，王惕吾为提供实时而正确的重大新闻，常常不惜代价。在这一点上，台湾新闻界耳熟能详的实例不在少数，例如1985年8月26日凌晨，美国《时代周刊》传真蒋经国受访的全部问答，其中透露蒋晚年对权力继承问题的重大宣示，当时30万份《联合报》已印好，并已装上送报车，上了高速公路，王惕吾为向读者提供最新消息，立刻决定追回，并换上新的头题。这说明在面对重大事件时，王惕吾能够作出正确的决定。

王惕吾晚年曾以四个字总结他经营报业的理念与原则——“正派办报”。他说：“《联合报》是正派的报纸。我常常对报系的同仁说，我们《联合报》不是官报，而是民营报纸，这是基本的报纸立场。但是，我们不是左派，不是右派，也不是中立派，而是正派的民营报纸。正派的报纸也无所谓前进或保守。我们是正道的、正直的、正确的、正当的、正中的、正谊的报纸。”①

其实，这四个字不但凸显了王惕吾自己的经营哲学，也不啻标示了《联合报》的言论立场。多少年来，王惕吾与《联合报》历经大风大浪而仍能择善固执一往无前，颇得力于对“正派办报”这项原则的坚持。

在报业经营的实务层面，王惕吾亦有别出心裁的创意，例如，怎样激发业务人员的积极性，是报业竞争的一大关键，王惕吾为此设想出一套劳资双赢的方案，比照国民党在台湾实施“耕者有其田”政策，定名为“送者有其报”，具体做法是：为节省本身发行递送的人事开支，把社内订户报分出，帮助原有的送报生成立分销单位，如此，不但让送报生成了老板，也提高了《联合报》的发行量。王惕吾由此悟出了“让别人有钱赚，人家才会帮你赚钱”的哲学，作为《联合报》与其他企业进行合作

① 王惕吾．我与新闻事业．台北：联经出版事业公司，1991．

或结盟的指导方针，对后来联合报系的进一步壮大有裨益。

正因为王惕吾胸襟宽广，具有远见，他与同时代许多卓越人物常能建立深厚的交谊。例如，当年在台湾有“经营之神”美称的台塑企业董事长王永庆便与他缔结了终生不渝的深交；他们私交甚笃，由于王惕吾的要求，王永庆甚至担任过联合报社的董事长。事缘1972年秋，王惕吾的两位合伙人范鹤言、林顶立另有他志，决定退出报业经营，但王惕吾一时无法支付为数甚大的股权价款，于是找王永庆帮忙，王永庆先买下了三分之一的股权，后又接了六分之一，并接受了董事长的名义，然而并未过问报纸的经营。其后因恐外界的误解及压力，在1976年5月无条件退回了《联合报》与《经济日报》的股权，但是并未要求王惕吾马上偿还股金，使《联合报》不致立即产生财务危机。后来，《联合报》财务状况大幅改善，王惕吾欲将王永庆的资金连本带利奉还，但王永庆坚持只收回本金。如此这般，一个慨伸援手，一个感恩图报，堪称两位企业家的义气之交。①

关于“正派办报”，王惕吾一直念兹在兹，目睹台湾已进入多元意见、多元价值互相激荡或冲撞的时期，王惕吾向报系同仁强调，在不同的信息与意见中获得平衡的观点，而这观点是基于最大多数人利益的，照顾到最大多数意见的，又为最大多数人的福祉着想的，这样的观点就是正派的观点。王惕吾表示，这就是“正派办报”的经营方针所表现于新闻言论的立场。

王惕吾晚年公开反对李登辉借本土化之名进行分化族群的政治斗争，李登辉则以发动针对《联合报》的“退报运动”试图报复。当时联合报系虽遭受重大压力，但王惕吾坚持捍卫言论自由的原则，不为所动。他说：“政治人物的法定任期是有限的，我作为新闻媒体的董事长，任期却没有限制。”意谓李登辉是会下台的，台湾的媒体不必也不可向这种政治压力屈服。尽管王惕吾的风骨受到报系内外一致的肯定，但已过80高龄的他在多重压力下身体愈来愈衰弱，1996年3月11日凌晨，他因肝癌复发逝世；生前对联合报系各个事业体的接班序列，基本上都已作出妥慎的安排。

王惕吾生平大事年表②

1913年8月29日	出生于浙江东阳
1930年9月	考入中央陆军军官学校第八期（时年18岁）
1948年3月	以警卫团团长身份来台
1949年5月4日	参加发起《民族报》创刊
1950年1月1日	退役接办《民族报》（时年38岁）
1950年6月27日	《民族报》开始发行第二次版

① 王丽美．报人王惕吾．台北：天下文化出版股份有限公司，1994.

② 参见王丽美．报人王惕吾．台北：天下文化出版股份有限公司，1994.

1950 年 12 月 1 日	《民族报》第二次版独立发行为《民族晚报》
1951 年 9 月 16 日	倡议《民族报》、《全民日报》、《经济时报》三报联合出版，首日发行 1.2 万份
1952 年 1 月 5 日	出报依限张规定减为一张半，售价降为五角
1952 年 1 月 15 日	与李万居、李玉阶共同发起成立“民营报业联谊会”
1953 年 9 月 16 日	报纸名称由《全民日报、民族报、经济时报联合版》改为《全民日报、民族报、经济时报联合报》
1954 年 1 月 1 日	创办台北市报纸零售业务
1954 年 9 月	《联合报》财务达成平衡
1954 年 11 月 7 日	反对内政部“九条新闻禁例”的颁布
1955 年 8 月	资助布农族青年柯秋田医学院就学全部经费
1955 年 10 月 10 日	在香港开办《联合报》“香港版”
1956 年 3 月 14 日	美报业巨子小赫斯特夫妇来访
1957 年 6 月 20 日	将报名《全民日报、民族报、经济时报联合报》正式定名为《联合报》，改任发行人
1958 年 2 月 16 日	联合报报社迁往台北市延平南路 83 号
1958 年 4 月	反对政府强行通过《出版法》修正案
1959 年 6 月 15 日	与台湾宜昌机器公司签约，委托其制造第一部国产轮转印报机
1959 年 8 月 15 日	《联合报》迁往台北市康定路 26 号，开始拥有自建的报社与印刷厂
1959 年 9 月 16 日	《联合报》发行量超过《中央日报》，跃居第一位
1960 年 4 月 1 日	开始抄收美联社电讯
1961 年 1 月 1 日	实施员工互助办法
1961 年 3 月	因“雷震案”遭到政治杯葛，军方下令禁止订阅《联合报》
1961 年 4 月 1 日	创办广告商代理制度
1961 年 8 月 27 日	参加阳明山第二次会谈，联合三位报业人士共同呼吁以新闻自律代替《出版法》
1963 年 9 月 3 日	应美国务院之邀访美两个月，并顺道展开全球之旅
1964 年 1 月 1 日	发行海外航空版
1964 年 10 月 15 日	派员支持《台湾日报》之创刊
1965 年 5 月 20 日	赴英参加国际新闻协会年会
1965 年 9 月 1 日	《联合报》费时年余整理出 2 356 个中文“常用字汇”
1966 年 7 月 25 日	《联合报》每日出版增为两张半
1966 年 11 月 15 日	赴印度出席第十五届国际新闻协会年会

1966 年 11 月 22 日　访马来西亚，会见前总理东姑拉曼
1967 年 4 月 20 日　《经济日报》创刊，兼发行人
1967 年 5 月 24 日　访越南
1968 年 1 月 6 日　访印度尼西亚，会见前总理苏哈托
1969 年 6 月 4 日　赴加拿大参加国际新闻学会年会
1971 年 3 月 13 日　英报业巨子汤姆森爵士应邀来访
1971 年 7 月 16 日　联合报系迁往台北东区发展，社址在忠孝东路四段 555 号
1972 年 10 月 30 日　范鹤言与林顶立退出《联合报》及《经济日报》经营，两人股权转售与台塑企业董事长王永庆
1973 年 3 月 15 日　当选田径协会理事长
1973 年 5 月 11 日　承受王永庆转让《联合报》及《经济日报》股权
1973 年 6 月 27 日　将发行由直营改为分销，创“送者有其报”制度
1973 年 7 月 1 日　当选体育协会常务理事、中华奥委会执委
1974 年 1 月 1 日　《联合报》由合伙制改为成立股份有限公司，任董事长
1974 年 5 月 4 日　成立“联经出版事业公司”
1974 年 6 月 1 日　成立英文的“中国经济通讯社”，提供在台外商英文经贸信息
1975 年 3 月 27 日　因应限张政策，以照相缩版增加广告容量
1975 年 10 月 10 日　《中国论坛》创刊
1976 年 1 月　当选台北市报业公会理事长
1976 年 2 月 12 日　《世界日报》在美创刊，总社设于纽约，同时成立旧金山分社，是第一份向全美发行的中文报
1977 年 2 月 10 日　获美圣若望大学颁荣誉博士学位
1977 年 2 月 26 日　《联合报》因应限张，分类广告开始分地区分版
1978 年 5 月 18 日　创办《民生报》，是台湾第一份以体育、影剧、文化为主的专业报纸（时年 66 岁）
1978 年 6 月 20 日　成立“天利运输公司”，开始利用新完成的高速公路运送报纸
1979 年 2 月 16 日　获美圣若望大学国际奖章
1979 年 3 月 1 日　为报纸彩色印刷成立雷射彩色制版公司
1979 年 9 月 1 日　因肝疾赴美休养三个半月
1979 年 12 月 24 日　当选国民党中央常务委员
1980 年 6 月 16 日　美国《世界日报》成立洛杉矶分社
1980 年 9 月 16 日　《联合报》发行超过 100 万份
1981 年 2 月 16 日　成立“联合报系文化基金会”

1981 年 4 月 16 日	获韩国明知大学颁荣誉博士学位，晤韩前总统全斗焕
1981 年 8 月 1 日	《联合月刊》创刊
1981 年 8 月 15 日	联经资讯公司成立
1981 年 9 月 16 日	联合报系忠孝东路第二大楼落成，文化基金会成立“国学文献馆”
1982 年 9 月 16 日	创中文报纸计算机检排之先
1982 年 12 月 16 日	于巴黎创办《欧洲日报》，是第一份在欧发行的中文报（时年 70 岁）
1983 年 8 月 10 日	《联合报》革新版面，将社会新闻版移至第五版，第三版改刊科技文化新闻
1984 年 4 月 6 日	接受秘鲁圣岛丁大学荣誉博士学位
1984 年 11 月 1 日	《联合文学》月刊创刊
1986 年 2 月 8 日	在美国成立“世界电视台”
1986 年 2 月 18 日	接办国民党在泰国的《世界日报》，改为民营报纸（时年 74 岁）
1986 年 9 月 17 日	《美国新闻与世界报导中文版》创刊
1987 年 1 月 10 日	菲律宾前副总统兼总理劳瑞尔伉俪来访
1987 年 8 月 1 日	美国《世界日报》成立加拿大多伦多分社
1987 年 8 月 9 日	接受美东伊利诺大学颁赠人文科学荣誉博士学位
1987 年 11 月 4 日	访菲律宾，晤菲前总统柯拉蓉
1987 年 11 月 20 日	发起“为老兵返乡捐款”运动
1988 年 1 月 1 日	报禁及限张禁令解除，出报增为六大张
1988 年 1 月 3 日	南部印刷厂启用
1988 年 2 月 1 日	《历史月刊》创刊，由《联合月刊》变更登记发行
1988 年 2 月 22 日	创《联合晚报》，中部印刷厂成立（时年 76 岁）
1988 年 3 月 27 日	联合报产业工会成立
1988 年 4 月 5 日	辞国民党中常委职务
1988 年 12 月 20 日	菲律宾前副总统劳瑞尔来访
1989 年 4 月 10 日	《联合报》扩增第一版新闻篇幅，自 7 栏增为 13 栏，缩小广告篇幅为 7 栏
1990 年 7 月 15 日	联合报系林口印刷工厂启用
1990 年 9 月 16 日	《美国新闻与世界报导中文版》停刊
1991 年 8 月 31 日	捐赠老家浙江东阳成立巍山镇中学
1991 年 9 月 16 日	《联合报》编辑部实施计算机化作业
1991 年 10 月	《世界日报》在加拿大温哥华成立分社

1992 年 5 月 4 日	创办《香港联合报》，为联合报系第八份报纸，第四份海外报纸（时年 80 岁）
1992 年 6 月 17 日	冰岛前总理赫曼森伉俪来访
1992 年 9 月 1 日	邀请英国前首相撒切尔夫人来访
1992 年 11 月	《联合报》因报道中共中央政治局常委李瑞环谈话，引起“退报运动”
1993 年 6 月 13 日	成立“联合报系教育中心”
1993 年 9 月 16 日	宣布退休，长子王必成接任联合报系董事长
1994 年 3 月 20 日	邀请苏联总统戈尔巴乔夫来访
1996 年 3 月 11 日	凌晨 0：20 病逝于台北荣民总医院，享年 84 岁

第二节　中时报系创办人余纪忠（1910—2002）

余纪忠是中国时报集团的创办人，也是该报系同仁公认的精神领袖。虽然他所创办的中时报系在他去世五年后已由其子出售给在大陆经营食品业发迹的旺旺集团，但余纪忠仍被新经营团队遥尊为鼓舞后进的精神指标。这位屡次在时代转折中发挥关键力量的报人，以文人办报的理念、求新求精的作风，以及对民族认同的坚持，在华文报业史上留下了永不磨灭的巍峨身影。

余纪忠 1910 年生于中国江苏省武进县，自幼聪慧好学，且深具民族意识；及长负笈南京，就读于中央大学。毕业后，1934 年赴英国伦敦大学政经学院留学。1937 年“七七事变”发生，余纪忠决定投笔从戎，返国与全民共同抗日，历任国民党内多项党政要职，日本投降后曾奉国民党高层之命赴东北办报，从事政令倡导；后因国民党溃败，于 1949 年随军辗转来到台湾。至此为止，余纪忠的生涯和履历，与众多国民党中高层干部并无多大区别。他之生命精华，主要表现在后半生于台湾创办报纸，引领舆论，鼓吹人权与法治，带动了台湾的民主化发展。

1950 年，余纪忠在物力维艰中创办了一份经济性刊物《征信新闻》。初期销路平平，但余纪忠全力以赴，甚至亲自骑着简单的脚踏车上街兜售，终于达到了损益两平的阶段。随着台湾经济逐渐改善，余纪忠在《征信新闻》营运日渐成长后，陆续将之更名转型为《征信新闻报》及《中国时报》，后来台湾社会日趋富裕，广告收益与报价亦水涨船高，余纪忠眼见情势有利，陆续再创立了《时报周刊》、《工商时报》、《中时晚报》及相关机构，成为台湾最具规模及影响力的报系集团之一，和另一传媒集团联合报系对立争衡，写下了华文报业发展史上波涛汹涌的壮观册页。

余纪忠素来崇仰中国近代史上以“匹夫而为百世师，一言而为天下法”著称的梁启超，故而从梁氏的《新民丛报》中摘取“开明、理性、求进步，自由、民主、爱国家”的诉求作为办报宗旨。他曾手书：“《中国时报》的使命是政治民主、民族认同、稳定大局。我希望国人要有民族的大爱，政府施政要以民意所归为基础，从而建立廿一世纪中前途无量的新中国。”在维护言论自由、追求民主、保障人权、坚持民族认同及关怀本土各方面，余纪忠亦步亦趋地追随他心目中的导师梁启超，《中国时报》的社论常以梁氏的思想与言论为依归，是显而易见的。

图 15－2　余纪忠

余纪忠创办《征信新闻》之初，筚路蓝缕，篇幅仅四开一张，内容以财经为主，然而报道及言论皆精辟深入，切中时要，影响力迅速扩及社会各层面，乃得于 1955 年购买机器，自建工厂。1960 年 1 月 1 日改名《征信新闻报》，内容已具综合性报纸的规模。1968 年 3 月，余纪忠正式启用美国高斯公司的新型轮转式彩色印报机，印出全亚洲第一份彩色报纸；全球华文报纸进入彩印时代以此为始。同年 9 月报名改为《中国时报》，声誉规模自此加速发展，确立华文大报的地位。

自从采用彩色印刷并改名《中国时报》之后，由于适逢台湾经济起飞，且社会对新观念、新信息的需求格外殷切，而余纪忠求新求变的办报作风恰与这样的社会需求交互激荡，于是，《中国时报》的销量在短期内直线上升。行有余力，余纪忠于 1978 年发行《时报周刊》，同年 12 月 1 日《工商时报》创刊，一个报业王国的版图，已经赫然在目。1982 年 8 月，美国发行稽核局发表稽核报告称，《中国时报》每日有费报实销数突破 100 万份。《中国时报》由是成为发行数字经国际权威发行稽核机构认证的唯一华文报纸。同年，美洲《中国时报》在纽约及洛杉矶两地建厂，于 9 月 1 日同时发行。中时集团一时气势烜赫。

但“福兮祸所伏”，正在中时集团蒸蒸日上之际，却发生了与蒋经国身边的党政高层扞格龃龉的事件。1978 年洛城奥运，美洲《中国时报》大幅报道中国大陆选手得奖消息，引为华人之光，持论观点开风气之先，却触犯政治禁忌。当时台湾尚在外汇管制时期，蒋经国身边的保守势力趁机运作，卡住余纪忠在美国办报经费所需的外汇，美洲《中国时报》从而被迫停刊。1986 年 3 月，余纪忠以处理美洲中时停刊后的资产为由，在美国设置“时报文化基金会”，奖助在美华裔子弟修业与深造，并资助美国学术机构及学者有关中华学术文化的研讨与著作。这是无可奈何下的善后处置，也是余纪忠在台湾政界的一次挫折。

但时代进步的轨迹毕竟历历可见。1988 年 1 月 1 日，台湾报禁解除，余纪忠于 3 月 5 日宣布《中时晚报》创刊。继而于同年 12 月 1 日宣布在台北成立“时报文教基金会”，从事公共政策研究，并协助推行。

至此，美洲中时被迫停刊的阴霾，已告消散。1986 年民进党组党时，余纪忠下令《中国时报》大幅报道相关消息。而蒋经国亦公开宣示“时代在变，环境在变，潮流也在变”，台湾民主改革及政党政治的时代也随之开启。

1988 年 1 月，蒋经国逝世，作为国民党中常委一员的余纪忠以稳定政局为重，《中国时报》与《联合报》同时发挥了稳定人心、协助促成党政平顺转移的舆论功能。一方面，在积极支持民主改革的同时，余纪忠也强调健全法治，俾使民主体制可长可久。另一方面，由于中华民族认同是余纪忠毕生所坚持的大是大非，因此在继任蒋经国的李登辉开始流露向“台独”倾斜的意向之际，他开始与原先颇为寄望的李登辉划清界限，转而积极推动两岸良性互动，更通过《中国时报》的系列社论，提出“中华邦联”主张，作为两岸共创荣景的蓝图。这是他抵制“台独”路线的鲜明表示，及至 2000 年陈水扁上台，他主张两岸和平互动的意念更为坚定，甚至不顾身体虚弱，一再亲自访问大陆，试图营造两岸间的亲善气氛。凡此，均显示他的民族意识诚属老而弥坚。

余纪忠在大陆生活四十寒暑，在台湾度过五十年岁月，对两岸乡土具有同样真切的热爱。他一贯秉持的民族认同、稳定大局、否定分离主义、国土不容分裂等主张，皆以达到国家和平统一为最终目的。在陈水扁当政、民进党气焰极高的年代，他明确提出两岸经由签订和平协议、开放三通、加强经建合作、共组邦联等具体步骤，最后组成联邦，以达成中华民族和平统一的方案，委实是需要有些道德勇气的。但事实证明，两岸良性互动及互利双赢，毕竟是大势所趋的历史脉动。

1999 年 2 月，余纪忠捐资成立“华英文教基金会”，奖助母校大陆东南大学、南京大学学子从事高深研究。5 月中返乡扫墓并访母校后，于 18 日在北京钓鱼台国宾馆会晤中国国家主席江泽民，就两岸情势表达具体看法。2000 年 10 月 2 日，《中国时报》五十周年社庆，余纪忠曾发表专文，呼吁两岸领导人慎辨情势、排除空言、把握时机，化解战争危机，缔造和平新局。这是针对当时陈水扁的倾独言行所提出的忠告。虽然言者谆谆，听者藐藐，但余纪忠克尽知识分子言论报国的心意，却是全球华人社会的有议之士都心知肚明的。

总之，余纪忠领导手创的中时报系，五十余年一路走来，坚守的信念与秉持始终如一，爱国热忱与谋国忠荩历久弥坚，一方面，实堪文人办报的典型；另一方面，也是文人办报的奇迹。一份报纸对国是、时局、社会、人心作出如许贡献，产生如许影响，在报业史上应属仅见。虽然他的后人无法克绍箕裘，终将整个中时报系出售，但余纪忠自己在华文报业史上的分量和地位，终究已屹立不移。

2002 年 4 月 9 日，余纪忠因肝癌不治逝世，在卧病期间犹念念不忘如何促进两岸良性互动，对中华民族的前途之关怀尤其情见乎词。

2010 年 10 月 30 日，由佛光山星云大师邀集台湾新闻、文化界资深人士所创设的“星云真善美新闻传播奖”，颁发“华人世界特别奖——典范报人”给《中国时报》余纪忠与《联合报》王惕吾两位报社创办人，以表彰他们对华文报业的卓著贡献。前者由其女——“余纪忠文教基金会”董事长余范英代表受奖。她说父亲是中国的知识分子，对民主有坚持，对大局一向宏观；心胸开阔，对细节一丝不苟，坚持理性诉求。希望父亲对新闻人的期许与坚持，能通过这个奖继续传承下去。

《中国时报》创办人余纪忠生平纪事

年份	事件
1910 年	出生于江苏常州
1937 年	投身军旅
1946 年	前往大陆东北方，陆续担任东北行营部主任、东北保安司令部政治部主任、中宣部驻东北特派员
	在东北创办《中苏日报》，担任发行人兼社长
	11 月，当选制宪国民大会代表
1948 年	调任中国国民党中央党部训练委员会主任秘书
1949 年	举家迁台，担任物资调节委员会经济研究室主任
1950 年	10 月 2 日，在台北创办《征信新闻》，此为《中国时报》前身
1960 年	1 月 1 日，《征信新闻》易名为《征信新闻报》
1968 年	9 月 1 日，《征信新闻报》改名为《中国时报》
1958 年	6 月 21 日，《出版法》通过，余纪忠撰写社论，严指此举危及新闻自由与民主形象
1975 年	1 月 24 日，时报文化出版公司成立
1978 年	3 月 5 日，成立《时报周刊》
	12 月 1 日，《工商时报》创刊
1979 年	12 月，当选中央常务委员
1988 年	1 月 1 日，报禁解除，中时报系发表社论“乐见报禁开放——为民主自由的勇者”
	3 月 5 日，创办《中时晚报》
	7 月，请辞国民党中常委职务，决心专心办报
	12 月 1 日，成立“时报文教基金会”作为回馈社会的起步、基础
1989 年	12 月 22 日，成立时报信息公司

（续上表）

年份	事件
1990 年	10 月 8 日，获聘为国统会委员，参与研究制定国家两岸政策发展方针
	10 月 23 日，“时报新闻实时系统”举行开播仪式
1995 年	4 月，清明节前夕返回江苏常州故乡祭祖省亲，回到阔别 40 多年的故乡
	9 月 11 日，中时全球信息网正式上线，10 月 2 日宣告成立
1998 年	5 月 3 日，时周多媒体公司成立，整合报系资源，多元化经营，为事业版图厚植实力
1999 年	4 月 26 日，获中央大学颁赠荣誉文学博士
2001 年	10 月 2 日，中时 51 周年茶会上，余纪忠宣布交棒给其子余建新，正式卸下中时 51 年报务管理，改任创办人，中国时报文化事业公司董事会改组，另网罗中时社长黄肇松、副社长胡鸿仁、总编辑林圣芬、中时网科董事长郑家钟及王笃学担任董事，中时报系从此步入团队经营新时代
2002 年	4 月 9 日上午 10：08，逝世，享年 93 岁

第三节 《自由时报》创办人林荣三（1939— ）

《自由时报》号称是台湾目前发行量最大的报纸之一，仅次于《苹果日报》，强调本土优先、台湾至上，一贯以反对国民党、支持民进党为主要诉求，是绿营在平面媒体方面的最大支持力量。由于意识形态立场鲜明，在媒体专业表现方面不免引起争议；虽然如此，它的促销手段灵活，现已稳居台湾四大报之一。《自由时报》之所以展现出如今这般的风貌，创办人林荣三的理念、作风，是其关键。

图 15－3　林荣三

林荣三，1939 年 5 月 27 日出生，为台湾省台北县人，毕业于开南商工职业学校高商部。由于经商有成，曾担任国际青商会三重分会正副会长、私立开南高级商工职业学校董事会董事，并热心从政，在国民党主政时代曾任“立法委员”、“监察委员”、“监察院副院长”等职，及至陈水扁上台，林荣三的《自由时报》更与民进党水乳交融，甚至偶尔介入民进党内部的派系之争。林氏育有三男一女（长子林鸿联、次子林鸿邦、三子林鸿尧)，妻子是林张素娥，子女皆在家族企业任职。

林荣三出身于以房地产和建筑业起家的“三重帮”。其中，林荣三家族以联邦建设、宏泰集团为主轴，经过多年经营发展，不仅政经实力雄厚，还介入金融产业与新闻产业的经营，如联邦银行、联邦证券与《自由时报》即属联邦建设；至于宏泰集团也另拥有安泰银行及若干寿险业的经营权。三重帮几个家族之间有复杂的血亲及姻亲关系，俨然形成家族政治、派系群体等复合联盟性质的政商集团，也因为三重帮的政商人脉，林荣三得以进入政治领域，发挥长袖善舞的能耐；但后来因其财团色彩被指为“黑金”，受到社会非议，时任国民党秘书长的宋楚瑜，因形象顾虑坚持不提名林荣三竞选监察院副院长，林荣三愤懑之下，遂决定全力投入十年前买下、他自己并未参与主持的《自由时报》，并从批判宋楚瑜一路扩大到反对国民党，使《自由时报》成为深具政治立场的媒体。

为了一圆报业梦，林荣三花费不少，初期投资约三亿元台币，1988 年台湾报禁开放前，他已投入六七亿元，其后又投资十余亿元。《自由时报》在经营初期常亏损，但林荣三锲而不舍，多方设法，终于在报业界站稳了脚跟，进而逐步扩大版图。

他的经营理念系由长年经营房地产而来，因此经营报纸的手法较之当时的竞争对手《联合报》、《中国时报》等更为灵活，甚至不惜大量赠送免费报，以提升《自由时报》的阅读率，并以之拓展广告收益。

他全心投入报纸经营，事必躬亲，从报纸内容，到编辑手法、推广报章的策略，甚至到每一名记者、编辑、业务人员的培训，他都亲自参与，结果是《自由时报》带有强烈的林荣三个人的风格，有人形容《自由时报》没有特别的或多元的文化，只有“林荣三文化”。

林荣三的学历不高，只是高商毕业，因本身的经验背景，他对报纸的要求并不在乎是否符合专业要求，或文字是否优美、报道是否周延；据《自由时报》员工表示，林荣三对新闻的要求主要是立场必须合乎本土、亲绿，而表达则要求明快、直接。《自由时报》的资深记者就说：“这里的优点是长官的思想一致，全都泛绿，大家写稿都心知肚明，文笔普通、有错字没关系，立场搞对就好。”

至于报纸营销方面，林荣三注重的是“大数法则”，凭借经营房地产所能掌控的庞大资源，他经常以骇人听闻的促销方案来扩大《自由时报》的订户及零售数量。

台湾媒体界迄今犹对他的某些促销手法议论纷纷，例如狂送黄金、率先降价为每份 10 元、在发行量还明显落后的时候再三强调阅报率第一。这些撒下重金的做法果然有效，《自由时报》的销量如今已号称全台湾第一。

媒体本应自觉地恪守客观中立，但林荣三却强调鲜明的政治立场，这本应是主持及经营媒体的大忌，但台湾情况特殊，政治上蓝绿对立严重，影响所及，社会大众亦常形成偏蓝或偏绿的“分众效应”，于是，《自由时报》鲜明的政治立场使其成为台湾独派、泛绿的主要代表媒体，广告量及发行量反而较强调客观中立的其他主流报纸成长得明显。

《自由时报》前身是1946年12月12日创刊的《台东导报》，由于经营情况不佳，1948年12月12日，在台东县国大代表陈振宗等地方人士支持之下，申请改为《台东新报》，由陈振宗出任发行人，正式发行日刊报纸。之后由于亏损太大，1950年10月11日宣布停刊，直到1952年7月12日，经国民党台东县党部主任委员吴若萍出面主持，才得以复刊。但销售范围仅限于花莲与台东两县，缺乏广告收入，经营困难，勉强维持到1961年1月1日，宣告停刊。停刊后迅速转手，买主易名为《远东日报》重新发刊。1978年初经营权再转移，改名为《自强日报》，此次转手发行地也从台东迁往彰化。1980年4月，《自强日报》以新台币4 000万元转卖给林荣三所属之联邦集团，1981年1月1日改名《自由日报》，正式成为中部地区的地方性报纸。1986年9月15日，该报获准迁至台北县新庄市发行，翌年9月再度更名为《自由时报》，并开始积极往全岛性报纸的规模发展。但初期林荣三并未投注心力，直到他与宋楚瑜结怨，为了彰显自己的实力，同时也认识到解严后的台湾，媒体经营是大有可为的事业，而正在迅速茁壮的本土政治势力，亦正需要新兴媒体的支持与结盟。这其中显然隐含了极大的商机。在企业经营上精明而霸气，且拥有三重帮财团背景的林荣三及时把握了台湾政治转型的商机，故能使得《自由时报》在媒体逐鹿中脱颖而出。

岁月迁移，台湾企业界第一代创业者大都已经交棒，在新闻界，《联合报》甚至已由第二代向第三代过渡，而《中国时报》则已转手给以在大陆经营食品业发迹的旺旺集团；就《自由时报》而言，年事已高的林荣三准备交棒给下一代，亦属意料中事。

据林荣三身边的亲近人士透露，属三重帮的联邦集团，横跨建筑、媒体与金融等领域，应会在创办人林荣三安排下，由三个儿子逐渐接棒，分掌不同事业体：老大林鸿联主导联邦银行，老二林鸿邦负责《自由时报》与《台北时报》业务，老三林鸿尧则掌管联邦建设。其中，林鸿邦是林荣三次子，学成归国后，在报社以董事长特别助理身份见习，管理《自由时报》最强势的营销业务部门。在见习时每天必做三报广告比较，发现有漏失的广告，会去寻找原因；在林荣三修改社论时，林鸿邦随侍在旁，有时会发表意见。可见林荣三已在安排由林鸿邦接手《自由时报》，故而作出如此具体的规定。

事实上，林鸿邦在2005年正式接任社长后，逐渐展现当家做主的一面，当年8月间便进行了大规模的组织调整，重新编组为大政治、大生活、大社会、影艺中心、财经中心、地方中心等部门，意在缩短指挥流程，他还一口气调整了十几位主管的职务，并使用“执行长”这类商业管理气息较重的称谓，意味新人必须各就战斗位置。林鸿邦上任后每天在编辑台看版面，但除了头版仍由社长及总编辑拍板，其他焦点新闻则通过投票决定；此外，为了鼓励记者多做深刻报道、挖掘独家内幕，提出每个月

200 万元台币的独家奖金额度，独家新闻可获数千元至万元不等的奖金。由此可知，林鸿邦的企图心不容小觑，《自由时报》在未来的竞争力仍然可观。无论如何，在三重帮的财力支持下，《自由时报》在台湾报业市场上仍将是一个横跨政商两界的庞然大物。

第四节　曹圣芬（1914—2003）与《中央日报》

在台湾报业发展史上，长期主持国民党营第一大报《中央日报》，使该报既维持了代表党政当局立场与意向的权威性，又能在商业性媒体市场中表现出不容低估的竞争力，确实是非常令人瞩目的绩效。而这绩效，乃是被党内外批评者一致指为保守派的曹圣芬所缔造出来的。曹圣芬从 1961 年 6 月出任中央日报社社长，到 1972 年卸任，横跨了从蒋介石威权统治到蒋经国推动改革的政局交替时期，在 11 年任内，他领导《中央日报》成为台湾新闻、言论界举足轻重的大报，与民间崛起的《联合报》、《中国时报》鼎足而立。

曹圣芬卸任之际，正是国民党高层的保守派势力式微，蒋经国逐渐拔擢的革新保台派及本土精英开始掌权的时期，但曹圣芬仍长期保持国民党中央常委的身份，作为保守派在党政权力核心的代表，蒋经国亦仍不时向他征询意见，尤其重视他对媒体走向、民意及舆论的分析，可见他其实是两蒋都充分信任的重量级报人。

曹圣芬，1914 年生于湖南益阳，毕业于中央政治学校新闻系第一期，国学根基深厚，文章典雅简洁，对新闻事业的抱负，深受其恩师马星野（日后长期担任国民党中央社社长）的启发，对于新闻事业产生浓厚兴趣，并在马氏的引荐下进入中央社。抗战军兴，曹圣芬辞去中央社记者一职，前往重庆军事委员会侍从室第二处工作，任蒋介石中文秘书，由于工作勤敏，文笔流畅，获得蒋的赏识。抗战胜利不久，内战全面爆发，国民党溃败，蒋介石引退返回浙江奉化老家时，曹圣芬亦为赶去陪伴的随从之一。迁台之后，1952 年重返新闻界，受蒋介石资助，赴美国密苏里新闻学院研习两年，回台后由蒋亲自指派他进入《中央日报》，历任中央日报社社长、董事长，以及中央通讯社董事长。可见，曹圣芬能够在国民党内脱颖而出，成为主持重要报社及通讯社的干部，而且始终受到信任，虽然党内觊觎其位的高层人物不在少数，流言蜚语亦层生迭出，但他一直屹立不摇，实缘于蒋介石肯定他患难相随之举，故而一路挺他之故。

然而，曹圣芬能将《中央日报》的编务与业务都带上轨道，甚至一度还在市场竞争中展现出专业化、灵活化的优势，威胁到《联合报》、《中国时报》等民营大报，并非只靠党政高层的关系，其鲜明的人格特质亦有以致之。据业内行家的分析：首先，曹圣芬颇有文人的风骨，他不脱书生本色，始终力主为社会打抱不平，公开向黄色新闻宣战，强调勇于负责应从“更正”做起。他强调：“我自己读报也常发现错误，这些除了显而易见之外，第二天均须在同版原地更正。”他的择善固执，使他主持的报纸获得不少读者的肯定与共鸣。至于他经常怀持经营者的危机感，是因认为台湾的报业市场规模有限，读者的口味会与时俱进，故而办报的人绝对不可故步自封，必须不断面对时代的脚步而充实采编的内容。他常向报社记者指出，成功的新闻事业必须具有永葆领先的竞争力，而记者对新闻的敏感度和表达力即是决胜的关键。

接触过他的记者或编辑大都感受到他具有择善固执、嫉恶如仇的人格特质；其实，大凡保守主义者通常都如此。具有这种人格特质者，当然往往有其思维上、视野上的盲点，在领导上易流于自以为是的威权主义做派；然曹圣芬因早年曾受名师启迪，颇知自我反思与检讨，故主持报业时倒兢兢业业，未曾犯过一意孤行的错误。

究其原委，与他早年曾受到文化素养深湛的良师启迪有关。例如“五四”时代的文化界健将罗家伦便是其一。曹圣芬出身中央政校，当年由蒋介石自己兼任校长，校务重担则落在教务主任罗家伦肩上；罗家伦每周发表演讲，意在鼓舞学生对中华民族与中华文化的信心，并加强学生的忧患意识，讲稿后来编成《新人生观》一书，曹圣芬从中认清了危机感的重要性。抗战期间，重庆时遭日机空袭，蒋介石、文化大老吴稚晖和作为蒋介石秘书的曹圣芬常在同一个防空洞躲警报，吴稚晖见曹圣芬颇为用功，不时加以点拨。曹圣芬回忆道：“我们在洞中陪稚老海阔天空地聊天，他走的地方多，经验又丰富，而且智慧高，观察入微。”尤其是吴每回入洞，必手提一只防空布袋，里面装有五件应急物品，即药品、小刀、印章、书籍及日记，“有意无意之间，等于给大家上了危机管理的课”，令他终身感念。

日后曹圣芬主持下的《中央日报》，在新闻报道上力求客观正确，关于政府政策制定与施政经过，经常有详明的记载。对国家文献的保存，具有重大贡献；对于各种社会活动，均予适当报道；重视人情味故事，凡好人好事，必加以表彰，以树立社会之楷模。而且，对于政府错失、社会黑暗，亦敢于披露和批评，无所隐讳；但他同时注重此类新闻报道的教育作用，以期揭发黑暗之后能指引光明的途径，抨击犯罪之后能显示法律的尊严。凡此，均系曹圣芬受益于吴、罗等文化宗师的心得，而反映在他办报所揭橥的方针上。

至于注重新闻发布的平衡，要求尽量运用其篇幅，真实反映当日各种社会活动，而给予适当比例，则是曹圣芬留学美国密苏里新闻学院的心得所致。曹圣芬曾撰文宣示：“报纸之所以存在，政府之所以保障新闻自由，乃是要使各种社会活动和社会现象，通过报纸，真实地反映于社会大众。其善者大家予以赞扬，使之获得鼓舞；其不善者大家加以检讨，共同促其改进。所以报纸必须公平正直，无惧无私，而自视为社会之公器。”这虽不无为国民党及《中央日报》作形象宣传的意味，但多少也反映了他心目中理想的报业环境及高水平的报纸言论所应遵守的基本原则。

曹圣芬主持下的《中央日报》的另一项创举是宁愿承受财务亏损，也要发行海外版以期扩大影响力。这虽然主要是基于国民党对海外宣传的需要，但毕竟使当年缺乏实时中文信息的华侨，得以迅速获得台湾消息，而由于曹圣芬要求在版面上加强对中华文化的内涵及相关的展演活动的报道，亦确实满足了海外广大华侨在这方面的需求。

由于曹圣芬被归类为国民党内保守派的一员，当蒋经国逝世，李登辉掌握党政大权后，他理所当然地失去了发言的舞台与机会；当台湾首次政党轮替，国民党下台而由陈水扁当权时，《中央日报》在市场也陷于一泻千里的颓势。在连战担任国民党主席时，《中央日报》虽已严重亏损，仍苦苦撑持。及至曹圣芬于2003年6月逝世于台北荣总，三年后马英九接下国民党主席，主动宣布《中央日报》停刊，终于让这份被公认为代表国民党的大报画上了休止符。即使停刊后因顾虑党员反弹激烈而仍保留了一份电子报的形式，但曹圣芬那个时代的《中央日报》，毕竟已成明日黄花了。

第五节　楚崧秋（1920—　）：国民党转型时期的重要报人

楚崧秋是国民党败退到台湾之后，在新闻、文化及言论政策和执行方面的主要代表性人物，负责过党营的主要媒体如《中央日报》、《中华日报》等的社务和新闻采编、主讲写作等重点任务。由于得到蒋经国的充分信任，他在国民党内对新闻、出版、意识形态领域都有相当程度的发言权；当蒋经国后期推动改革及开放两岸交流时，他所主导的《中央日报》是党内在言论上主要的襄赞力量。蒋经国去世后，他鉴于“台独”声浪在台湾逐渐高涨，乃尽力推动跨海峡的文化交流，希望增进两岸间的了解，减少彼此的隔阂与敌意。

因此，作为国民党在新闻、文化领域的重要执行者，楚崧秋在台湾报业发展过程中，早期扮演的是管制和辅导的角色，而后期则随着蒋经国的改革政策端上台面，他也改变角色，成为开放和交流的襄赞者，从而使他不但得以受到国民党内开明人士的肯定，也受到不少党外人士的尊重。

图15－4　楚崧秋

楚崧秋生于1920年8月，出生地是湖南湘潭白云乡，1943年毕业于重庆中央大学，取得政治学系学士学位。后因长期投身新闻文化事业，受到外界肯定，曾获韩国檀国大学荣誉哲学博士、秘鲁圣马丁大学荣誉法学博士学位。他还曾执教台湾师范大学、中兴大学、中国文化大学、政治大学等校，主要讲授与新闻或文化传播相关的课程。

1946年，楚崧秋就读中央干部学校研究部一期时，担任蒋经国秘书，其才干获得蒋的欣赏。国民党迁台后，1954 年 9 月，楚崧秋由蒋经国推荐入革命实践研究院党政军联合作战研究班、国防研究院进修，顺利毕业。其后，楚崧秋又获蒋中正赏识，侍从中文秘书及新闻言论秘书。1958 年，楚崧秋被派任国民党中央委员会第四组副主任，之后又担任“国民大会”新闻秘书。1963 年 11 月起，楚崧秋担任国民党第九至十三届中央委员。1964 年 9 月，楚崧秋担任中华日报社社长兼总主笔，兼任《成功晚报》发行人；楚崧秋担任中华日报社社长兼总主笔时，宣示：“新闻第一，言论第一，少刊官样文章。新闻取舍，只要不背离原则，不可太保守。登我们应登的，去我们不得不去的。”1972 年，楚崧秋转任《中央日报》发行人兼社长，主导《中央日报》总部从台北市忠孝西路迁址台北市八德路，并宣示《中央日报》必须是“党的政策的前驱和后卫而不仅是信徒，政府施政的谏士和诤友而不仅是护使，社会大众的良师与益友而不仅是工匠”。1977 年 9 月，楚崧秋转任“中华文化复兴运动总会”副秘书长；1978 年，他又受命担任国民党“中央文化工作会”主任、文化艺术基金会主任。1980 年 7 月，楚崧秋接任中国电视公司董事长，后转任中马星文经协会理事长，1987 年 8 月，又转任《中央日报》董事长。1986 年 10 月 26 日至 30 日，“中央图书馆”举办“蒋中正先生与现代中国”学术研讨会，楚崧秋在“蒋中正先生之思想学说与行谊组”发表论文“阳明学说对蒋中正先生思想德业的影响”。1987 年 8 月 15 日，楚崧秋转任《中央日报》董事长，马树礼接任中国电视公司董事长。1989 年，楚崧秋担任中国新闻学会理事长。

由楚崧秋如此频繁地转任国民党内与新闻、言论、媒体及文化政策有关的重要职务，便可看出蒋经国对他的倚重。事实上因他在台湾报业发展过程中，被各方认为思想尚属开明、基本上可以沟通的国民党高层人物，所以，解严以后，民间崛起的各新兴媒体对他仍维持一定规格的尊重。

回顾 1978 年他担任国民党“中央文化工作会”主任，主管文宣系统期间，正是台湾政局酝酿发生重大动荡的阶段，党内外压力纷至沓来；及至美丽岛高雄冲突事件爆发，台湾人心惶惶，楚崧秋面对国际媒体的探询与质疑，因应尚称得体。1980 年，蒋经国命他继李焕担任中视公司董事长，以示慰勉。1987 年，国民党为免《中央日报》失去竞争力，再次任命他回到该报社接任董事长。1989 年当选“报业协会理事长”。1989 年任新闻学会理事长。这表示，在国民党逐渐失去媒体竞争的优势之际，他仍被蒋经国及党政高层视为有可能力挽狂澜的干才。然而，从台湾报业后来的实际发展和演变看来，楚崧秋终于力有未逮，《中央日报》未能摆脱困境，在国民党财力难以再挹注的情况下宣告停刊。

在为国民党经营媒体的任务全都告一段落后，楚崧秋转而奔波在海峡两岸，为改善两岸关系，促进国家和平统一的目标贡献心力。1992 年 4 月，南京大学、东南大学（前身为中央大学）建校 90 周年纪念时，两校校长发函邀请在台校友楚崧秋等返校聚会，南京大学聘他为“南大校友总会名誉理事”及“特聘教授”，东南大学则聘他为“东大校友总会名誉会长”。可见大陆的母校也注意到他在新闻文化领域的表现，而给予他适当的肯定。

1993 年 1 月 7 日，他应上海社会科学院、上海国际问题研究所、上海市台湾研究会以及台北的亚洲与世界社邀请，参加在上海市举行的“二十世纪经济对海峡两岸之挑战”学术研讨会。在研讨会举行期间，楚崧秋与香港报业代表联合提议在香港举办第一届大陆、香港、台湾新闻研讨会，得到积极响应。同年 11 月 24 日至 26 日，第一届研讨会在香港举行，由香港新闻行政人员协会主办。其后，大陆、香港、台湾轮流主办研讨会，至今已举办十届。楚崧秋强调，“新闻交流不要沦为口号，而要成为加强了解和沟通的桥梁”，现在大陆、香港、台湾的新闻交流已在热络进行中，回溯当年的解冻过程，楚崧秋确实扮演了一个推手的角色。

1996 年 9 月他专程返籍探亲时，曾应湘潭大学潘长良校长邀请，赴湘潭大学参观，受到湘大万余名师生的热烈欢迎。为了纪念他的母亲，楚崧秋还从其退休金里捐出人民币 50 万元，在湘潭大学人文院设立了奖学基金，湘大师生对楚先生的义举表示感谢和钦佩。如今楚崧秋已届 90 高龄，仍对促进两岸新闻、文化的交流与合作念兹在兹。

楚崧秋在主持经营媒体事业之余，仍写作不辍，其著作包括《美国政党政治之研究》、《舆论与政府》、《意大利的重建》、《美国总统选举与民主政治》、《沧海微言》、《报与办报》等。他现住美国旧金山，由妻子陈少熙陪伴，子女均有高学历，亦皆已成家自立。

第六节　吴三连（1899—1988）与自立报系

在国民党于台湾实施戒严的时期，虽然仍有少数由本土人士所主持的媒体扮演着常提出异议的角色，但因规模所限，皆未成气候；唯有由吴三连压阵的《自立晚报》，曾经发挥相当可观的影响力。及至蒋经国宣布解严，开放报禁，吴三连更创办《自立早报》，形成一个隐然与国民党持不同政见立场的异议报系。吴三连在台湾报业发展史上的特殊地位，主要奠基于他在国民党独大的漫长岁月中，能够不卑不亢，力守底线，并与被外界称为“党外”的在野势力巧妙地呼应，终于发挥正面效应，促使国民党走向民主化的改革之路。

吴三连，台湾台南学甲人，1899 年 11 月生，东京商科大学（今一桥大学）毕业。曾任台湾省议员、台北市市长，以及《自立晚报》、台南纺织创办人，为日据时期与战后台湾民主运动、社会运动及政治运动的先驱人物。

吴三连留日期间曾经参与改革台湾的运动团体“新民会”、“东京台湾青年会”等组织，并且积极参与过林献堂的“台湾议会设置请愿运动”；大学毕业后出任大阪《每日新闻》记者，后于 1932 年返台出任《台湾新民报》编辑。之后又转任《台湾新民报》论说委员、整理部长兼政治部长，一直到1941年2月，因与日本总督府内的右翼官员发生龃龉而被迫离职。

日本投降后，1946年吴三连参选制宪国大代表选举，以全台第一高票当选；1947年又以高票当选第一届国大代表；1950年受陈诚指派出任台北市市长，并且于1951年台北市长民选时得到高票连任，但他始终不曾加入国民党；1954年吴三连参选台湾省议员并且当选，与本土政治人物郭雨新、郭国基、李源栈、李万居并称为"党外五虎将"。此段期间，他不但投入《自立晚报》的经营，同时也参与雷震发起的组党运动。后来雷震的《自由中国》杂志因发表反攻无望论等批评国民党的言论而触怒蒋介石，被迫停刊，雷震本人及杂志社多人更锒铛入狱；吴三连幸未受到牵累，在民间的声望反而更加崇隆，俨然成为台湾反对势力的标志。

另一方面，吴三连因其以台南为基地的家族事业一直相当成功，且随着台湾经济发展的脚步而蒸蒸日上，所以他又俨然成为商界实力集团"台南帮"的重要精神领袖，地位崇高，在企业界有相当分量。由于有庞大实业作为后盾，吴三连在经营《自立晚报》时便少了财务上的顾虑，无须为争取国民党党营事业的广告而瞻前顾后，遂得以秉持客观、中立、本土的原则，为当时的台湾留下一小片言论自由的空间。而在20世纪80年代党外运动勃兴时，吴三连因具政商两栖的大老身份，够资格与当局协商，故曾多次扮演调和鼎鼐的角色。

事实上，当初吴三连出面主持《自立晚报》之时，正是台湾政治气氛森冷肃杀，新闻媒体频遭打压的严冬。继雷震的《自由中国》杂志被查封，李万居的《公论报》也因触犯禁忌而遭到停刊；正在如此黯淡的时刻，吴三连毅然挺身而出，开始了《自立晚报》的办报生涯。而蒋介石与国民党鉴于吴三连在台湾本土社会甚孚民望，并考虑到国际社会对雷震案的不良反应，试图以批准吴三连办报来挽回国际形象。如此一来，却为台湾媒体界、言论界的持不同政见者留下了一个可以发表异议的园地。

尽管雷震的入狱、《自由中国》的停刊、组党的中辍，带给吴三连相当沉重的感慨；可是，他追求社会公义和清廉政风的信念却未因而放弃。他决定继承《自由中国》与《公论报》未竟的志业，包括政治立场上对言论自由的争取及政府效能的改革、媒体环境上独立报业的继续及公共领域的表现等，从此成为吴三连领导下的《自立晚报》接棒跑下去的目标，由此而延续了政治异议人士的精神传统。在戒严时期的台湾，在威权统治的森冷环境中，《自立晚报》从20世纪60年代开始成为相当具有感染力的本土报业，并为当时"党外"唯一发声的管道和国民党证明它治理下仍有新闻自由的象征。

从创办《自立晚报》开始，吴三连即定下了"无党无派，独立经营"的基本原则，而自立报系在相对艰难的经营环境下逐步成长，便可视为这项基本原则的逐步实践。尽管吴三连是台湾政坛耆宿，又是台南帮精神领袖，为了安定本土社会的群众心理，国民党对他至少在形式上一直表示尊重；但当他接受友人李玉阶的邀约入主

《自立晚报》时，仍遭到主政者的阻挠。日后吴三连提到个中情由时，辄以“当局基于种种考虑未予允准”一语带过，但真正原因显然是国民党对他存有疑虑。最后，国民党方面要求让他们所信任的台南帮政商人士许金德一起加入，并由当时的省政府派国民党籍的叶明勋担任社长，形成“三方合作”的局面，始通过吴三连入主《自立晚报》案。可见他必须谨慎以对隐含敌意的办报环境，几乎是在夹缝中将《自立晚报》逐渐发展起来的。

但吴三连的办报信念坚定不移。他在自立晚报四十周年社庆时为该报报史写序，强调：“报纸为大众传播之主力媒体，其基本功能，在提供正确之讯息与客观之评论，以服务人群和社会国家。四十年来，本报虽经数度改组，报头下‘无党无派、独立经营’之标示迄未变动。这八个字，一方面揭示了我们办报不偏倚不私心的自我期许，一方面阐明，我们对于独立报格的坚持。落实于具体新闻和评论方针的，便是我们追求政治民主、经济繁荣、社会公道之一贯立场。”①

吴三连主持《自立晚报》的时代（1959—1989），此一理念的确贯彻始终，尤其在20世纪70年代到解严前后，在台湾的民主运动最高峰时期，《自立晚报》更是意气风发，左右逢源，写下了台湾报业史上独立报业的一页。雷震与李万居在《自由中国》和《公论报》中强调的新闻自由、政治改革理念，最后是由吴三连及其《自立晚报》发扬光大，终于成为台湾社会的主流意识。

报业经营若欲可大可久，除了需要相对开放的发展环境之外，本身的人才、设备、经济条件和竞争能力，亦是不容忽视的要素。吴三连经营《自立晚报》，主要的财务支柱来自台南帮企业集团。从1959年8月开始，一直到1994年9月撤资转手止，35年中台南帮企业集团一直是《自立晚报》经营资金的主要来源。根据台南帮大老吴修齐的说法，这与他们视吴三连为企业精神领袖有关，台南帮“想协助三连叔完成他生平最重视的服务社会、关怀文化、伸张正义等抱负”，因此《自立晚报》“虽然亏损，台南帮并未因之停止资金的支持”，直到1988年吴三连过世、1990年许金德过世之后，情况才有了转变。

虽然，台南帮投资于《自立晚报》，也不是全无利己的考虑，毕竟，他们一方面需要吴三连在全台湾的声望作为企业的金字招牌，另一方面，有一份在心理上属于自己的报纸，也增加了台南帮各个企业之间的一体感；所以，他们对于挹注资金以支持《自立晚报》，确实表现得相当慷慨。而吴三连既在经济上无后顾之忧，获得投资集团的完全信赖，故在他领导下的《自立晚报》虽长处亏损，仍能盖大楼、添机械，且不断增资扩张，于1988年创刊《自立早报》、1989年创刊海外版《自立周报》，形成一个与联合报系、中时报系鼎足而立的自立报系。凡此，当然主要得力于台南帮企业集团对于吴三连志业的高度支持。

---

① 《自立晚报》报史编纂小组．自立晚报四十年．台北：自立晚报文化出版社，1989.

因此，吴三连的个人条件与自立报系的生存发展密不可分。有了吴氏坚定的办报信念及其背后台南帮充沛的资金奥援，自立报系得以在逆境中屹立不移，且一度在解严后的台湾发光发热。而有了自立报系的媒体效应，吴三连和台南帮亦得以风生水起，顺利展业。如此，形成了一个难能可贵的良性循环。

吴三连晚年因感体力衰退，需遵医师嘱咐尽量休养，故而不再过问报系例行事务。1988 年 12 月因心脏衰竭逝于台大医院，身后归葬故里学甲镇头港里淳吉堂墓园。他逝世后，台湾媒体竞争愈趋激烈，自立报系继起乏人，且台南帮亦不愿一再投资挹注，故而报系终在突兀状况下转手给民进党政商人物，并在 2001 年宣布停刊，接手的买主还因遣散费争议与报系旧员工发生司法诉讼。回顾吴三连的毕生志业，对照自立报系仓促落幕的结局，不免令人感慨。

第七节　叶明勋（1913—2009）：台湾报业发展史的重要参与者和见证人

叶明勋是“二战”之后台湾新闻史和报业发展史的关键人物之一。他虽然并未像王惕吾、余纪忠那样亲手创办并主持一个规模盛大的报业集团，但他始终是新闻界的重镇，以其平易近人的风范、坚守原则的品操以及尊重专业的做法，为新闻界立下了典范。

图 15－5　叶明勋

由于叶明勋一直被认为是台湾本土的新闻、言论界代表人物，故而即使在戒严时期，社会气氛肃杀的状况下，国民党当局对他亦仍维持相当程度的尊重，使他得以为台湾新闻业的发展保留若干元气；他还参与主持“世界新闻专科学校”的校务与课程规划，这是台湾最早的一家新闻专业学校（后升格为今天的世新大学），为新闻界培育了甚多人才。从战后由重庆的国民党中央社派遣到台湾，直至 2009 年辞世，六十年来，叶明勋从未离开过与新闻事业有关的岗位，也从未停止过对新闻事业的关心，他在台湾报业史上的地位，正是建立在他所作出的具体贡献上。

叶明勋，1913 年 9 月生于福建浦城，先后毕业于英华书院及福建协和大学。之后担任协和大学学生训导长，1943 年奉召到重庆，结业于国民政府中央训练团。

1944 年，叶明勋加入中央通讯社总社。1945 年 8 月奉命为中央社台北特派员，10 月 5 日接收日本台湾共同社，由此开始了他在台湾长达半世纪的媒体人生涯。他历任中央社台北分社社长、中华日报社社长、自立晚报社社长、《文星杂志》发行人，参与创办世界新闻大学、台视公司，任董事长、董事会长驻监察人等职，并长年参与新闻评议人小组、台北市记者公会等。解严后，成立“二二八项目小组”，他担任共同召集人。

叶明勋对报业的兴趣，其实可以追溯到他在大学时代所写的毕业论文——“舆论的形成”，他强调舆论要从民间而来，并指出媒体的报道对于社会舆论的形成具有举足轻重的影响。此时，他即已决定若有机会，当以做一个优秀的记者为自己的终身志业。

1945 年 8 月，中国对日本八年抗战结束，日军投降；10 月 6 日，台湾行政长官公署前进指挥所的全体人员在台北宾馆举办台湾光复之后的第一次升旗典礼，并由中日双方代表进行交接谈判，当时第一位向全世界发出这一则历史性重大新闻的记者，就是叶明勋。当时，他是中央通讯社驻台湾特派员，前一天，他才刚刚由重庆飞抵台北，那个年代的记者没有现在多，但同样有着艰巨的新闻战要打，采访到的消息，怎么样用最快的方法传回大陆发布，就是对驻台记者们的一大考验。跟叶明勋同行的记者同业们，多半采取海运方式，把写好的新闻稿送上船，运回大陆发刊，但这样做很费时，热腾腾的新闻到读者手上时，已经活活变成历史，而且没多久之后，同业们就发现，台北的重大新闻，大陆各报早就已经通过叶明勋的第一手报道获知。原来叶明勋早在人还在重庆时，就已经预先商请松山空军先遣单位电台协助他，把新闻电讯从台北的空军电台转播到重庆的空军总部，再由空军总部送到中央社总社发出，隔天就可以在海内外见报，记者发稿用尽办法抢第一时间，叶明勋早在最初到台湾担任特派员时就做了示范。

由于在新闻界表现得非常杰出，当时蒋介石派到台湾担任行政长官的陈仪曾一再延揽叶明勋到政界做官，要他放弃待遇较低、工作较辛苦的新闻事业，但为他婉拒。此后，蒋介石与国民党迁台，叶明勋又遇过多次被高官政要延揽从政的事态，但他一律推辞。后来他曾透露，如果他要做官，迁台后的第一位新闻局长就是他，不过，他宁愿从事新闻工作，深入民间，为广大读者服务。其实，他的性格与官场文化格格不入，不去做官是极明智的抉择。

叶明勋不仅参与主导台湾多家重要报社的采编作业与言论走向，而且在 1962 年台湾第一家电视台——台湾电视公司成立时，他也扮演了重要角色，后来出任台视的常驻监察人多年，对台视的新闻团队之建立、业务方针之规划，着墨良多。因此，在台湾媒体事业的范畴内，无论平面媒体抑或电视媒体的发展，叶明勋均不只是历史的见证者、记录者，也是实际的策划者、参与者。

地处台北木栅的世新大学，是台湾第一所新闻专业学校，1956 年成立时，叶明勋是发起人之一，也曾担任董事、副校长等职；1991 年世新创办人成舍我逝世，叶明勋接下世新董事长，带领世新从专校转型学院，再改制为大学，孕育了数以万计的新闻专业人才。现任世新大学董事长，即成舍我的女儿成嘉玲曾在接受采访时明确指出："叶董事长领导董事会，对我们只有支持，如果我们碰到什么困难，都是他帮我们解决，所以在我们看来，我们做校长的人会觉得非常地放心，有些事情我们也敢放胆去做；有些改革，我们觉得也不用很顾忌。所以世新有今天，当然创办人是创办这个学校，可是世新能够脱胎换骨，能够进步，我觉得是叶董事长的功劳。"其对叶明勋的尊崇与感激，可谓溢于言表。

而叶明勋的丰富经历，不只在新闻界与学术界，在 20 世纪 60 年代台湾新兴的广告业和标示着台湾经济发展的一般实业里，叶明勋也都曾扮演掌舵者的角色。解严后台湾进入多元价值互相激荡的时代，蓝绿阵营间缺乏互信，由于叶明勋是朝野均尊敬和信任的人，所以双方都常请他出面担任沟通的中间人。叶明勋认为这是为台湾民主化、现代化出力，所以，只要是需要他的地方，他都没有缺席。叶明勋的人格特质，让他能不分蓝绿，知交满天下，这也证明他多年在新闻界的表现，被各方公认是理性、客观且公正的。他的女儿叶文心指出："他这个人是朋友多，党派少，就是他重友情，他无所谓党性，他其实绝对不是所谓的党棍。所以很多事情，他都能够就事论事。他对于公权力公平地分配这一点，也就是说真正意义的民主文化，是有高度的热情的。"

一生以新闻记者自诩的叶明勋自己固然成就非凡，翻开他的家族网络，也个个都在历史上占有一席之地。他的妻子严停云，笔名华严，是华人社会知名的作家，其创作的数十本小说脍炙人口，许多都改编成电视连续剧；华严的祖父严复，是清末民初最重要的思想家之一；华严的姐姐辜严倬云，是已故海基会董事长辜振甫的夫人，因此辜振甫即是叶明勋的连襟。但尽管背景显赫，叶明勋平常与朋友之间的交游，却不带丝毫的贵气或傣气；朋友眼中的叶明勋，永远是个态度温和的读书人。

这就是在台湾报业史上烙下深刻印记的一代报人叶明勋。2009 年 11 月，他以 96 岁高龄辞世。

第八节　詹宏志（1956—　）与壮志未酬的网络原生报

目前网络上随处可见的"电子报"，大半是将已出刊发行的平面报纸的内容分类后挂上网，有时再加上该报记者或评论员实时新撰的文字、图文件，以发挥网络媒体较平面媒体更强的"时效性"。无论是欧美先进社会还是当前华人社会的网络报，大抵皆是平面报纸的副产品。而所谓"网络原生报"，则是指并无实际出刊的平面报纸作为母体，其记者或作者所提供的报道、评论、图片、专文，皆只挂在网络上，而非由平面媒体转刊而来，因此称为“原生报”。

当初，在网络风潮大盛、商业前景看好的时代，台湾曾出现一家规模颇为可观的网络原生报，定名为《明日报》，由于其创办人詹宏志是横跨媒体、出版、网络及文化界的名人，一时间成为众所瞩目的新生事物。但不幸的是，热闹开张的《明日报》却只维持了一年零五天的寿命，即告猝然陨落，徒然为台湾报业发展史留下了一则令人欷歔的故事。

《明日报》创办人詹宏志生于1956年3月，是台湾南投县人，最高学历只是台湾大学经济系夜间部毕业，在硕士、博士比比皆是的台湾媒体界，他的学历殊不足道；但他的经历与成就十分丰富而多元，既是著名作家、编辑、出版人及电影人，又是销路不俗的杂志集团网络家庭和城邦文化创办人，而且是网络事业中以门户及财经网站著称的PChome Online董事长。他还曾任台湾许多出版及信息相关产业协会的董事及理监事职，以及台北市杂志商业同业公会理事长。在创办《明日报》之时，他在媒体业界是备受瞩目的红人，甚至是业内许多年轻人的偶像，“詹宏志现象”一度成为台湾文化界热烈讨论的课题。

图15-6　詹宏志

《明日报》在詹宏志一手主导下，于2000年2月15日创刊，员工280人，创刊资本1.4亿元台币。当时，人望甚隆的詹宏志大声疾呼，广召台湾媒体人跳槽，在网络新闻、个人网站或者报台尚未普及时，《明日报》提供比实体报纸更具及时性的实时新闻，获得很高的点击率。该报一度似乎显得颇具前景，发行后几个月间，股票就从一股10元，在市面私售价飙到一股43元。

《明日报》开办时，号称每天提供1 000条新闻，远超当时两大平面报纸所办“中时电子报”和“联合新闻网”的600条新闻的标准。詹宏志的设想是，记者随写随发稿，不需像平面媒体那样经过重重把关、筛选、润稿，所以每人每天发稿量定可超过10条。但实际运作之后，记者提供的新闻量远远达不到这个要求。为此，《明日报》大肆扩充，员工人数维持在280名以上，人事费用沉重。2000年，《明日报》的广告收入约6 000万元新台币，不足支付每个月3 000余万元的基本费用，一年亏损即高达3亿元。为此，詹宏志开始四处寻求后续资金的注入，进行了救亡图存的努力，但未能获得金主的认同，终于不得不在2001年2月21日召开记者会承认失败，宣布停刊。①

探究《明日报》在只撑了一年零五天即告猝然陨落的原因，主要有三：其一，当时詹宏志对网络事业的前景过分乐观，认为只要抢先创办网络媒体，将其知名度打响，愿意投资的金主必将争先恐后而来；可是，《明日报》创办之际，美国正开始进入网络泡沫化的阶段，网络商机的幻灭还连带拖累了美国股市。台湾产业界、媒体界对美国的情况十分关注，认为既然代表美国网络事业兴衰的纳斯达克指数一泻千里，此时当然亦不宜在台湾与网络相关的事业上大肆投资。所以，当《明日报》疲态毕露时乏人问津，终面临财尽援绝的窘境。其二，对“中时电子报”、“联合新闻网”等以平面报纸为母体的网络新闻，在质量和深度方面的竞争力估计不足。事实证明，这些以母报为后盾的网络报道，对受众的吸引力尚超过“网络原生报”。其三，由于原先对网络事业的前景过分乐观，詹宏志竟疏忽了对《明日报》的商业模式的规划，因此，《明日报》的营收主体虽确定是广告收益，但究竟何时广告收益可与人事、营销等成本达成平衡，却无具体核算，以致一旦资金即将告罄，顿时慌了手脚。

《明日报》一年的广告收入仅约新台币 6 000 万元，和每年 2 亿元营销成本相比，少得可怜。眼看陷入困境，詹宏志不断与当初曾表示想入股《明日报》的金主们洽谈，希望能说服他们注资或并购，但与他洽谈的金主都以“肯定《明日报》的价值，但发觉获利模式有问题”为理由，纷纷打退堂鼓。其间，詹宏志亦曾前往香港与《苹果日报》老板黎智英洽谈，但最后因顾忌黎智英被大陆官方列为黑名单，若由黎智英吃下《明日报》，恐影响 PChome 集团进入大陆，遂打消了合作念头。

之后，詹宏志转向与台湾固网董事长孙道存、富邦集团副总裁蔡明忠等人进行融资或入股谈判；台湾固网展开对《明日报》人力资源及财务状况的查核，并雇用网络调查公司了解《明日报》在网络媒体上的排名。报告显示，在各网络新闻台中，《明日报》仅次于“中时电子报”居第二，使用者对《明日报》满意度达五成。此项查核报告一度使詹宏志以为可有转机，但数日后事情急转直下，台湾固网不再表示兴趣。詹宏志知道大势已去，开始思考停刊止损以及遣散、善后的方案。

2001 年 2 月 21 日，詹宏志召集所有员工谈话，解释《明日报》停刊的痛苦决定，他在给员工的信中表示：“在新闻的表现上，在网络特性的探索上，《明日报》工作同仁的出色都让我感到骄傲，你们没有做错什么，错的是下决定并筹措资源并做这件事的人”。② 显然，詹宏志一肩担起失败的责任，为使员工不至于全数受到冲击，《明日报》推荐 150 名员工给正在招聘人员的香港《壹周刊》，《壹周刊》则承诺对推荐名单无条件全数聘用，但员工仍然有权选择接受推荐或接受资遣。这当然是詹宏志与黎智英早已谈妥的善后方案，使得《明日报》可以大幅撙节依法本应付给被遣散

① 侯吉谅．明日报留下的启示．民生报，2001－02－24.

② 侯吉谅．明日报留下的启示．民生报，2001－02－24.

员工的资遣费，而黎智英则不需培训费用就接收了百多名可以立即上阵的资深媒体工作人员，诚属明智的互利安排。

对于有台湾媒体才子、趋势专家之称的詹宏志而言，从雄心勃勃地创办《明日报》，到黯然宣布停刊，不过才短短一年时间，却已着着实实地赔去了三亿元台币，而且证明其对趋势的判断显然有误，不能不说是一大挫败。好在他并未因此而一蹶不振。他表示，一般人往往不能正视自己的错误，《明日报》是他最大的错误，可是他勇于面对，正视自己的错误。

无论如何，作为华文世界的第一份“网络原生报”——《明日报》，虽因主客观条件均不足而快速陨落，但在台湾报业发展史上毕竟留下了尝试与努力过的轨迹。而作为其创办人，詹宏志也毕竟将他办报的想法在网络上实践了一回。

Chapter 16 第十六章

巨变的时代——台湾报业现状与趋势

台湾的新闻事业，经历过日据时期的压抑、光复初期的混乱、报禁时代的桎梏，在20世纪80年代和90年代攀上高峰。然而时代的车轮在不停滚动，平面媒体早已不再是人们吸收信息的唯一选择。在阅报率普遍下滑，加上网络媒体、手机媒体、有线电视、免费报纸等新形态媒介的不断冲击下，台湾的报业正面临着江河日下的危险。

在本章，我们将探讨台湾报业所面对的现状和时代趋势，以期探明未来新闻事业所要走的道路。

第一节　台湾报业总体现状

据台湾“通讯传播委员会”的统计数据显示，截至2009年6月30日，台湾地区平面媒体的总体情况是：报纸业共2 037家，通讯社业1 367家，杂志出版业5 949家，图书出版业10 258家，有声出版业7 667家。与1999年1月25日台湾正式废止《出版法》前相比，各类平面媒体的数量都有明显增加，其中，尤以报纸业和通讯社业的增长最为明显，增幅分别高达455.04%和474.37%。（见表16－1）

表16－1　台湾地区《出版法》废除前后平面媒体数量对比

平面媒体类别	1999年1月25日统计数据（家）	平面媒体类别	2009年6月30日统计数据（家）	数量增幅
报纸业	367	报纸业	2 037	455.04%
通讯社业	238	通讯社业	1 367	474.37%
杂志出版业	5 884	杂志出版业	5 949	1.10%
图书出版业	6 380	图书出版业	10 258	60.78%
有声出版业	1 960	有声出版业	7 667	291.17%

资料来源：根据NCC及其他相关资料整理。

然而在报业和其他平面媒体数量大幅增长的“表面繁荣”之下，台湾平面媒体业的实际利润空间却是不断下滑。台湾报业近年来广告经营情况持续低迷，相关数据显示，1998年台湾报业广告总量为215亿元新台币，2007年为137亿元，2008年为111亿元，均远不及《出版法》废止前的广告总量，2008年的广告额几乎只有十年前的一半。2009年上半年，台湾报业广告量又进一步缩减至46.3亿元，比起2008

年同期的广告量62亿元，同比下滑达25.32%。[①]

相较于2007年，2008年除了报业的广告量萎缩明显外，杂志业和有线电视业也呈现广告量下滑的情形，而无线电视、广播和户外媒体广告则小幅增长。（见图16－1）

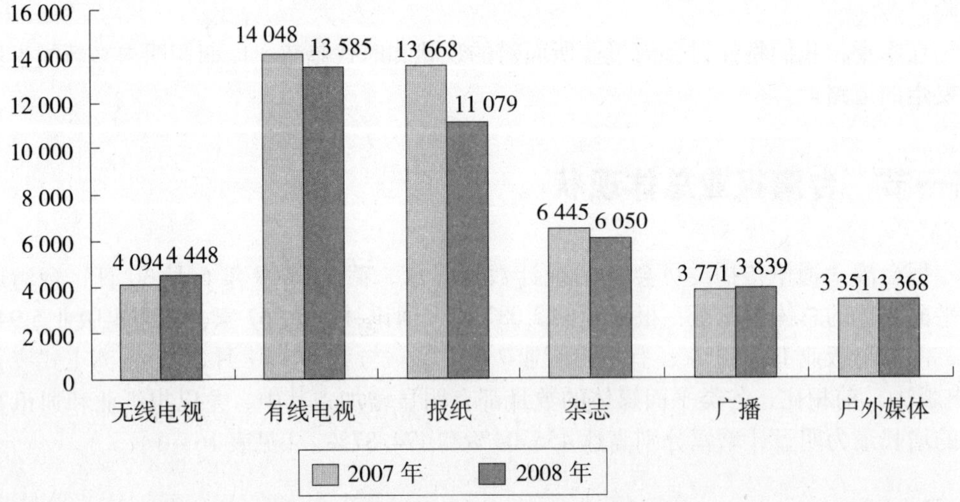

图16－1　2007—2008年台湾地区传统媒体广告量变化情况[②]（单位：百万元新台币）

事实上，在台湾所有媒介形态中，报业的广告份额自2000年以来下滑最为显著。正是由于台湾报业广告量的显著下降，2008年较2007年相比下降18.94%，2009年上半年较2008年同期下降25.32%，才连带使得台湾自2004年以来，整体广告量一直处于下滑状态之中。（见图16－2）

① 杨志弘．台湾地区传播产业发展现状与未来．崔保国．2009年：中国传媒产业发展报告．北京：社会科学文献出版社，2009.

② 资料来源：台湾《动脑》杂志2008年台湾总广告量调查.

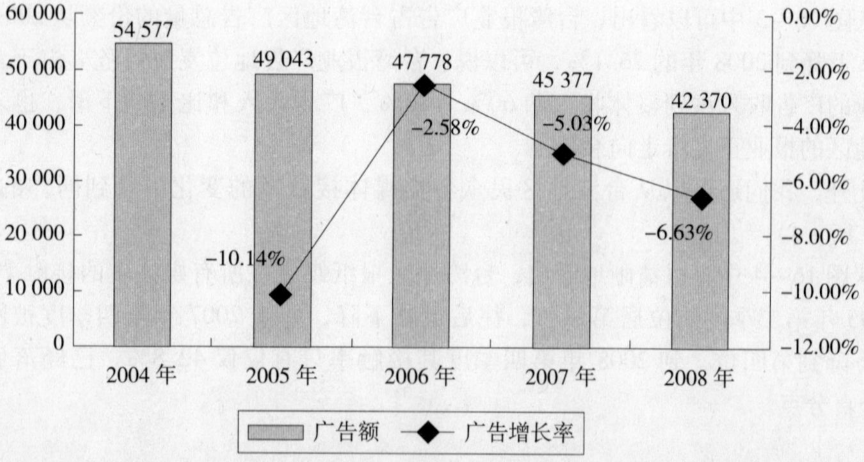

图 16－2　2004—2008 年台湾地区整体广告量变化趋势①（单位：百万元新台币）

从图 16－2 中可以看出，近年来台湾媒体的整体广告量一直处于下滑状态之中，连年出现负增长，这可以说与台湾报业广告量的大幅度下滑脱不了关系。另一方面，从台湾报业广告占总广告量的份额中，也可以看出台湾报业广告相对于其他媒介广告的萎缩趋势。（见图 16－3）

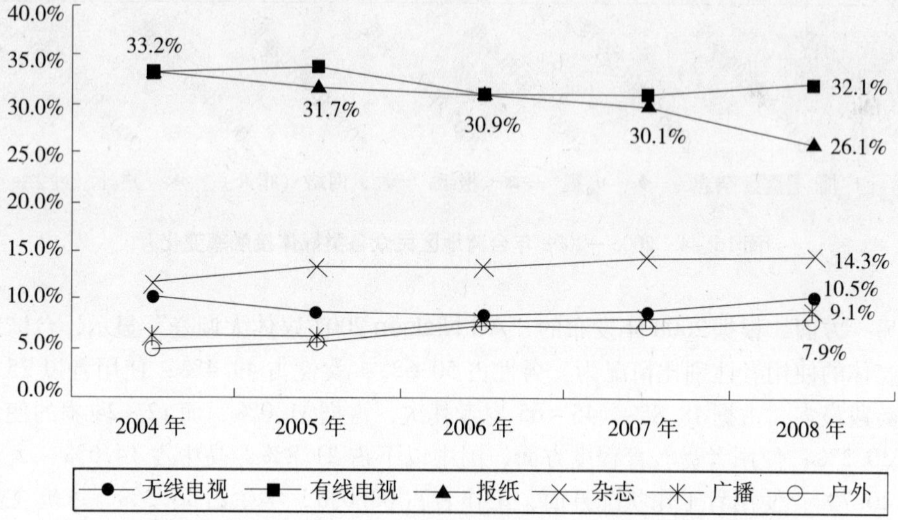

图 16－3　2004—2008 年台湾地区各媒体广告量份额变化②

① 资料来源：台湾《动脑》杂志 2008 年台湾总广告量调查.

② 资料来源：AC Nielsen 媒体大调查.

从图 16－3 中可以看出，台湾报业广告占台湾地区广告总量的份额从 2004 年的 33. 2%下降到 2008 年的 26. 1%，可以说，台湾报业广告地位岌岌可危。由于台湾一般报业的广告收入占到整体收入的 60%～80%，广告收入和比重的下滑，也表明了台湾地区的报业正逐步走向衰落。

此外，我们还可以从台湾地区民众各类媒体接触率的变化中看到同样的趋势。（见图 16－4）

从图 16－4 中可以清晰地看出，台湾地区报纸媒体在所有媒体中的接触率排行，从 2005 年第二季度的位居第三位，往后不断下降，并于 2007 年第四季度被网络超越，下降到第四位，到 2008 年第四季度其接触率只有仅仅 42. 8%，已经落后网络 4. 4 个百分点。

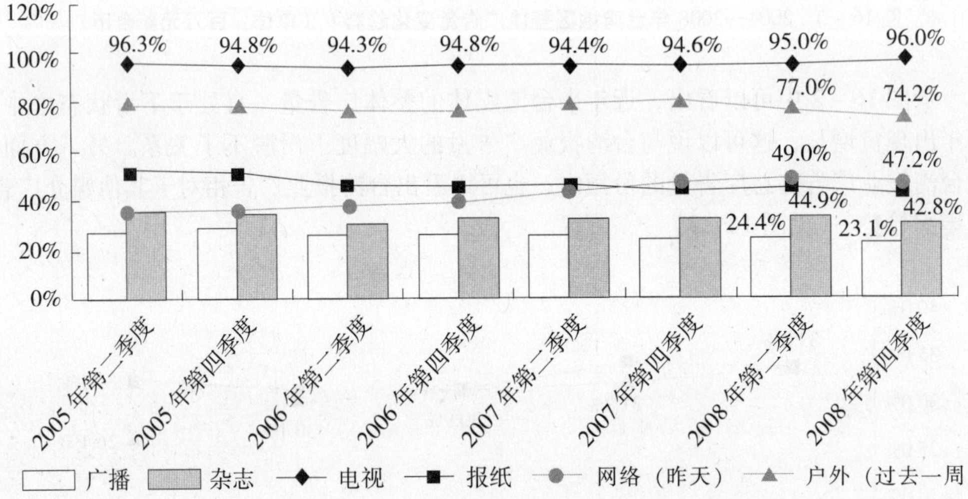

图 16－4　2005—2008 年台湾地区民众各类媒体接触率变化①

另一方面，根据 2008 年发布的“AC Nielsen 2007 媒体大调查”显示，台湾地区报纸媒体的使用者性别比情况为：男性占 50. 6%，女性占 49. 4%；使用者以 25～44 岁年龄段最多，占据 48. 8%，45～65 岁者其次，占据 31. 0%，而 12～24 岁的使用者仅为 20. 2%；使用者受教育程度方面，国中以下占 21. 8%，高中占 14. 0%，大专以上占 40. 7%；使用者工作状况方面，工作者占 63. 0%，学生占 15. 3%，家庭主妇占 13. 9%，其他占 7. 8%。

“AC Nielsen 2007 媒体大调查”还显示了台湾地区报纸媒体的市场结构变化情

① 资料来源：AC Nielsen 媒体大调查.

况，综合报所占比重从1997年的94.1%上升到2007年的96.5%，财经专业报从3.9%下降到3.4%；日报从1997年的97.2%上升到99.0%，晚报从11.7%下降到2.3%；全岛报从1997年的92.8%上升到98.2%，地方报从12.3%下降到2.3%。

至于报纸的获得方式上，也呈现显著的变化。订阅报纸的比例明显下降，从1997年的66.2%下滑到2007年的41.2%；与此同时，零售渠道则有明显上升的趋势，从1997年的20.0%增长到2007年的32.8%。此外传阅、公司/学校提供等方式也有小幅上升。（见图16－5）

事实上，在台湾地区，过去包含《联合报》、《中国时报》在内的主要报纸，一般而言订阅的比例都要略高于零售，例如《联合报》的订阅/零售比大约是6∶4。然而在2000年之后，以《苹果日报》为首的新兴报纸则更多地专注在零售渠道上，其中《苹果日报》作为台湾当前的第一大报，其订阅/零售比是极不均衡的1∶9，《苹果日报》的崛起可说间接导致了台湾读者整体报纸获得方式的转变。

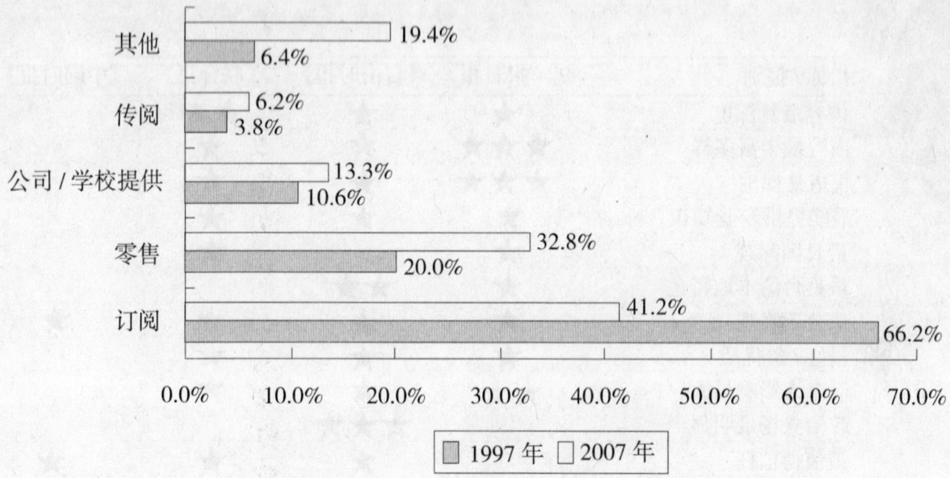

图16－5　台湾地区读者报纸获得方式之变化①

在报纸发行量方面，由于台湾的发行量稽核制度始终未能起到足够的作用，加入稽核机构发行公信会的报纸目前仅《自由时报》一家（《苹果日报》当初首先加入发行公信会接受稽核，但目前已退出），杂志方面也只有《壹周刊》和《商业周刊》两家加入而已，因此对于台湾报纸的发行量，并没有真正具公信力的排行。但依照各报自行公布的发行量数据，参照民众阅报率等方面的资料，一般认为台湾发行量排名第一的大报为《苹果日报》，其次为《自由时报》，两报日发行量均在60万份以上（依

① 资料来源：AC Nielsen 媒体大调查.

照发行公信会的数据，《自由时报》在2010年第四季度的平均日发行量为66.383 3万份)，排名第三和第四位的分别是《联合报》与《中国时报》，日发行量为40万~50万份。

而在民众的阅读率方面，根据台湾世新大学公布的“2008年媒体风云排行榜”，台湾民众最常阅读的报纸是《苹果日报》，占44.2%，排名第二的是《自由时报》，占34.1%，《联合报》(25.1%）和《中国时报》(20.5%）分列第三、第四名。

此外，在台湾民众对各大报的观感方面，根据世新大学的调查，《苹果日报》在报道最详细、内容最丰富多样、最优质等方面排名第一；《联合报》则被认为是最具深度、最公正客观、最具国际观的报纸。整体而言，在对个人影响力最大的报纸调查方面，《苹果日报》以18.5%拔得头筹，它也被认为是对台湾社会影响力最大的报纸。(详细评鉴指标见图16-6)

指标/报别	《苹果日报》	《自由时报》	《联合报》	《中国时报》
内容最具深度	★	★	★★	
内容最丰富多样	★★★	★	★	
报道最详细	★★★	★	★	
最能提供专业知识	★	★	★	
最具国际观	★		★	
最具台湾本地特色	★	★★		
最公正客观	★	★	★	★
最好/最优质	★	★	★	
对个人影响最大	★★	★	★	
政治立场最明显		★★★		
最值得信任		★	★	★
对社会影响最大	★★			

☆☆☆：表示比例在20%以上　　☆☆：表示比例在15.0%~20.0%

☆：表示比例在10.0%~15.0%

图16-6　台湾地区报纸评鉴指标比较①

另一方面，在台湾最大的门户网站——Yahoo！奇摩2010年5月公布的“第五届理想新闻媒体大调查”中，《苹果日报》连续五年蝉联台湾民众心目中的“理想报纸”第一名，获得35%的民众支持；亚军是获得30%支持度的《自由时报》；《联合

① 资料来源：世新大学“2008年媒体风云排行榜”.

报》（22%）和《中国时报》（14%）分别排名第三、第四位。在阅读率方面，有18.4%的台湾民众每天会阅读《苹果日报》，其次是《自由时报》（18.2%），《联合报》和《中国时报》的阅读率分别为14.5%和9.3%，排名与民众心中“理想报纸”的顺序一致。

同时，在“第五届理想新闻媒体大调查”中，《苹果日报》还获得“最佳娱乐新闻”和“最佳体育新闻”两项第一；而《联合报》虽然在“理想报纸”排行和阅读率方面均仅列第三，却获得了“最佳政治新闻”、“最佳财经新闻”、“最佳国际新闻”三项最佳，并在专业度、正确性、公信力、教育功能、深度、社会关怀、国际观等七项指标上被台湾民众票选为第一，获评第一的指标数量上甚至超越了《苹果日报》。显见《联合报》虽然发行量已经远不如报禁开放前的两大报时期，但其影响力以及在台湾民众心目中的地位，依然不可小觑。（详细指标见表16-2）

同时该网站还调查了一般台湾民众的媒体使用行为，发现有77.6%的民众每天至少看一次电视，电视仍然是最具影响力的媒体；其次依序为网络（76.8%）、报纸（31.5%）、广播（27.9%）和杂志（9.2%）。报纸虽然仍名列民众最常接触的媒体第三名，但其影响力已远远落后于电视以及新兴的网络媒体了。

表16-2 “第五届理想新闻媒体大调查”结果（报纸部分）①

理想媒体名次	报纸	得票比率	评比第一名的新闻指标	最佳分类新闻
1	《苹果日报》	35%	娱乐价值、生活资讯、具即时性影响力	最佳娱乐新闻、最佳体育新闻
2	《自由时报》	30%	地方结合程度、立场明确	
3	《联合报》	22%	专业度、正确性、公信力、教育功能、深度、社会关怀、国际观	最佳政治新闻、最佳财经新闻、最佳国际新闻
4	《中国时报》	14%		

第二节 当前台湾报业发展的主要趋势

一、免费报盛行

发行和广告向来是报业的两大主要收入来源。早期报纸收益来源以售报所得为

① 资料来源：Yahoo！奇摩.

主，后来随着广告逐渐形成气候，加上发行成本逐渐上升，台湾报纸收益来源逐渐转变为发行、广告各半，甚至以广告收入为大宗的情况。在报禁开放前后那段台湾报业的繁荣期，《联合报》、《中国时报》等主流综合类报纸的收入来源中，发行收入和广告收入的比重大致为4：6。

然而，由于竞争激烈，加上广播电视及网络的兴起导致民众对信息付费的观念发生了变化，越来越多免费的信息获取渠道（电视、网络、手机等）的涌现，都对传统付费报纸的市场不断产生冲击。另一方面，大众交通工具的兴起，特别是地铁，产生了另一个得以接近具购买力人群（上班族和学生）的机会，针对这些族群的免费报因此应运而生，并逐渐在台湾盛行开来。1995 年瑞典《地铁报》的崛起和迅速成长，无疑给全世界免费报纸发行者注入了一剂强心针。

除了大专院校的学生实习报刊和一些团体、企业发行的内刊外，台湾最早的免费报当属1995 年《台湾立报》副刊所独立出来成立的《破报》。该报为周刊，效仿美国纽约市的《村声杂志》，专门提供文艺、环保、社会运动等方面的信息，且附有社会新闻，初始发行2 000 多份，中间经历过停刊，到目前仍持续发行，当前发行量在8 万份左右。

台北捷运（即地铁）从1997 年通车后，就开始涌现出以“地铁族”为主要发行对象的免费报。如《捷运周报》、《捷运快报》、《Life 生活新闻报》、《交叉路》等。当时台北捷运每日搭载的乘客人数超过90 万人次，特别是在上下班的高峰时段，人潮极为可观；台湾最大的人才招聘网站——104 人力银行的一份调查显示，捷运的乘客（主要是上班族和大中学生）每天在捷运系统内从等车到搭车，平均花费30 ~ 40 分钟，而这正是最好的报纸阅读时段。毫无疑问，每天近百万人次的捷运乘客，对广告客户具备很大的吸引力，免费捷运报也就应运而生了。

这些免费报纸着眼于通勤上班、上学族群，以广告作为唯一收入来源，但在初期，因为报纸的内容与编排水平一般，经济效益也不好，大多寿命短暂，甚至出现了有经营者因负债累累而自杀的悲剧，所以这些早期的地铁免费报影响并不大。

直到进入21 世纪后，免费报的概念才真正被树立起来，并得到一定的发展。2000 年5 月20 日，《自立晚报》在台北发行《台北捷运报》，自我定位为都市小型报，内容以生活信息、影剧娱乐新闻等为主，日发行量一度达到15 万份；但在2001 年《自立晚报》停刊后，《台北捷运报》也随之结束。

其后，《风报》、《联合捷运报》、《中晚捷运报》（由高雄《中国晚报》在台北地区发行）、《民众捷运报》等捷运报相继问世，但大多数免费报纸发行量仍然很低，广告营收也微乎其微，停刊时有所闻。2004 年，联合报业推出了一份编排精美的免费报纸《可乐报》，该报四开24 版，以年轻读者为阅读对象，内容以知识性、生活百科、消费讯息等民生新闻为主，每天在地铁送出10 万份，其发行量之大，影响之广，使台湾报界对免费报关注起来。

到了2006年10月，台湾《苹果日报》又发行了免费的《爽报》，抢攻台北免费报市场。基本上，《爽报》可以被视为《苹果日报》的浓缩版，依然用《苹果》现有的印刷设施以及现有编制人员，以此降低成本；其内容则以娱乐、社会、八卦新闻和丑闻为主要卖点，其发行量每日高达15万份。目前，台湾弹丸之地，免费报却兴起成风。类似的还有免费《捷运报》，每周发行3次，每次发行1万多份；以及2006年9月，中时报系将赠阅的《中国时报》浓缩版也改为地铁报，内容不再是副刊，而改为重大焦点新闻。这些免费报的兴起，是传统报刊面临困境之后所寻求的最新出路之一。

图16－7　联合报系下属之捷运报《Upaper》

随后，2006年12月，联合报系以1.400 8亿元台币高价买下大台北捷运站内的独家通路经营权，《Upaper》因此成为大台北捷运站内唯一合法发行的报纸，并于2007年正式登场，与《爽报》展开捷运报大战，竞争的同时，共同为各自报系利益而抢占台湾报业市场。

这些免费报锁定的都是利用捷运通勤的上班族和学生族群，随着台北捷运线路的不断扩张及高雄等其他大城市的捷运逐步开通，捷运报可说已经成为台湾报业竞争的一个新战场。尽管到目前为止，免费报的发行量尚无法与传统付费报纸相比，广告收益也远远不足以达到自负盈亏的水平，但对于正在逐步走下坡路的台湾传统报业经营者而言，这至少是报业经营的一条可能的发展道路。

二、报业竞争恶质化、内容八卦化

报纸具有满足民众信息需求的目的，但同时也有需要维持自身获益、生存与发展的经济属性，这两者在有些时候会出现矛盾，特别是在市场竞争加剧、利润空间变小时，难免会出现报业把赚钱放在第一位，而暂时忽视了满足民众“知的权利”的现象。支庭荣（2004）指出传媒具有信息组织（收集、加工和传播信息的基本功能）、利益组织（追求利润最大化和资本积累的属性）和管制对象（作为政府的宣传工具或管制对象，具备意识形态的属性）这三重特性，因此也使得媒介的经营管理涉及因素更复杂，更难寻找到平衡之道。

在报禁开放前，台湾主要报刊大致上还属于“文人办报”的性质，在政府对内容、印刷张数和办报资格的严格管制下，报业商业化程度有限，虽然报业仍然追求自身利润的增长，但并不会为了利润而不顾一切，对于新闻的客观准确性、言论的深度和引导性等，均保有足够的重视，体现了“为民喉舌”的作用。

然而1988年报禁开放后，报业一夕之间从半管制状态进入了无管制状态，整个经营模式向着一般企业管理的方式靠拢，许多财团介入报业的经营。但与此同时，有线电视、互联网等新媒介形式的兴起却又瓜分了受众的注意力，使得报业市场呈现僧多粥少的局面。激烈的市场争夺战之下，报业竞争开始逐渐变得恶质化。

真正从“文人办报”转向“商人办报”，一般认为是从《自由时报》的大赠奖活动开始的。《自由时报》所有人林荣三以营建和房地产业起家，在他眼中报纸的经营模式与其他商业并无差异，挟联邦建设集团的雄厚财力，《自由时报》砸钱不手软的报纸营销方式，彻底改变了整个台湾报业的格局。

1992年，《自由时报》举办“12周年回馈读者，6 000两黄金大赠奖”活动，只要读者预付报费即可参加抽奖，特等奖高达黄金2 000两，价值超过台币2 000万元；整个活动的奖品、奖金总值超过台币1.6亿元。此后，《自由时报》又先后推出“订报抽两亿黄金”（1993年）和“每日对股市现金抽奖，5亿连环大赠奖”（1994年）等，奖额一次比一次高。

每次活动在《自由时报》的刻意营造下，皆以全程电视实况转播的方式公开抽奖，这几次史无前例的事件营销，使得《自由时报》的知名度一夕之间上升到和传统的两大报——《联合报》及《中国时报》比肩的地步。再加上《自由时报》以大规模、不惜血本的赠报方式来冲高发行量，台湾自此形成三大报“三足鼎立”的竞争态势。然而在此同时，报纸的管理和营销方式也愈来愈趋向一般商业运作的模式，报纸完全成为一种纯粹的商品，为了扩大商品的销量，任何手段都是可以被接受的。报纸的文化传承和社会教化等功能，在这股商业化浪潮下，似乎显得无足轻重了。

如果说《自由时报》在营销方式上改变了台湾的报业生态，那么《苹果日报》的进军台湾，则是更加彻底地从内容和风格上造成了报纸的革命，使得台湾报业竞争不可避免地愈来愈恶质化、低俗化。

20世纪90年代，台湾已经出现了外报抢滩的现象，这进一步加剧了台湾岛内媒体竞争的激烈程度。到了21世纪，香港壹传媒集团的强势登陆，更吹皱了台湾报业市场的一池春水。《壹周刊》在2001年进入台湾，《苹果日报》则在2003年登陆台湾，从此打破了岛内的媒体平衡。

《壹周刊》和《苹果日报》的办报方式与台湾本地媒体迥然不同。这两家媒体市场化程度更高，它们的办报方式，常以社会新闻作头条，辅以冲击力很强的照片，直接挑战台湾传统报刊。在内容上，入台的香港报纸专事揭露名人隐私，低俗猎奇，十分煽情，与台湾本土报纸风格迥异。尤其是《苹果日报》对政治议题报道更加详细，且评论尖锐，更为吸引人。虽然《苹果日报》登陆台湾至今不过几年，但据 AC Nielsen 的资料，该报阅读率已占台湾第一，而在世新大学、Yahoo！奇摩网站等机构所做的调研中，《苹果日报》都是台湾民众最喜爱、接触率最高的报纸，彻底颠覆了当年本土三大报垄断市场的局面。外报登陆，给台湾本土报纸以严重的挑战，台湾几大报系的报纸不得不全力应对，有些甚至亦步亦趋，学习《苹果日报》以社会、八卦新闻为主，增加色彩和图片的应用，报道和编排风格也更加煽情、耸动，这又进一步加剧了岛内报刊的竞争强度。

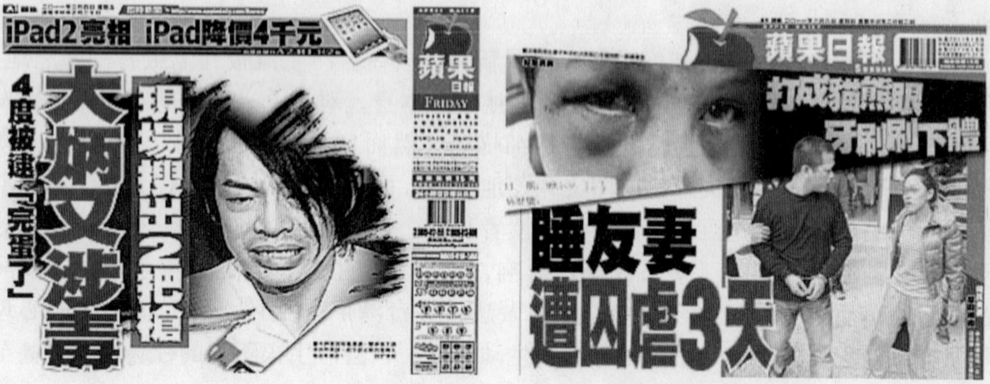

图 16－8　《苹果日报》极度八卦化、煽情化的版面设计

此外《苹果日报》入台时还大举挖掘其他各大报刊的人才，以平均高出同业 30%～50%的薪酬吸纳了大批原先供职于其他报社的人员，导致各大报损失惨重。报业大战的战场从“抢市场”、“抢读者”蔓延到“抢人才”，《苹果日报》完全商业化、市场化的作风一方面改变了市场的格局，另一方面也迫使台湾主要报刊在管理和经营制度方面进行改革。

从《壹周刊》到《苹果日报》进军台湾，一系列小报化、市场化、八卦化的趋势，对台湾报纸新闻呈现风格的影响主要有几点：

（1）新闻的娱乐化。娱乐新闻虽然是许多民众所关心的领域之一，但毕竟其重要性和影响力通常不如严肃的政治、社会、经济类新闻，因此过去各大报虽然均有娱乐类版面，但很少把娱乐新闻当作最重要的事件来处理。例如 1995 年台湾知名歌星邓丽君过世当天，《中国时报》虽然在头版刊登了这则新闻，但当天头版还包含了三则政治新闻，而二版、三版也仍以政治、社会新闻为主，处理邓丽君过世新闻的篇幅并不大。然而到了2003年，港星张国荣自杀事件后，《联合报》、《中国时报》、《自由时报》三大报均以多达三四个全版，加上大幅的照片来加以报道。可以说进入21世纪后，在台湾报业市场，娱乐新闻已经登堂入室，逐渐成为能够和严肃新闻比肩的重要新闻题材了。

（2）性新闻。《壹周刊》和《苹果日报》等壹传媒旗下媒体的特性之一，就是对暴力、色情等“煽色腥”新闻的重视和夸张报道，因为这类新闻本就是许多民众窥探、猎奇的目标。原本在台湾主流报纸上，对于性丑闻、卖淫、性犯罪等新闻多半只是在社会新闻版面上小幅处理而已；但受到《苹果日报》影响，这类新闻不但篇幅愈做愈大，版面愈来愈靠前，而且报道的详尽、生动程度也与过去不可同日而语。特别是在《苹果日报》以夸张的漫画、图片来辅助报道，甚至在网站上利用“动新闻”还原现场的推波助澜下，这些与“性”有关的话题似乎已经成为报纸的新卖点了。

（3）犯罪新闻。与性新闻类似，犯罪新闻过去在台湾主流报刊上虽有一席之地，但多半是以较小的篇幅来处理，仅止于陈述事件本身，对于杀人、抢劫等犯罪事件发生的过程、来龙去脉等，通常并不会详细描述。然而《苹果日报》却恰恰把犯罪新闻当作主要卖点，不仅大篇幅、图文并茂地报道，而且对于犯罪的过程、手法和当事人之间的关系等，更是巨细靡遗，使得读者几乎产生身历其境的感觉，充分满足部分受众猎奇的心理。受到《苹果日报》影响，台湾其他主流报刊也加重了对犯罪新闻的报道。然而《苹果日报》主导的这种做法，在台湾广受批评，因为根据犯罪心理学研究，对犯罪过程、手法过于仔细、生动的描写，会产生很不利的社会影响，甚至诱发民众模仿犯罪行为。

（4）新闻广告化。“广告”与“新闻”的区隔一向是传统新闻伦理的重要原则，以销售商品为目的的广告必须有明确的标示和界限，以避免读者混淆了新闻信息和广告信息。但在报业竞争日趋白热化、恶质化的时代，许多报纸为了吸引广告客户，不得不一再让步，除了扩大广告版面、把广告放在更显著的位置外，甚至愿意睁一只眼闭一只眼，默许广告和新闻之间的疆界模糊，以至于出现了“新闻广告化”、“广告新闻化”等现象。从2003年起，《联合晚报》、《中时晚报》等报纸均不时出现整个头版全是整幅的广告而二版才出现真正新闻的现象，而且广告版面上并没有打上“广告”二字，广告内容也不乏真正由记者写作的“类新闻”内容，读者根本无从分辨，可谓“假到真时真亦假”。而把报纸完全当作商品经营的《苹果日报》更直接宣称，欢迎任何形式的广告创意，报纸版面可以随时配合。

（5）生活新闻。过去各大综合报刊上虽有生活类信息，如美食、购物、旅游等，但多半是在报纸的第三或第四沓，不被重视，报道内容也十分简短、单调（许多都是直接引用厂商的公关稿），虽然后来有《民生报》等被称为“吃喝玩乐报”的报纸出现，但在篇幅、报道方式、信息量等方面依然无法满足民众对这类资讯的需求。

《苹果日报》的出现却改变了这一切，《苹果日报》除了重视“煽色腥”新闻外，另一个特点就是对生活类信息提供得极为完善，从美食地图、穿衣搭配、旅游建议到购物指南，可以说在方方面面都满足了一般民众的生活所需；《苹果日报》不仅是一份报纸，更在某个程度上成为台湾许多民众的生活小帮手。从这点看，《苹果日报》的影响不全是坏的，它填补了过去其他报纸在生活新闻方面的不足，进一步满足了读者的需求。

McManus 指出，当报社开始用企业管理手法来制作新闻时，在市场导向驱力下，读者、新闻、发行量这三个传统概念，已经被消费者、商品与市场三个概念所取代，而新闻产品也就不再具有自身的特殊性，彻底成为与食品、汽车、服装等没有区别的商品了①。其实，把报纸当作商品来经营，未必全然是坏事，因为在过去，编辑和记者对新闻的取舍，很多是基于个人的专业判断，或者上司、同事和整个组织的考量，反而“读者”因为概念非常模糊，缺乏反馈机制，报社很少会真正在乎受众的需求。而市场主导的新闻运作，正是要求报社必须充分了解、回应读者（消费者）的需要，避免只追求不切实际的影响，同时还能减少采编人员个人偏见的影响，令报纸更能切合社会的实际需要。②

父未熄菸燒死愛女
蘋果日報
WEDNESDAY
少女死前電話：
「爸 煙好多 快救我」
買1送1

图 16-9　《苹果日报》善用图像来塑造新闻临场感

《苹果日报》的成功，说明了市场导向的报业经营方式确实有可取之处，而《苹果日报》对生活类、消费类新闻的重视，也在一定程度上造福了台湾民众。然而，在市场化、商品化的同时，该如何避免广告对新闻的侵蚀以及新闻内容的进一步恶质化、低俗化，是台湾报业当前的一大难题。

---

① J. McManus. A Market-Based Model of News Production. *Communication Theory*，1995，5（4）：pp. 301－338.

② 苏钥机．完全市场导向新闻学：苹果日报个案研究．陈韬文，朱立，潘忠党．大众传播与市场经济．香港：炉峰学会出版社，1997.

三、网络报纸崛起

与全球趋势相一致，当前台湾地区的年轻人对读报兴趣日淡，报纸阅读率日益下降，阅报人口逐渐出现老龄化现象。据AC Nielsen的调查，在台湾地区所有媒体的接触率中，报纸仅仅排名第四，落后于电视、户外媒体和网络，其接触率为42.8%，也就是有超过一半的台湾民众不再读报，尤其是年轻人的读报比例下降极快。

其实早在1974年，“国科会”委托政治大学传播学院所做的“台湾地区民众传播行为研究”中，就发现在当时的电视、广播、报纸、杂志、电影这五大类媒介中，有77.44%的民众花在电视上的时间最多，只有16%的民众在报纸上花最多时间。可见报纸早已受到广电媒体等其他媒介形式的冲击，只不过20世纪90年代以来，互联网的兴起又加剧了报纸市场的萎缩。

事实上，自从2007年互联网超越报纸而成为台湾地区接触率第三高的媒体后，两者的差距愈来愈大，到2008年互联网已经领先报纸4.4个百分点之多。互联网可以说是20世纪90年代以来最大的媒体革命，其不受时空限制、信息量近乎无限、具有高度的互动性和个人性等特性，使得它在短短十余年内就成为成长最快、最受年轻人喜爱的媒体形式。

为了因应网络媒介无可阻挡的趋势，同时也在平面媒体市场日益下滑的背景下寻找其他出路，台湾许多报纸从90年代开始纷纷设立网站，提供即时、丰富且免费的新闻与各类信息。

1995年9月，《中国时报》集团率先成立“中国时报系全球资讯网”，后改名“中时电子报”，为台湾报业进军网络的先驱。“中时电子报”原本附属于《中国时报》下属的中时电子报中心，后于1997年并入时报资讯公司（成立于1989年，是台湾第一家拥有加值网络服务执照的公司），成为《中国时报》下属的网际网络事业部，采用利润中心制。2000年，中时网络公司宣布“One Brand，One Site”理念，将中时集团旗下的网站整合在www.chinatimes.com这个网址下，成为综合性的商务及媒体网络平台，旗下共包含12个网站：中时电子报、中网理财网、中网娱乐网、中网Y邦网、中网生活网、中网科技网、中网儿童网、人力万象网、中时购物网、中网广告联播网、时报悦读网、爱女生网等。

目前，“中时电子报”除了提供综合性新闻、国内外照片外，还运用网络新科技持续推出博客（台湾称为“部落格”）、RSS信息推送等服务，让网友对于新闻不只是单向地接收讯息，还可以双向互动，实践Web 2.0的网络体验。其内容来源包括中时集团内《中国时报》、《工商时报》、《旺报》等报刊上的见报新闻；另外也节选了包括中央社、美联社等通讯社提供的新闻内容，以及《时报周刊》的内容和中天新闻台的影音新闻等。除此之外，“中时电子报”中的中时部落格，从2005年开始每年举办“全球华文部落格大奖”，可说是博客圈的年度盛事，每次皆吸引数千名华文博客写手报名参加。这可以说在一定程度上延续了当年时报副刊在华语文学界中的影响力。

《联合报》进军互联网较晚，但凭借集团的影响力和充沛的资源，很快在台湾网络媒体界占有一席之地。1996 年，联合报集团成立研究小组，针对互联网环境下的媒体情势进行分析。在研究的基础上，1999 年成立联合新闻网，迅速成为极受欢迎的电子报网站，单日浏览量在两个月内便突破 200 万，并曾入选为全世界 100 大热门网站之一（也是当时唯一入选的中文网站）。

2000 年，联合报集团进一步成立联合线上公司（udn. com），2001 年联合线上成立理财网，至此 udn. com 这个平台旗下共包含了八大网站：联合新闻网、联合理财网、联合追星网、联合运动网（MVP 168）、联合旅游网、人事线上、联合知识库、联合电子报。

其中联合知识库可说是《联合报》在网络媒体时代的一大壮举。数据库查询可以说是网络媒体的一大特色，对读者快速检索自己所需的信息有极大的帮助。但对于传统平面媒体而言，想把过去基于铅字印刷的内容转换成网络数据库中的数字化内容，是一项极为耗时费力的工作。

联合知识库 2001 年上线时，仅仅能够提供过去两年的新闻内容检索。但《联合报》很快展开了把过去数十年新闻数据加以数字化的工程，由于当时市面上没有现成的软件可以满足需求，《联合报》只能自行开发包含数据库、检索技术和转换软件在内的多项技术。从 2001 年起，分别在总社及位于林口的印刷厂中展开报纸内容数字化的大工程，平均每月完成 12 万则新闻的数字化转换。到了今天，《联合报》成立近 60 年来的超过 1 000 万则新闻，都已经进入了联合知识库当中，大大方便了读者的寻找和阅读。《中国时报》的新闻数据库也在同一时期展开了历年新闻资料的转换和数字化工作，到如今，这两大报的电子数据库已经成为整个台湾新闻事业的宝贵资产。

在《联合报》和《中国时报》带动下，台湾许多报纸都在 20 世纪 90 年代末期投入电子报的行列，包括中央社、《自由时报》、《大成报》、《国语日报》、《中华日报》、《台湾新闻报》、《台湾立报》等均纷纷成立自己的网站。

此外，第一家“网络原生报”——《明日报》也在 2000 年诞生，标榜每天出报 12 次，即时性远超传统报刊，“个人新闻台”模式更开创了新闻个人化和互动化的先河。在当时互联网欣欣向荣的情势下，不少人相信这种完全存在于网络上的新形态报纸就是媒体的未来，然而恰好碰上席卷全球的网络泡沫化，使得《明日报》在仅仅一年后就不堪亏损而停刊。至今台湾也没有再出现类似《明日报》这样完全不依托任何传统媒体的纯粹网络报，“网络原生报”似乎成为绝响。

2003 年登陆台湾，一石激起千层浪的《苹果日报》自然也不会忽视对互联网的利用。“壹苹果网”（tw. nextmedia. com）是台湾《壹周刊》、《苹果日报》、《爽报》

等壹传媒集团下属刊物共享的网络平台。凭借着《壹周刊》和《苹果日报》极强的市场影响力和话题性，壹苹果网也迅速成长为台湾最受欢迎的新闻网站之一。根据台湾《数位时代》杂志公布的2010年台湾网站100强榜单，台湾排名第一的新闻类网站是东森集团的“今日新闻网”（www. nownews. com）（东森为台湾最大的有线电视集团，也是最大的综合媒体集团），在所有网站中排名第25，其次就是壹传媒集团的“壹苹果网”（总排名第30），排名第三和第四的分别是“中时电子报”（总排名第34）和“自由时报电子报”（总排名第49）。

图 16－10　台湾浏览量最大的新闻网站“今日新闻网”

值得一提的是，壹传媒集团于2009年11月开始在“壹苹果网”上推出“动新闻”，采用写实的、充满声光效果的动画来重新诠释重大新闻事件，特别是在暴力、性侵等新闻题材方面，由于动画制作过于写实，令读者容易产生身历其境的感受，因此惹出极大的话题和争议性，饱受许多社会团体抨击，甚至曾被台北市政府以违反《儿童及少年福利法》罚款50万元新台币。

无论如何，媒体的网络化已经是无可阻挡的浪潮，无论成功与否，台湾各大报纸几乎都在进行网络化的尝试，从最早的报纸内容上网，到数据库的开发与运用，演变至今，报纸网站已经远远超过了“电子报”的范围，成为以信息服务为主的综合性网站，例如《联合报》和《中国时报》的网络平台就涵盖了财经、旅游、时尚、电子商务、人才招聘等方面的服务。而在Web 2.0时代，报业集团也在不断探索博客、微博、社交网站等模式和报业网站的结合。

四、报纸监管逐渐放松

整体而言，台湾当局对报业的管制呈现先紧后松的趋势，从早期以种种法规、行政命令来钳制新闻出版的自由，到后来解除“报禁”、废除《出版法》，管制不断放宽，到了今天，几乎可以算是“无管制”的状态了。

说到过去台湾当局管制新闻的最主要利器，莫过于《出版法》，这部实施长达近70年的法令，在过去的台湾一直是“文字狱”、禁书、查封报纸杂志的代名词。《出版法》公布于1930年12月，当时的国民党政府为推行反共政策，对新闻出版采取严格管制的措施，制定了该法以限制新闻、出版的自由。国民党撤守台湾后，为了继续维持一党专制，又先后多次修改《出版法》，到1999年废除为止，共修订了6次，分别在1935年、1937年、1952年、1958年、1973年及1997年。①

《出版法》从颁布到废止，经过近70年的演变，从字面上看，该法主要包含了登记、处罚、奖助三类功能。其中登记和处罚两部分给予了行政机关很大的解释和裁量权，违背主管机关想法的报纸或出版物均可能被引用《出版法》的条文加以禁止登记、警告、罚款甚至是禁止发行。

（1）登记功能。《出版法》的第二、三章是对出版品的发行登记规定。其中“出版法实施细则”第十二、第十三条对发行人的资格限制，已于1997年9月修正该细则时删除；另外，登记应载明的事项如资本额的登记亦已形同虚设，故“登记”项已无限制作用；至于出版资讯的收集，则可由《公司法》和《营利事业登记规则》来规范。

（2）处罚功能。《出版法》第五章是对登载事项的限制，因时势变迁，最后阶段只执行第三十二条第三款禁止“触犯或煽动他人触犯或妨害风化罪”，而其余条款皆已失去作用，而由此而来的第六章相应行政处罚方式也只有“扣押”仍在执行。而对出版品的处罚办法在“刑法”及其他相关法令已有规范，故已无须《出版法》另行规范。

（3）奖助功能。《出版法》第二十四条规定，对新闻杂志教科书及经官方奖励的重要专门著作的发行可免征营业税，废除《出版法》后因仍有《营业税法》第八条免征营业税的规定，故废止《出版法》对此并无影响。

在《出版法》历年修正中，争议最大的一次是1958年的修正案，共修订了18条条文，其中最重要的是增加了对违法出版品可“撤销登记”的规定。原本《出版法》第三十六条中，对违反《出版法》规定的出版品，行政机关得给予的处分有“警告”、“罚锾”、“禁止出售、散布或扣压出版品”以及“定期停止发行”四种，但1958年的修正案却赋予了行政机关直接撤销出版单位登记许可的权力，这无疑是一种釜底抽薪的做法，使得新闻界人人自危。为此，《联合报》、《自立晚报》等报刊多次撰文批评这条规定，台北市报业公会还向立法院递交万言书表达抗议，然而最后该修正案仍于1958年6月28日通过，从此，《出版法》真正成为悬在台湾所有报人头上的一把利剑。②

此后《出版法》虽然又经过数次修改，但每次修正仅是针对内容进行微调，并无实质改变。其中1997年的修法仅是为配合加入世界贸易组织，而针对《出版法》的两项条文作了修正，其他诸多已严重阻碍新闻、出版自由的条文并未作任何变动。

---

① 王天滨．台湾新闻传播史．台北：亚太图书出版社，2002.

② 王天滨．台湾新闻传播史．台北：亚太图书出版社，2002.

因此，可以说《出版法》自1973年修正后，20多年来并未随着台湾社会生态的变化而进行与之相一致的调整。

除了《出版法》自身对新闻出版自由的限制外，在戒严时期，台湾当局还以战时资源紧缺为由，对台湾报纸施行了各种严格的限制措施，后来被统称为“报禁”。1951年6月颁布报业从严限制登记令，不再核发新的报业登记证，使得台湾的报纸数量一直被限制在31家。此后又陆续颁布“限印”（报纸不得在报社登记地以外的地区印刷）、“限纸”（限制报社用纸数量）和“限张”（每天发行的报纸篇幅不得超过一大张半，后经各报社努力争取，增加到三大张）等，其中限证、限印、限张三项规定即为有名的“三禁”。内有《出版法》作为法源，外有“报禁”以行政命令的手段来加以掣肘，层层限制使得台湾在戒严时期的新闻自由始终举步维艰。

1987年，台湾当局宣布解除戒严状态，1988年“报禁”也随之解除，造就了台湾报业欣欣向荣的一段时期。但《出版法》依然在实施，进入20世纪90年代以来，台湾有关当局也多次承诺要修改甚至取消《出版法》。1997年7月，在“新闻局”举办的“共塑出版业美丽春天跨世纪”研讨会上，与会出版界代表提出应修订《出版法》的建议。次年2、3月间，“新闻局”出版处草拟了《出版法》修订草案，希望删除《出版法》中不合时宜的规定，如放宽发行人条件限制、允许海外媒体在台发行、言论限制事项大幅缩小等。在5月间由报业、图书业、杂志业等主要出版业界代表召开的有关修订《出版法》的研讨会上，近半数代表认为在目前《出版法》的架构下，难以将其修订成合乎时代所需的法令，并且目前《出版法》的管理事项已有其他相关法令管理规范，故《出版法》已无继续存在的必要。1999年1月12日，台湾立法机构通过废止《出版法案》。实施长达69年的《出版法》，到此才正式成为历史。

进入21世纪后，在《出版法》和“报禁”双双废除的背景下，台湾的新闻出版业进入了海阔天空的新时代。但在对新闻出版自由几乎毫无限制的现在，许多人也开始忧虑，“无法可管”是否真是好事？

过去，台湾的新闻事业主管单位主要是“新闻局”和“交通部”，其中在1971年到2006年2月间，“新闻局”是全台湾大众传播事业的最高主管机关，是广播、电视、电影、出版品等各式传播媒体的主要监理单位，也是过去当局用以控制媒体的主要机构。而“交通部”则负责统筹邮政、电信、广播（包括电台广播、电视广播）等三大与传媒相关的领域，诸如通信执照审核、电波频谱分配等工作均由“交通部”管理。

到了2005年10月，台湾仿效西方体制，通过了“国家通讯传播委员会”（NCC）组织法，2006年3月正式成立NCC，成为台湾一切通讯传播事业的最高管理机构。NCC除了接管过去“交通部”关于广播电视方面的一切职权外，还在很大程度上取代了“新闻局”关于电波管制、通讯规范和法规执行等方面的权限，“新闻局”则改为以扶持台湾新闻传播产业发展为主要工作。NCC的组织架构参见图16－11。

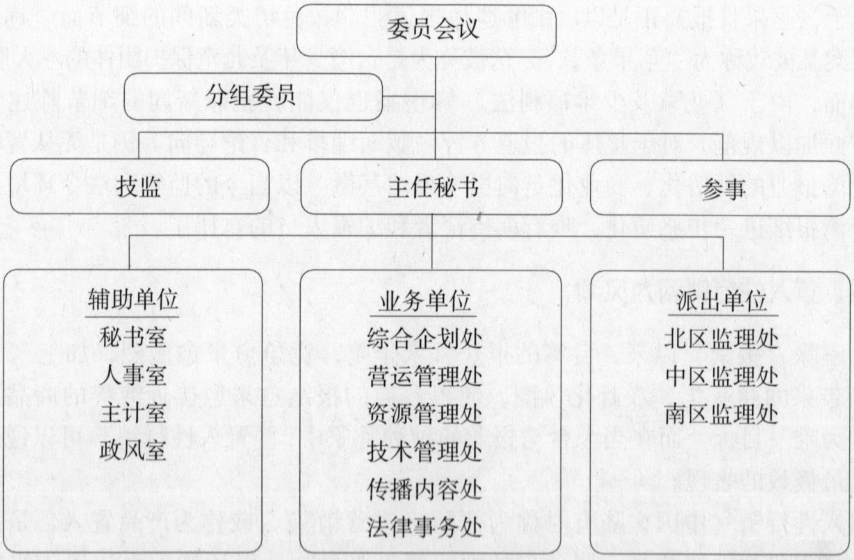

图 16－11　NCC 组织架构图

由于 NCC 主要接收的是过去“交通部”的管理权限，规范对象主要是广电事业、电信以及互联网等领域，而在报业和出版领域，《出版法》早已废止，“新闻局”的权力又被大大缩编，使得报业几乎成了“三不管地带”，没有任何的主管机关或法令能够对台湾报纸的新闻或言论起到有效制衡作用。

诚然，新闻内容如果出现违反一般民法、刑法之处，例如诽谤、损害名誉、侵犯隐私等，则仍然可援用相关的法令来加以限制。但除此之外，对于由《苹果日报》带头引致的报纸低俗化、八卦化、“煽色腥”化，则几乎没有任何办法加以限制。这使得台湾众多学者和社会人士疾呼“新闻需要自律”，不能因为新闻自由得到充分体现就忘却了报人所应有的道德良知。

由于报纸竞相报道各类争议性话题以及暴力、色情类新闻，以吸引读者眼球为唯一目标，商业化色彩越来越浓，使得台湾媒体的内容愈来愈不受民众信任。2006 年，爱德曼公关公司调查包括澳大利亚、中国内地、中国香港、中国台湾、印度、日本、马来西亚、韩国、新加坡等国家或地区的媒体受信赖程度，结果台湾地区敬陪末座。另外据法国无疆界记者（reporters sans frontières 或 reporters without borders）组织于 2006 年 10 月 24 日发布的全球新闻自由指数最新年度评比，中国台湾由前一年的 51 名进步为 43 名，排名较日本的 51 名、美国的 53 名为高。但台湾媒体受信赖程度于另一调查中却仅 1%，为亚太地区最低。

2010 年 6 月，台湾立法机构初审通过《儿童及少年福利法》修正草案，规定报纸杂志不得刊载描述犯罪、使用毒品、自杀、暴力、血腥、色情等方面的细节文字或图片，由于《苹果日报》正是以巨细靡遗地报道犯罪、色情类新闻的细节而著称，故此项修正案又被戏称为“苹果条款”。这被称为是台湾少年及儿童保护团体的一大胜利。

然而，由于《儿童及少年福利法》修正案也仅能就犯罪新闻的细节陈述和图片运用方面加以规范，对于整体的报道方针、版面编排和言论导向等仍是无从置喙，因此对台湾报业的低俗化、商业化走向影响恐怕甚微。以当今的监管和法令环境，想要避免台湾报纸进一步恶质化，唯有期待记者和编辑人员的自律了。

五、置入性行销蔚为风潮

自解除“报禁”以来，台湾的报业百家争鸣，竞争愈来愈激烈，加上《苹果日报》所带来的商业化、八卦化风潮，使得台湾的报纸愈来愈接近纯粹的商品，以获取利润为唯一目标。而在当今台湾报业的种种乱象中，“置入性行销”可以说是报纸商业化最极致的表现。

置入性行销（中国大陆有时称为“植入式营销”），或称为产品置入，是指厂商刻意地将想要营销的商品、服务、品牌或符号等事物，以巧妙的手法置入媒体信息中，以期借由媒体的曝光率来达成广告效果。① 置入性行销也是广告的一种，厂商需为置入信息而向媒介支付报酬。但由于这类信息并未标明属于广告，而且巧妙地隐藏在一般性的节目内容中，受众往往并不一定能察觉这是一种营销手段。“007”系列电影可以说是置入性行销最经典的案例，电影中主角所戴的手表、用的钢笔、开的跑车全都是厂商付费“置入”的广告信息。

置入性行销并不是新鲜事。最早的置入性行销案例是 1933 年宝洁公司（P&G）将 Oxydol 牌的洗衣粉置入广播节目“Oxydol's Own Ma Perkins”中，宝洁公司因此获得巨额的利润，此事件甚至导致了“肥皂剧”这个词的诞生。② 到了 20 世纪末，由于信息爆炸、受众的注意力被分散，加上受众对一般的广告信息早已感到疲劳甚至免疫，传统广告的效果愈来愈差，例如美国一项研究表明，在 2003 年，一家厂商平均要刊登 97 条广告才能接触到全美国 80% 的妇女观众。③ 因此，置入性行销这种更加隐晦、更不容易被受众察觉的广告形式，得到了进一步的发展。美国 PQ Media 估计，1994 年至 2004 年间，置入性行销每年以 25% 的平均速度增长，而 2005 年更增长了 48. 7%，市场规模超过 15 亿美元。④ 而在中国大陆，置入性行销在各类传媒中也是屡见不鲜，从各种冠名节目、电视台词和场景中被“置入”的种种商品和品牌

---

① 廖武仪．电视新闻的政治置入性行销研究：新闻商品化与新闻工作者的协商．世新大学硕士学位论文，2011.

② J. A. Karrh. Brand Placement：A Review. *Journal of Current Issues and Research in Advertising*，1998，20（2）：pp. 31 –49.

③ D. K. Thussu. *News as Entertainment—The Rise of Global Infotainment*. London：Sage Publications，2007.

④ D. K. Thussu. *News as Entertainment—The Rise of Global Infotainment*. London：Sage Publications，2007.

信息，到报纸杂志的“软文”、“特刊”等，不一而足。

然而，台湾新闻业置入性行销的真正问题在于，本该负责管理、限制置入性行销的行政部门，现在却开始“裁判转球员”，自己利用起置入性行销这项宣传“利器”了。

从2003年起，当时执政的民进党当局开始统一编列预算购买媒体广告，“新闻局”于“施政倡导及公营事业商品广告之媒体通路组合案”中，以高达10.9亿元新台币的预算，统一为18个部门进行广告购买，并要求不得以传统广告的形式呈现，而必须采用置入性行销方式包装成一般的节目内容，自此，台湾新闻事业的置入性行销进入了新时代，操作更加专业、规模日益庞大。因为争议过大，“新闻局”于2005年宣布停办置入性行销，然而这只是明面上的做法，事实上各机关和地方政府依然在利用置入性行销进行宣传。

在发行量和传统广告同步疲软的背景下，媒体为了增加收益，甚至开始主动去争取、竞标置入性行销的机会，无论新闻、戏剧还是综艺节目都可以做置入性行销，甚而“买广告送新闻”、“直接买新闻”，而被置入了行销信息的新闻甚至被称为“业配新闻”，也就是新闻完全是为广告客户服务，记者跟广告业务员没有差别。①

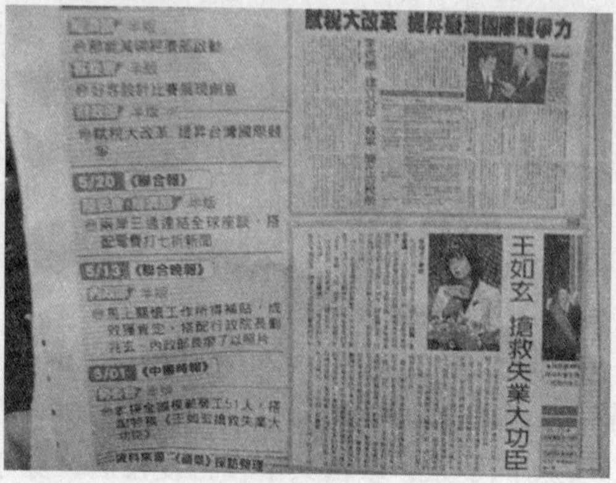

图 16－12　台湾报纸置入性行销日益泛滥

根据台湾大学新闻研究所2010年所做的调查，当局对媒体的置入性行销总经费支出，已经超过了一般企业在这方面的投入。AC Nielsen 2009年公布的广告量排名也显示，前五十大政府单位的广告总量合计达到12.4亿元新台币之多。而根据台湾《财讯》杂志的统计，2010年1月至11月，当局采购决标公告中，直接以购买媒体

---

① 廖武仪．电视新闻的政治置入性行销研究：新闻商品化与新闻工作者的协商．世新大学硕士学位论文，2011.

“新闻专题”或“专题报道”为名的达到33件，总金额4 385万元新台币；若是加上“专题企划”、“专题营销”等名义的媒体购买案，累计金额已达8 600万元新台币。[①]还有台湾当局官员表示，政府置入性行销这种事一旦开始，就再也无法回头，因为每个部门都在做，能否在新闻媒体上曝光、宣扬政绩已经成为各部门竞争的焦点，而增加曝光率最简单的方式就是直接“购买”新闻。

从2003年至今，各类大小选举、台湾各县市举办的重大活动（例如2010年开始的台北市花卉博览会），几乎都可以见到各种包装成新闻的置入性行销信息，它们的“报道”方式十分专业，还搭配了各种统计图表、照片等，许多受众根本就无法分清这到底是新闻还是广告信息。当局带头把宣传信息植入新闻当中，不仅混淆了新闻和广告的界限、侵蚀了新闻媒体应有的社会责任和记者的角色认同，更使得受众愈来愈不信任媒体，这无疑是对台湾新闻自由的一大讽刺。

2011年3月24日，台湾行政部门通过“广电三法”（广播电视法、有线广播电视法、卫星广播电视法的合称）修正草案，草案中明定政府单位不得进行置入性行销。当局可以出资、赞助、补助节目，但需要明确披露相关信息。另外，一般节目可以接受适度的商业置入性行销，但新闻、儿童类节目，则完全禁止任何形式的置入性行销。若该草案能完成立法程序，则台湾广电媒体置入性行销充斥的乱象可望稍得疏解。

然而，广电三法仅仅只能约束广播和电视业者，对于平面媒体以及网络媒体并无约束作用。而台湾在《出版法》废止后，平面新闻媒体实质上处于无法可管的状态。在这个背景下，想要改善报纸杂志上铺天盖地、似是而非的“业配新闻”，除了希冀当局和企业减少这方面投入外，恐怕也只能期望新闻从业人员的自律了。

六、人才培养供过于求

台湾的新闻传播教育始于20世纪中叶。早在1935年，政治大学的前身——国民党中央政治学校就已设立新闻学系，政治大学在台复校后，亦于1955年恢复新闻系，成为台湾新闻传播教育的鼻祖。在职业教育方面，知名报人成舍我于1956年于台北木栅创立世界新闻职业学校（世新大学前身），为台湾技职体系新闻传播教育之开端。[②]

此后数十年间，由于台湾媒介环境相对稳定，“两报三台”（《联合报》、《中国时报》两大报，台视、中视、华视三大电视台）的格局下，新闻传播人才的出路固

---

① 廖武仪．电视新闻的政治置入性行销研究：新闻商品化与新闻工作者的协商．世新大学硕士学位论文，2011.

② 张晋升，陈致中．传媒经营管理人才培养模式探究——以台湾地区传媒经营管理教育为例．新闻界，2010（2）：175～177.

定，就业空间有限，因此设立新闻传播类科系的学校并未快速增加，公立大学方面始终只有政治大学一所，私立大学则由文化大学、辅仁大学领衔，技职教育方面则先后有世新大学（前世界新闻职业学校）、铭传大学（前铭传女子商业专科学校）、台湾艺术大学（前国立艺术专科学校）设立传播相关科系。

图 16－13　台湾政治大学传播学院

稳步成长的局面直到 20 世纪 90 年代才被打破。翁秀琪指出，1991 年是台湾传播教育发展的关键年。这一年共有七个传播相关科系成立；而从 1991 年至 2000 年，每年至少有一个传播相关科系成立，其中 1994 年有七个传播相关科系设立，1997 年则更有多达八个相关科系成立。这一期间内设立的传播类科系，占了台湾所有传播系所的七成，可谓“黄金十年”。①

至今，台湾地区 68 所综合性大学中，共有 23 所设立了传播相关科系，占 33.8%，总计成立了 51 个传播类科系及 40 个研究所（硕士点）。而在台湾 72 所技职体系的科技大学和技术学院中，共有 16 所设立了传播相关科系，占 22.2%，共设立了 20 个系、5 个研究所。

台湾传播教育近年来的蓬勃发展，其中的原因，可以归纳为供给和需求两方面：

（1）供给。台湾从 1994 年展开号称“十年教改”的教育体制改革，改革重点包括放宽新设大学和科系的限制、提高大学录取率及技职体系逐渐向普通大学转变等。十年间，台湾的大学总数扩增了五倍以上，其中多数是由原来的技术学院或专科升等而来。由于制度的转变，职业学校或专科皆可改制为“科技大学”，可以颁发学士和硕士学位，而普通大学毕业生同样可报考技职体系的研究所。然而在此同时，台湾的生育率不断下降，因此每年报考大学的人数也屡创新低，大学录取率已高达 97% 以上。在此情况下，各高校为了在激烈的“抢学生”战争中吸引学生的目光，必须绞尽脑汁设立可以吸引学生眼球的系所，而传播相关科系拥有知识面广、新颖有趣、就业容易等特点，加上设立成本低，因此成为各大学新设科系的重要选项。

（2）需求。台湾自 20 世纪 80 年代末以来，新闻传播界的种种变化，包含 1988 年“报禁”开放，1992 年开放设立有线电视台，加上 20 世纪末网络媒介的兴起，都

① 翁秀琪．台湾传播教育的回顾与愿景．新闻学研究，2001（69）：29～54．

加大了对传播人才的需求，因此刺激了高校不断增设新闻传播专业。此外，随着媒介本身的发展，所需的不再仅限于传统的采编人员，而是向更多元化的人才打开了一扇大门。例如媒介的自由化、市场化，需要懂传播又懂管理的综合人才；而营销观念的转变，又需要整合营销传播等方面的人才等。

除了新闻传播相关专业不断出现外，更值得注意的是结合新闻传播与其他学科领域的复合型专业逐渐成为主流。例如结合传播与计算机的“资讯传播学系”、“网络传播学系”，结合传播与企业管理的“传播管理学系”，统合传播与电信技术的“电信传播研究所”，兼顾新闻传播与艺术专业的“影像传播系”、“视觉传播系”等。这反映了在有线电视、网络、手机等新媒介不断涌现，以及媒介融合的大背景下，只懂得采编的新闻人才往往不再能满足业界的要求，传媒所需要的是更多元、知识结构更完整、更有自我学习和成长能力的复合型人才。

然而不得不承认的是，尽管近二十年来台湾传媒的自由化、市场化，使得整体媒介市场不断成长，造成了传媒人才供给和需求的同步扩增，但整体而言，供给增加的速度要远大于需求。因为新闻传播类专业的开办成本很低，几乎只要有教师和课室就可以上课了，远不像医学、理工等类型专业需要大量的专业设备支持，因此在20世纪90年代传媒产业欣欣向荣的背景下，新闻传播成为“热门”专业，各高校当然也就争先恐后地开设相关科系与研究所。然而在人才的需求方面，岗位的增长速度却始终跟不上相关专业毕业生的增长速度，特别是在2000年以后，传媒行业出现市场饱和、利润空间愈来愈小的现象，特别是平面媒体更有逐渐下滑的趋势。人才需求自然也跟着下挫，此消彼长之下，新闻传播相关人才的就业前景不容乐观。

根据台湾近年一项各专业毕业生就业状况的调查，工作机会最少的领域包括：行政总务人事、助理秘书、娱乐演艺、新闻传播广告，以及教育教学。其中新闻、传播、广告类专业的就业率仅为28.83%。除了相关科系扩招过快，导致毕业生数量远超过业界所能吸纳的人数外，另一个问题是新闻传播类工作的进入门槛较低，并不是只有新闻系毕业生才能当记者，只要有兴趣、肯学习，任何领域的毕业生都可以进入这一行，甚至在一些较为专业的新闻领域，如经济、科技、医药，媒体还更青睐具有相关专业背景的毕业生。

新闻传播相关专业从十分吃香到就业困难，这也从一个侧面反映了台湾新闻产业近年的困境。阅报率的下降、广告份额递减、网络媒体来势汹汹、外媒的强势登陆，种种因素作用下，平面媒体似乎正在无可遏制地走向衰退。

无论如何，在这个网络媒体已经形成主流，全世界的平面媒体都在苦思生存之道的时代，台湾的新闻事业以及新闻从业人员，也都必须兢兢业业，保持高度的弹性与适应能力，尽力寻找新的传媒增长点，才有可能在这个巨变的时代生存下去。

参考文献

香港部分

［1］［美］埃德温·埃默里，迈克尔·埃默里．美国新闻史——报业与政治、经济和社会潮流的关系．北京：新华出版社，1982.

［2］艾广明．香港报业大蚀底．中国新闻研究中心，2007.

［3］陈昌风．香港报业五十年．新闻爱好者，1997（6）.

［4］陈冠中．我这一代香港人．香港：牛津大学出版社，2006.

［5］方积根，王光明．港澳新闻事业概观．北京：新华出版社，1992.

［6］黄辉．香港媒介权力精英．中国新闻研究中心，2006.

［7］李谷城．香港中文报业发展史．上海：上海古籍出版社，2005.

［8］李少南．香港传媒新世纪．香港：中文大学出版社，2003.

［9］梁丽娟．苹果掉下来——香港报业“苹果化”现象研究．香港：次文化堂，2006.

［10］彭兰．中国网络媒体的第一个十年．北京：清华大学出版社，2005.

［11］孙仁歌．频频“越位”的大众文化．光明日报，2000－05－25.

［12］童兵．香港新闻传媒的行政调控与法律监管．新闻记者，1997（7）.

［13］王雪松．香港报纸的自律与他律．新闻记者，2001（4）.

［14］吴相湘．正确认识香港历史——评论“九七将临　话历史香港”错误．近代中国，1997（10）.

［15］杨子．香港“左”派报纸向市场转型．联合早报（新加坡），2004－09－15.

［16］甄美玲．报业评议会五年来的表现．传媒透视，2005（8）.

澳门部分

［1］澳门日报社．我们——澳门日报五十年成长足迹．澳门：澳门日报出版社，2008.

［2］方丽，彭伟步．《澳门日报》办报特点探微．国际新闻界，1999（4）.

［3］黄北标．澳门中文报业的发展．澳门2004．澳门：澳门基金会，2004.

［4］林玉凤．经济发展时期的报业挑战——以澳门报业发展为例．新闻记者，

2007（11）.

［5］林玉凤．探讨澳门中文报业的讯息传递与监督功能不全．澳门1999. 澳门：澳门基金会，1999.

［6］香港印刷业商会．澳门印刷业历史悠久，推动社会经济发展．香港印刷，2010（57）.

［7］杨开荆．澳门特色文献资源研究．北京：北京大学出版社，2003.

台湾部分

［1］D. K. Thussu. *News as Entertainment—The Rise of Global Infotainment*. London：Sage Publications，2007.

［2］J. A. Karrh. Brand Placement：A Review. *Journal of Current Issues and Research in Advertising*，1998，20（2）.

［3］J. McManus. A Market-Based Model of News Production. *Communication Theory*，1995，5（4）.

［4］楚崧秋．新闻与我．台北：东大图书公司，1995.

［5］刁曼蓬，游常山．“第一”大报，金子打造——三大报经营争霸战．天下杂志，1997（194）.

［6］洪桂己．台湾报业史的研究．政治大学新闻研究所硕士学位论文，1957.

［7］侯吉谅．明日报留下的启示．民生报，2001－02－24.

［8］胡幼伟．一份崭新报纸的诞生．民生报十年．台北：民生报社，1988.

［9］黄年．联合报四十年．台北：联经出版事业公司，1991.

［10］赖光临．70年中国报业史．台北：中央日报社，1981.

［11］赖光临．检验70年代报业的发展．台湾新闻年鉴80年版．台北：台北市新闻记者公会，1991.

［12］李瞻．三十年来的大众传播事业．台湾光复三十年．台中：台湾省政府新闻处，1975.

［13］廖武仪．电视新闻的政治置入性行销研究：新闻商品化与新闻工作者的协商．世新大学硕士学位论文，2011.

［14］罗文辉．精确新闻报道．台北：正中书局，1991.

［15］罗文辉．无冕王的神话世界．台北：天下文化出版公司，1994.

［16］潘家庆．新闻媒介与社会责任．台北：台湾商务印书馆，1992.

［17］潘贤模．台湾初期的新闻事业．报学．台北：新闻编辑人协会，1959.

［18］任念祖．当前报纸电脑化的发展概况．报学．台北：新闻编辑人协会，1981.

［19］苏钥机．完全市场导向新闻学：苹果日报个案研究．陈韬文，朱立，潘忠

党．大众传播与市场经济．香港：炉峰学会出版社，1997.

［20］王洪钧．台湾新闻事业发展证言．台北：台北市新闻记者公会，1998.

［21］王丽美．报人王惕吾．台北：天下文化出版股份有限公司，1994.

［22］王惕吾．联合报三十年的发展．台北：联合报社，1981.

［23］王惕吾．我与新闻事业．台北：联经出版事业公司，1991.

［24］王天滨．台湾地方新闻理论与实务．台北：三民书局，2000.

［25］王天滨．台湾新闻传播史．台北：亚太图书出版社，2002.

［26］翁秀琪．台湾传播教育的回顾与愿景．新闻学研究，2001（69）.

［27］吴纯嘉．人民导报研究——兼论其反映出的战后初期台湾政治、经济与社会文化变迁．中央大学历史研究所硕士学位论文，1999.

［28］吴三连，蔡培火，叶荣钟，陈逢源，林柏寿．台湾民族运动史．台北：自立晚报文化也版社，1993.

［29］徐佳士．不颁文凭的学府．六十年来的中央日报．台北：中央日报社，1988.

［30］徐佳士．假使家中只订一份报纸．蔡格森．民生报二十年．台北：民生报社，1998.

［31］杨肇嘉．杨肇嘉回忆录．台北：三民书局，1968.

［32］杨志弘．台湾地区传播产业发展现状与未来．崔保国．2009 年：中国传媒产业发展报告．北京：社会科学文献出版社，2009.

［33］叶明勋．感怀集．台北：跃升文化公司，1995.

［34］叶明勋．光复以来的台湾报业．台北：中央日报社，1957.

［35］于衡．联合报三十年．台北：联合报社，1971.

［36］张晋升，陈致中．传媒经营管理人才培养模式探究——以台湾地区传媒经营管理教育为例．新闻界，2010（2）.

［37］张青菁．国内报道民意测验的初探．民意月刊，1987（125），（126）.

［38］郑逸之．联合报电脑排版系统的发展．报学．台北：新闻编辑人协会，1985.

［39］《中国时报》四十年编辑委员会．中国时报四十年．台北：中国时报社，1990.

［40］朱传誉．纪述报，一张不载报史的重要报纸．报学．台北：新闻编辑人协会，1963.

［41］《自立晚报》报史编纂小组．自立晚报四十年．台北：自立晚报文化出版社，1989.